Every Shot
Counts
by MARK BROADIE

ゴルフ
データ革命

SG指標で「一打の重み」を可視化する

マーク・ブローディ 著
吉田晋治 訳　牧田幸裕 解説

プレジデント社

EVERY SHOT COUNTS by Mark Broadie

Copyright©2014 by Mark Broadie

Japanese Translation published by arrangement with Mark Broadie c/o
McCormick & Williams
through English Agency (Japan) Ltd.
All rights reserved.

目次

Contents

ショーン・フォーリーによる序文 　　　　　　　　　　　　　　　005
はじめに 　　　　　　　　　　　　　　　　　　　　　　　　　　008

第1部
プレーの分析

第1章
パッティングは過大評価されている
"Putt is Money"はウソだった？ 　　　　　　　　　　　　　　024

第2章
パッティングの重要性を定量化する
スコア差へのパッティングの貢献度は15% 　　　　　　　　　038

第3章
パッティングで稼いだ打数〈SGP〉
「動的計画法」でゴルフを科学する 　　　　　　　　　　　　054

第4章
シミュレーションの威力
スクランブル方式と"選手交代（スイッチャルー）"方式 　　　086

第5章
ティーショットで稼いだ打数〈SGD〉
グリーンに乗せるまでのショットを測定する 　　　　　　　110

第6章
タイガー・ウッズの秘密
プロとアマチュアのプレーを測定する 　　　　　　　　　　131

第 2 部

コースマネジメントの分析

第 7 章
パッティングのマネジメント
データと物理学でパッティングがうまくなる　　　164

第 8 章
グリーンに乗せるまでのマネジメント
データと最適化でスコアを縮める　　　203

第 9 章
最短でうまくなるための練習用ゲーム
まずは実力を正確に測定する　　　229

第 10 章
19ホールのまとめ
すべてのショットが重要である！　　　255

付録　　　261

用語集　　　293

解説　牧田幸裕　　　299

序文

Foreword

ショーン・フォーリー

ハンター・メイハン、エドアルド・モリナリ、ジャスティン・ローズ、リー・ウェストウッド、タイガー・ウッズなどのPGAツアー選手のコーチを務める

　わたしが初めてマーク・ブローディの研究内容を知ったのは、PGAツアーのウェブサイトで「パッティングで稼いだ打数」という言葉を目にしたときだ。ゴルフは団体競技ではなく個人競技なので、統計に基づく指標を活用して自分自身をより深く理解し、時間をかけて練習するべきショットがわかるのであれば、興味深い話だと思えた。こうした指標を使えば、その日のラウンドで教え子のパッティングの調子が良かったか悪かったかも判断できるし、他の選手と比べてパッティングで何打稼いだ（＝縮めた）のか何打失った（＝叩いた）のかもわかる。なかなかのアイデアではないか。

　次にわたしが思ったのは、ティーショット［訳注　通常はドライバーを使うミドルホールとロングホールのティーショット。ショートホールのティーショットは含まない］やアイアンショットの良し悪しを判断するためにこれらの数字を活用できないだろうかということだ。それから間もなくわたしはマークと知り合った。わたしは数学があまり得意ではないのだが、マークから「稼いだ打数（strokes gained）」という指標について話を聞いてみると、昔ながらの指標とは大きく違うことがわかってきた。ドライビングディスタンスの順位とフェアウェイキープ率の順位を足したトータルドライビングという指標で1位の選手が、ブローディの作ったティーショットで稼いだ打数（strokes gained driving：SGD）という指標では27位だったりする。最初は不思議だったが、この指標は賞金で生計を立てているプロにとって「ドライバーショットは見せるため、パットは金のため」という古い格言が誤りであることを示しているのだとわかった。

　要するに数学は嘘をつかないのだ。SGDを見れば飛距離のほうが精度より重要だとわかる。SGDの上位5人はいずれも驚異的な飛距離を

誇る選手である。とんでもない飛距離だ。こうした選手はフェアウェイをよく外すこともある。明らかに彼らのミスはスイングスピードの遅い選手よりオーバーに取り上げられる。バッバ・ワトソンやダスティン・ジョンソン、タイガー・ウッズ、ロリー・マキロイが9番アイアンでラフから打つことになったとしても、カップまでの距離が短い分、5番アイアンでフェアウェイからショットするほとんどの選手より有利なのだ。

　ゴルフ界では昔からフェアウェイをキープしてグリーンに乗せるのが大事だと言われてきたが、わたし自身は直感的に距離のあるアイアンショットが重要だと感じていた。わたしはよく「教え子にもっとウェッジを練習させるべきだ」と言われるが、1ラウンド中に80ヤードのウェッジショットを打つ機会はそれほど多くない。わたしは以前から190〜230ヤードのショットをたくさん練習するように指導してきた。ようやくその裏づけとなる「稼いだ打数」という数字が手に入るようになったのだ。

　正しい練習に時間をかけるのは重要だ。好きなショットや得意なショットを練習するのはたやすい。得意なショットを練習することに反対するつもりはない。だが苦手なショットを練習することも大切だ。かつてはその点で反発してくる教え子もいたが、目の前に数字を突きつけられると反発しにくくなる。

　こうした数字のおかげで「ほら、君は優勝するのにこの点が足りない、賞金を稼ぐのにこの点が足りない。だから自分の好きなショットだけでなく、数字から練習不足だとわかったショットの練習にもっと時間をかけるべきだ」と教え子に話すこともできる。彼らは数字を見て、ただ「ああ、わかったよ」と言うしかないのである。

　もうひとつ、メンタル面のメリットもある。ある日、ジャスティン・ローズから「僕はウェッジをもっとうまくなりたい。得意じゃないからもっと練習しなければならない」と言われた。わたしは「それはおかしい。マーク・ブローディによれば君はウェッジがPGAツアーで一番うまいよ」と答えた。彼はその数字を見た途端に自信を深めて「さあ、僕はだれよりもうまいのだから絶好のチャンスだ」と思いながらショット

できるようになった。

　世界中を探しても、こうした数字以上に選手を納得させられるメンタルトレーナーは見当たらない。数字はあまりにも合理的で、あまりにも論理的だ。

　わたしは、教え子が賞金をできるだけ稼いで世界ランクを上げられるのであれば、どんな手法でも取り入れる。だからこそマークの情報を高く評価し、どんなショットを測定できるのか気になった。わたしたちが常識だと思い込んでいることのほとんどは繰り返し言い聞かされてきたことであり、その内容に疑問を持つことはほとんどない。コーチにとって数字が役に立つのはそれが思い込みではなく真実だからだ。

　いまや、昔ながらの指標は燃料切れを待ちながら空港の上を旋回する飛行機みたいなものである。着陸するか墜落するか。人々は安全な場所にいて、わざわざ苦労して考え方を変えたり、これまでの考え方に疑問を持ったりはしない。だがいずれマークの手法がゴルフの腕前を測定する方法として定着するはずだ。あまりにも合理的であるため、人々は受け入れるしかないだろう。

　わたしはこの手法のおかげで、教え子をさらに強い選手に育て上げることができるようになった。PGAツアーにはスコアの6％しか占めないショットの練習に数時間を費やしている選手もいるが、わたしの教え子たちは練習場で手の皮がすり切れるまで4番アイアンを打っている。わたしは幼い子どもたちを指導するときもできるだけ力強くショットできるようにと指導するようになった。力強く加速をつけてショットする練習を増やしたのだ。ボールを遠くまで飛ばせるようになれば、あとから真っすぐ打てるようになる。

　マーク・ブローディの研究内容は、だれよりもプロゴルファーにとってきわめて重要である。たとえよく理解できなかったとしても。選手を指導するときは技術面を少し変えるより数字を目の前に突きつけて真実に気づかせるほうが効果的だ。もし数字がこれまで教わってきた内容と食い違っていたとしても、上達を願うゴルファーにとっては、あるいは幼いゴルファーや学生ゴルファーにとっても、数字を使った手法こそが正しい道である。

はじめに

Introduction

ゴルフのプレー中、プレーヤーはどのように判断を下しているだろうか。多くの人はボールのそばまで来て、その場の一時的な感覚に基づいて判断を下している。自信があればピンを狙う。前のホールでひどいミスをしていれば安全策をとる。多くの場合は直感が頼りだ。しかし、もっと説得力のあるデータや確かな分析に基づいて判断が下せたらどうだろうか。チャールズ・ディケンズが『大いなる遺産』で記しているように「何でも見かけだけで判断してはならない。すべて証拠に基づいて判断するべきだ。それこそが最上の掟」である。

ゴルファーは判断を間違うことが多い。狭い木の間を通そうとしてボールを木に当て、もっと林の奥深くに打ち込んでしまう。果敢にピンを狙ってバンカーにボールを打ち込んで目玉になり、バーディの望みがはかなく消える。たいてい正しい判断と間違った判断を見分けるのは難しい。打ちやすい残り90〜100ヤードの地点にレイアップするほうがいいのか、それとももっと飛ばして20〜30ヤードを残すほうがいいのか。5フィート（約1.5m）の左右に切れるパットはジャストタッチでカップに届かせるほうがいいのか、それとも強く打ってあまり切れないうちにねじ込むほうがいいのか。

ゴルフのプレー中に下す判断にはリスクとリターンの二律背反（トレードオフ）がつきものである。グリーンの端に切られたカップを狙えばバンカーに打ち込むリスクが大きくなるが、うまくいけばベタピンにつけてバーディの可能性が高くなるというリターンも待っている。多くの場合、このリスクとリターンという2つの要素のバランスをどのようにとればスコアを最も縮められるか、はっきりとはわからない。

一部のショットの結果に左右されずに最適なコースマネジメントを総合的に見きわめるには、膨大なデータが必要である。わたしは10年以上前からゴルファーの判断基準を明らかにしようと研究を続け、こうしたデータを求めてあらゆる資料を調べたが、どんなレッスン書でもゴルフ雑誌でも見つからなかった。そこで自らデータを集めることにした。

わたしの目的は、ゴルフというゲームを細かく分析し、ゴルファーのマネジメントやプレーについて理解を深めることだった。ショットに関する細かなデータを大量に集めれば、さまざまなマネジメントやプレーの結果を分析し、どんなプレーをすればスコアを最も縮められるか、これまでとは違った方法で理解できるはずだと考えたのである。

昔ながらの指標の問題

　探していたデータが見つからなかった理由のひとつは、昔ながらの指標から正しい情報が得られなかったためだ。スコアを10打縮めるにはどうすればいいか。飛距離が20ヤード伸びるとどんな影響があるか。超一流選手と平均的な選手の違いは何か。こういった疑問に、昔ながらの指標では答えることができない。

　ルーク・ドナルドのコーチでノースウェスタン大学ゴルフ部のヘッドコーチを務めるパット・ゴスは、ゴルフ分析の威力を高く評価している。にもかかわらず部員たちに昔ながらの指標を記録させてはいない。時間と手間をかけるのに値するほどの情報が得られないからだ。31パットのラウンドと28パットのラウンドがあったとしよう。ファーストパットの距離を考慮すると、実は31パットのラウンドのほうがパッティングの調子が良かったということもあり得る。パーオン率を知っても、パーオンを逃した理由がティーショットのミスによるのかアプローチショット［訳注　ミドルホールの第2打やロングホールの第2打、第3打など、グリーンを狙う比較的長めのショット］のミスによるのか判断できなければ、あまり意味はないだろう。

　新しい指標を作ればゴルフというゲームを理解する研究が進むと思ってはいたが、もっと情報量の多い指標を作るにはデータが必要だった。良質な、それも膨大なデータが。

　当時、アマチュアのプレーに関するデータはほとんど存在せず、プロのデータも昔ながらの指標に限られていた。PGAツアーはデータを収集していたものの、合計スコア、パット数、フェアウェイキープ率など、ほとんどは回数に基づいた情報だった。紙と鉛筆の時代に膨大なデータ

を集めるとしたらそれが関の山だったのだ。だがわたしの分析に必要なのは細かな1打ごとのデータだった。

　飛距離、方向、カップまでの残り距離といった1打ごとの情報が必要だった。ショットをどこからどこまで打ったのか、ボールのライはフェアウェイ、ラフ、バンカー、フェスキューなどのどれだったのか、木が邪魔になっていたか、上りのパットだったか下りのパットだったか、フックラインだったかスライスラインだったか、といった情報である。そこで、わたしは2001年に《ゴルフメトリクス》というコンピュータプログラムの開発に着手し、ゴルフデータを集め、保存して分析することにした。

　まず手をつけたのはゴルフ場の地図作成だった。いまならグーグルアースを使えば簡単にできる。次に、コース上でプレーするゴルファーに各ショットを記録してもらった。各ホールの写真が印刷されたヤーデージブックに×印を記入してもらうという方法である。ラウンド後にはこうした1打ごとの情報を手作業でコンピュータに入力してもらう。たいていのゴルファーは20分かけて苦労しながら入力してくれた（いずれはモバイルアプリを使ってすべての作業をもっと手軽にできるようになると期待している。ゴルファーがボールの横に立ってボタンをタッチすればデータが自動で入力されるといった仕組みである。ラウンド後に別のボタンをタッチすればアプリによって詳しい分析結果が表示される）。

　それから数年のうちに、膨大な時間を費やしたプログラミングとデータ入力のおかげで《ゴルフメトリクス》データベースに8歳から70歳以上まで、200人以上のゴルファーによる10万回以上のショットデータが集まった。ショット情報がシステムに記録されたゴルファーにはLPGAツアー選手もいればクラブプロ、学生ゴルファー、さらには60台のスコアから140台のスコアまでの男女アマチュアゴルファーもいた（ご想像の通りデータ入力は本当に大変な作業だった）。この膨大なデータに基づいてプレーの分析と研究をはじめたところ、さまざまな傾向が少しずつ明らかになってきた。

　当初は《ゴルフメトリクス》データベースで主にアマチュアのデータ

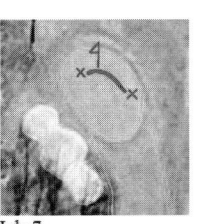

Hole 7

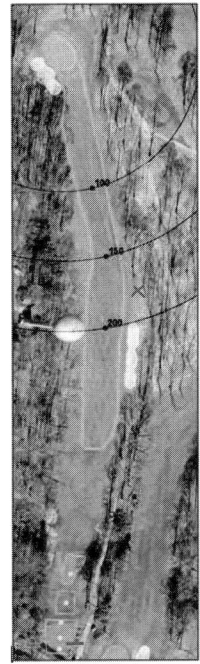

《ゴルフメトリクス》ヤーデージブックの見本ページ。友人のジャン・レヴィンのティーショットは右のラフで止まり、カップまでの残り距離は 177 ヤード。そこから 6 番アイアンでグリーンオン。上りのフックライン、23 フィートのパットは左に外れた。下りのスライスライン、2 フィートのパットを沈めてパー。ショットを打った場所を《ゴルフメトリクス》に入力すると、プログラムが自動的にフェアウェイ、ラフ、バンカー、グリーンの場所を識別し、飛距離、方向といった細かな情報を計算してくれる。

を集めていたが、アマチュアのプレーをプロと比較するにはプロのデータが必要だった。プロのなかにショットデータを独自に記録している選手がいることは知っていた。1971 年のマスターズを制したチャールズ・クーディーは、試合中に自分が打ったすべてのショットを図に記していた。ロン・グリーンによると、クーディーはそのデータを使って「自分のプレーの傾向を調べ、練習が必要なショットを判断していた」そうだ。1990 〜 2000 年代にはアニカ・ソレンスタムが「自分の弱点を知るために毎ラウンドすべてのショット」を図に記していた。

　もちろんわたしが彼らのデータを入手できるはずはないし、必要としていたのはできるだけ多くのプロのデータだった。

　わたしは知らなかったのだが、《ゴルフメトリクス》の開発と時期を同じくして PGA ツアーは《ショットリンク》と呼ばれるショットごとのデータ収集システムを独自に開発していた。2003 年から PGA ツアーはレーザー技術と 1 試合あたり約 350 人のボランティアを駆使して試合中の全ショットに関する細かな情報を記録していたのだ。《ショット

はじめに　**011**

リンク》データの収集ではグリーン上のボールの位置は2インチ（約5cm）以内の誤差、グリーン以外のボールの位置は1ヤード以内の誤差で計測された。2003～2012年の間にPGAツアーの技術パートナーであるCDWの《ショットリンク》データベースに1,000万回以上のショットに関する情報が集まった。この膨大な量の情報こそが、世界の超一流選手のプレーを分析して評価するためにわたしが求めていたものだった。

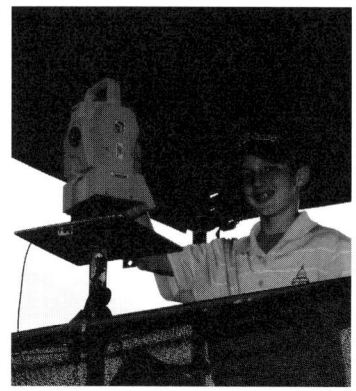

ボランティアとしてグリーンの奥で《ショットリンク》のレーザーを操作している息子のダニエル。

PGAツアーの《ショットリンク》トレーラー車内で集まってくるデータを管理している様子。

　この大規模で費用のかかる取り組みは、PGAツアーが先を見据えてはじめたものだった。その目的は何だったのか。PGAツアーの幹部たちはスコアボードのシステムを刷新して試合中にファンをもっと楽しませ、マスコミにもっと価値のある情報を提供したいと考えていた。野球やバスケットボールなどのスポーツと違ってゴルフには指標としてファンに提供できる情報があまりなかった。《ショットリンク》データはその点を飛躍的に改善するものだったのだ。

　わたしのような研究者にとって、このデータは宝の山だ。どこを見ても面白い。PGAツアー選手が15フィート（約4.6m）のパットを決める確率は50%か、それとも30%か。《ショットリンク》データを見れば、PGAツアーの平均が23%だとわかる。ゴルフのテレビ中継を観ていると、プロはまるで宇宙の果てからでもかなり高い確率でパットを決めて

いるように思える。だがテレビでは決まったパットの映像だけが何度も流されるため、そう思い込まされているだけなのだ。

どうすればこうした情報を役立てられるか。15フィートのパットを打つ際に自分がツアー平均より上手なのか下手なのかを知っていても、目の前のパットを決めるには役立たない。だが15フィートのパットを決める確率を非現実的な40%という数字にまで高めようと多くの時間を割いて練習しているとしたら、おそらく貴重な時間を無駄にしていると言えるだろう。

新指標でプレーをより正確に測定する

ショットをどこからどこまで打ったかというショットごとのデータの山も、それだけでは役に立たない。分析するには新しい手法が必要だった。わたしはコンピュータ時代の幕開けに生まれたさまざまなアイデア、とりわけ「動的計画法(ダイナミックプログラミング)」という手法に基づいて、いまでは「稼いだ打数」と呼ばれている分析方法を編み出した。稼いだ（＝縮めた）打数を使えばゴルファーのプレー全体を分析できる。ただパット数を数えるより正確にパッティングの腕前を測定でき、フェアウェイキープ率やドライビングディスタンスを見るより正確にティーショットの腕前を測定できる。何より重要なのはパッティングとショートゲームとロングゲームの腕前を互いに直接比較できることだ。

ゴルフに対するこのような考え方は、ビル・ジェームズが野球の統計に使った革新的なセイバーメトリクスという手法に似ている。この手法はマイケル・ルイスの『マネー・ボール』という映画化もされた書籍で一躍有名になった。野球の場合、打率が打力を測定する主な指標として昔から使われてきた。ジェームズは出塁率に長打率を加えたOPSという別の指標のほうが打者の得点への貢献度、さらにはチームにとっての選手の価値を推定するのに優れていることを示したのである。

セイバーメトリクスの指標には、アルティメットゾーンレーティング（UZR）というものもある。ヒューストンアストロズの野球分析ディレクターを務めるシグ・メハダルに話を聞いたところ、彼はセイバーメト

リクスと「稼いだ打数」の考え方が非常に似ていることを示す例としてこのUZRを挙げた。野球ではUZRという指標を使って、守備側の選手が平均的な選手と比べて防いだ失点の平均値を測定する。ゴルフでは「稼いだ打数」指標を使ってゴルファーが平均的なゴルファーと比べてホールアウトするまでに稼いだ（＝縮めた）打数の平均値を測定する。どちらの指標もプレーの内容をゴールに到達するまでの歩みとして測定する。ここで言うゴールとは、野球では失点すること、ゴルフではホールアウトすることである。この2つの指標が似ているのは、いずれも動的計画法という分野から派生したという点である。

　動的計画法とは先を読むための体系的な手法で、その概念は他のスポーツにも応用できる。アイスホッケーの名選手だったウェイン・グレツキーは父親から「パックが元あった場所ではなくパックが行く先に滑れ」とアドバイスされた。動的計画法を使えば、複数の段階に分かれた一連の問題を解決するための最適な経路がわかる。1ホールのプレーで何回かショットしてカップに到達する最適な経路を選ぶというのはひとつの動的計画法の問題である。ティーショットで最適な判断を下すには、ティーショットでどのような結果が待っているか、セカンドショットでどのような判断を下してどのような結果が待っているか、といった一連の情報が必要となる。ゴルフとは実質的に、各ショットで最適な判断を下しながらスコアをできるだけ縮めるという目的を持った動的計画である。この観点から考えれば当然、カップまでの歩みを測定する稼いだ打数はヤード単位ではなく、ホールアウトするまでに縮めた打数の平均で測定することになる。

　わたしは2005年に「稼いだ打数」指標を使って《ゴルフメトリクス》システムに集まったパットとグリーン以外でのショットの分析を開始した。2008年には各種のショットでプロとアマチュアのプレーを比較した稼いだ打数の分析結果を初めて公表した。パット、ショートゲーム、ロングゲームで稼いだ打数の結果を発表したのだが、そのときは「ショットの価値」という言葉を使っていた。同じ概念に基づいて、マサチューセッツ工科大学（MIT）の3人の研究者、ダグ・フィアリング、ジェイソン・アチモビッチ、スティーブ・グレイブスがPGAツアーの

選手をパッティング成績順にランクづけした。彼らの論文は2011年に発表され、そのなかで「稼いだ打数」という言葉を生み出していた。

2010年、PGAツアーはパット数、パーオン時のパット数、カップインしたパットの平均距離というそれまで使っていた3つの主なパッティング指標に問題があることを認め、新しいパッティング指標を求めていた。MITの3人、PGAツアー、そしてわたしが協力し、「パッティングで稼いだ打数（strokes gained putting：SGP）」のツアーでの運用に向けて細かな仕様を決めることになった。PGAツアーは2011年5月にSGPの運用を開始。新しい指標が導入されたのは15年ぶりだったが、パッティングを測定する重要な指標としてすぐに使われはじめた。

SGPをはじめとする稼いだ打数の指標では、ゴルフにおけるメンタル面、つまり優勝がかかる場面でのプレッシャーなどを考慮に入れていないと主張する人もいる。こうした主張にわたしが答えるとしたら、プレッシャーがかかる場面でのパッティングといった漠然としたものを分析する場合でも、SGPのほうがただパット数を数えるよりパッティングを正確に測定できるためマシだと言いたい。

本書では「稼いだ打数」の背景にある概念について説明する。また、稼いだ打数のすべての指標群の計算結果も紹介する。これらを参照すれば、プロもアマチュアも、自分のティーショット、アプローチ、ショートゲーム、パッティングの腕前を分析できる。この4種類に大別したショットをさらに細かく分ければ自分のプレーをもっと詳しく分析して理解できる。

本書ではPGAツアー選手のプレーを細かく分析し、彼らが優勝できた理由を解き明かす。タイガー・ウッズは史上最高とまでは言わなくとも一時代を代表する最高のゴルファーだが、彼の栄光を支えている原動力がパッティングにあるのかリカバリーショットにあるのか、それともロングゲームにあるのかについてはおおいに議論の余地がある。稼いだ打数を使えば先入観や思い込みに左右されることなく科学的な根拠に基づいてパッティング、ショートゲーム、ロングゲームの腕前を直接比較できる。これにより、タイガー・ウッズの成功に隠された本当の秘密が明らかになる。

コースマネジメントを科学的に分析する

　ゴルフとは判断とマネジメントのゲームであり、データを活用してプレー内容を理解するのはほんの小手調べである。ゴルフ仲間に、飛距離もショートゲームやパッティングの腕前も自分とあまり違わないのにいつも4〜5打負けてしまう相手はいないだろうか。腕前が変わらないのに負けるのは相手のマネジメントが優れているからだ。相手のほうが自分よりうまくゴルフというゲームをプレーしているのである。

　ゴルフは分析が難しいことで知られる。マネジメントがまずくても良い結果が出ることもあれば、マネジメントが優れていてもうまくいかないこともある。

　ジェームズ・ハーンという選手がPGAツアーの出場権を獲得しようとして、ロングホールのセカンドショットである判断を迫られた。ハーン自身は池を越えて2オンできると考えたが、キャディで親友のドン・イはレイアップを勧めた。おかしなことに、2人はどちらの意見を採用するか決めるためにジャンケンをはじめた。ハーンが勝ち、「間違いなく池を越えられるクラブで打った。ボールは池を越えたところに落ちたが、手前に転がってきて池に入ってしまった」。彼はそこから寄せワンを決めてパーをセーブした。

　本書では、プレー中の判断力を高めてスコアを縮める方法を紹介する。スイングの直し方を手ほどきしたりはしないが、いまのスイングのままで、頭を使ってプレーするだけでハンディキャップを減らす方法を説明しよう。本書で紹介しているレッスンをものにすればきっとスコアが縮まるはずだ。

　ゴルフライターのビル・ペニントンが述べているように「アベレージゴルファーは自分の本当に苦手なショットを見きわめるのがどうしようもないほど下手」である。この問題を解消するために、第9章では多くのゲームやドリルを紹介する。これらを自分で試してみれば、自分の上達ぶりを確認したり、自分の実力をPGAツアー選手や他のアマチュアと比較したりできる。まったく新しい方法で自分の得意・不得意を見きわめられるのだ。スコアを縮めるには、練習場で闇雲にボールを打つ

より、レッスンに従って一番の弱点を克服するほうがはるかに効果的である。そのように取り組めば、もっとうまくプレーできるようになる。

プロやコーチは指標というものについてどう考えているのだろうか。

昔ながらの指標や「稼いだ打数」の分析について、選手やコーチから聞いた話をいくつか紹介しよう。ロバート・カールソンに初めて会ったとき「言っておくが指標にはたいして興味がないよ」と言われた。はっきり言ってくれてありがたかったし、彼がそう話すのもうなずけるどころか、わたし自身も彼と同じ意見である。選手やコーチ、ファンの多くが指標に懐疑的であったとしても驚くべきことではない。パット数やフェアウェイキープ率、パーオン率といった昔ながらの指標はわかりにくくて情報があまり得られないだけでなく、誤解を招くおそれもあるからだ。とはいえ、わたしは優れた指標は役に立つと心から信じている。

2011年はじめから、わたしはルーク・ドナルドと彼のコーチであるパット・ゴスと協力して、ルークのプレーを分析している。ノースウェスタン大学時代に経済学を専攻したパットは「これまでずっとルークのプレーを統計的に評価して、こうした統計を生かして実力を測定できる効果的な練習方法を編み出すことに苦心してきた。わたしはいつもそういう風に考えてしまう」と話していた。彼はわたしたちの研究をカージナルスの元監督トニー・ラルーサと比べて「トニー・ラルーサはいつも確率の裏をかこうとしていた」と言っていた。「対左腕の打率が2割7分のバッターを打率2割4分のバッターの代打に起用するようなものだ。年間を通じれば数点は差が出る。仮にルークのショートゲームが2.5％うまくなれば、1シーズンで寄せワンを決められる回数が増える」

コリン・スワットンとジャスティン・ポインターという2人のコーチも、パット・ゴスと同じように分析を重視している。ジェイソン・デイやグレッグ・チャーマーズのコーチを務めるコリンは四半期ごとに指標レポートを作成して教え子たちの上達ぶりを確認して目標を設定している。J.J.ヘンリーやハンター・ハースのコーチを務めるジャスティン・ポインターも、分析が役に立つと考えている。ジュニアゴルファーを指導するときは、コリンもジャスティンも点数制の技量テストを利用して生徒たちの得意・不得意を見きわめ、練習計画を立てる。

タイガー・ウッズやジャスティン・ローズ、ハンター・メイハンらのコーチを務めるショーン・フォーリーとしばらくゴルフについて話せば、打ち出し角度、スピン量、ちょっとした幾何学、物理学、心理学など、興味深い話をいくつも聞かせてくれる。フォーリー、ゴス、スワットン、ポインターの4人は、とりわけ分析を重視しているゴルフコーチの部類に入る。

　コーチだけでなく、指標の分析が役に立つと考えている選手は多い。共通の友人トム・ダンドンを通じてボー・バンペルトと初めて会ったとき、指標に興味があるかと尋ねてみた。彼の答えはイエスで、とても興味があるとのことだった。家族がいて時間が限られているため、できるだけ効率的に練習する必要があるからだそうだ。

　親友のエドアルド・モリナリは、「稼いだ打数」のアイデアを瞬時に理解してくれた。彼の主戦場であるヨーロッパツアーには基本的な指標しかないため、彼はコンピュータプログラムを自分で作成して稼いだ打数を計算した。彼はパッティングにとどまらず、プレー中のあらゆるショットで稼いだ打数を記録している。数年前には、自分で集めた指標からパターンを見つけ出し、スイングを改造した。それが実を結び、2010年には2試合で優勝を飾った。

　確かに、ゴルファーであり数学者でもあるエドアルドは例外だ。だが多くのプロが自分のプレーを統計的に分析したいと考えているのは事実であり、多くの選手が結果を計算する方法やその解釈の仕方について鋭い質問をしてくる。しかしSGPについて詳しく説明できる選手はほとんどいない。SGPの仕組みを解説した資料など見たこともないのだから無理もない。

　「稼いだ打数」の本質はシンプルで力強い概念であり、ほとんどのゴルファーは少し説明を聞けば理解できる。稼いだ打数が素晴らしいのは、ひとつには具体的な計算方法を知らなくても結果を理解できることだ。ある選手がパッティングで3打、グリーン以外のショットで1打、合計4打をコース上で稼いだ（＝縮めた）とすると、この選手のスコアが良かった理由のほとんどはパッティングにあるとすぐにわかる。これを昔ながらの2つの指標と比べてみよう。ある選手が29パット、パーオ

ン12回でホールアウトしたとして、そのラウンドについて何がわかるだろうか。具体的なことは何もわからない。

　ほとんどの選手は、その仕組みをあまり理解していなくても、SGPが役に立つと考えている。そのランキングや結果が納得のいくものだからだ。怪しそうに思えたとしても正しいのである。ウェブ・シンプソンは「あの新しいパッティング指標は、まったく先入観にとらわれていなくて実に良いね」と述べている。
　指標に対する考え方は、選手によって大きく違う。指標どころか、いまだにヤーデージブックさえも使っていない選手が数人いる。こうしたプレーの仕方は1960〜70年代にディーン・ビーマン、さらにはジャック・ニクラスが実践していたことで初めて知られるようになった。いつの時代にもコーチやヤーデージブック、あるいは指標の力を借りずに成功できる選手が数人はいるのかもしれない。
　指標からどれだけ多くの情報が得られたとしても、それだけでゴルフがうまくなるわけではないが、ツアー選手は世界の一流ゴルファーたちとしのぎを削り、一歩抜きん出たいと願っている。常に上達しようともがいているのだ。自らは指標を見ないがコーチに指標を研究させている選手もいる。コーチをある種の情報フィルターとして利用しているわけで、それはそれで構わない。わたしに寄せられる要求や質問の多くは、コーチからのものだ。コーチが選手のプレーに問題があると気づいても、選手自身はそう思っていないこともある。稼いだ打数はコーチの考えを客観的に数値で裏づけることができ、実際に裏づけとなってきた。
　わたしにとってさらに興味深いのは、ゴルフデータがコースマネジメントの分析にも利用できることだ。本書の第2部では、分析の方法をいくつか紹介している。わたしはプロ向けにPGAツアーの多くのホールでのマネジメント分析をおこなってきた。第8章ではその手法の例をいくつか披露している。ピーター・ハンソンはわたしの分析のおかげで1試合あたり4〜5打縮められたと言ってくれた。さすがにそれは言い過ぎだと思うが、この科学的な手法がマネジメントの分析に役立つことを示しているのは確かだろう。

本書の著者と研究方法について

　わたしはコロンビア大学ビジネススクールの教授として、主に数量ファイナンス、すなわち財務リスクの測定および管理や最大限の投資目標を達成するための財務ポートフォリオの構築に重点を置いて研究や指導をおこなっている。趣味はゴルフで高校時代からプレーしている。ホームコースのニューヨークにあるペルハムカントリークラブではクラブチャンピオンシップで1回、シニアクラブチャンピオンシップで2回優勝した。現在のハンディキャップは4で、幸運なことにホールインワンをこれまでに3回記録している。わたしはゴルフに関してど素人というわけでもないが、実績はプロどころか多くのアマチュアと比べても見劣りするため、スイングに関してアドバイスできることは何もない。

　本書ではスイング理論についてまったく触れていない。データを活用して自分の実力を測定し、マネジメントに関する理解を深めるための本である。わたしがこのプロジェクトを立ち上げた理由は、学術研究やコンサルタント業で使っている手法がゴルフの分析にもぴったりだったからだ。自分の専門知識を生かして情熱を傾ければ、財務の世界からヒントを得た分析手法を使って他のゴルファーの手助けができると気づいたのである。

　わたしは2003年から全米ゴルフ協会（USGA）のハンディキャップ研究チーム（HRT）の一員となった。HRTとは、1987年から全米ゴルフ協会ハンディキャップに公式に取り入れられた現在のハンディキャップ制度であるスロープシステムを作った団体である。HRTは引き続きこのシステムの維持、調整、改良に努めている。

　ゴルフのハンディキャップ決定とプレーの評価は似ている。ハンディキャップを決定するときに大きな問題となるのは、ゴルファーのスコアのうちどれだけが技量によるもので、どれだけがコースの難易度によるものかを判断することだ。フェアウェイが広い5,800ヤードのコースで出した75というスコアと、フェアウェイが狭くウォーターハザードがいくつも配置された7,300ヤードのコースで出した同じスコアを比較し

ても意味はない。全米ゴルフ協会が作ったハンディキャップ制度は、ハンデ0のスクラッチプレーヤーや90プレーヤー（平均スコア90のゴルファー）にとっての難易度を測定してコースや傾斜にレーティングを設定するというものであり、コースごとに調整するだけでそのまま使うことができる。

わたしがゴルフの研究に使っている統計、シミュレーション、最適化、動的計画法といった手法の多くは、財務の問題を分析するのに使っているのと同じものである。統計分析はゴルフ指標を作って分析するのに役立つ。プレーの結果に大きな意味があるのか、それともただの偶然なのかを把握しやすくなるのだ。

シミュレーションとはコンピュータを使ってモデルを構築し、現実のシステムの動作を再現する手法である。実質的にさまざまな現実的状況を伴ったシミュレーションモデルであると言えるコンピュータゲームのおかげで、この手法はすっかりおなじみになった。シミュレーションはデータとは異なる状況を分析するのに役立つ。ドライバーの飛距離が20ヤード伸びるとどれだけスコアが縮まるかもシミュレートできる。シミュレーション技術を使って、昔から散々言われてきたように、ゴルフではパッティングを重視しすぎているのかどうかを検証することもできる。もしカップの直径が2倍になるとどうなるか。パッティングが得意なゴルファーと苦手なゴルファーのどちらが有利になるのか。カップを大きくしたコースでのプレーを数千ラウンド分シミュレートすればこの疑問に答えられる。

最適化は、多くの選択肢から最適な判断を見つけ出すのに役立つ。ヘッジファンドの最適なポートフォリオや商品を市場まで配送する最適な経路を見つけ出すためのものだが、ゴルフのスコアをできるだけ縮めるための最適な攻め方を見つけ出すために利用できる。ゴルフはリスクとリターンの二律背反〔トレードオフ〕の連続だ。ショットを無難に打つか、それとも攻撃的に打つか。どうマネジメントすればスコアをできるだけ縮められるか。最適化とは、思いつく限りの選択肢をすべて挙げ、それぞれのメリットとデメリットを評価して最適な選択肢を教えてくれる賢いキャディのようなものである。

動的計画法とは、多段階の問題を解決するための本質的に数学的な手法で、先を読んで早めに手を打つのに役立つ。

　PGAツアーの《ショットリンク》システムとわたしの《ゴルフメトリクス》プログラムのおかげで必要なデータは揃った。あとはこの未加工のデータの山に隠されたゴルフの秘密を解き明かすだけである。統計、シミュレーション、最適化、動的計画法は、その秘密を解き明かすのにぴったりの手法である。ゴルフというゲームの秘密を解き明かす準備はすべて整った。ショットごとのデータと稼いだ打数の分析を組み合わせれば、ほんの数年前には答えられなかったゴルフのプレーやマネジメントに関する疑問に答えられる。驚くべき答えや定説と異なる答え、さらには直感の裏づけとなる答えや長く親しまれてきたゴルフというゲームへの見方が変わるような答えも飛び出してくる。本書の情報は、個人の考えや経験則ではなく、多くのプロやアマチュアから集められた実際のデータを数学的に分析して得られた証拠に基づくものだ。本書は、数年間を費やしてプログラムを開発し、このデータの宝庫を分析した集大成である。さあ、それではスタートしよう。

第1部

プレーの分析

Golf Performance

第 1 章 Chapter1

パッティングは過大評価されている
"Putt is Money"はウソだった？

　ゴルフで最も神聖な真理とされているのは「パッティングがスコアメイクのカギ」というものだ。タイガー・ウッズが数年にわたって世界一の座に君臨したのはなぜかという質問に対して、メジャー9勝のゲーリー・プレーヤーは「パッティングが一番うまいからだ」と答えた。「いまや、タイガーが1位になれた最大の理由はパッティングが一番うまいからだと全ツアー選手が知っているだろう」と2006年の全米オープンの覇者、ジェフ・オギルビーは話している。

　南アフリカの名ゴルファーで1949〜1957年に全英オープンを4勝したボビー・ロックの言葉とされる「ドライバーショットは見せるため、パットは金のため」という格言もある。

　パッティングが重要という考えはゴルフが誕生したときからあった。著名なゴルフライターでチャールズ・ダーウィンの孫にあたるバーナード・ダーウィンは、1912年にパッティングが「最も重要であることはほとんどゴルフをしたことのない人でも否定のしようがない」と記した。1894〜1913年に全英オープンを5勝したジョン・ヘンリー・テイラーは「グリーン以外のどの場所より、グリーン上で勝ち負けが決まる試合が多い」と記している。1887年と1889年の全英オープンを制したウィリー・パークJr.は、プロゴルファーが出版した世界初のレッスン書のなかで「したがってパッティングとはこのゲームで最も重要なものと言えるだろう。ティーショットやアプローチがいくらうまくても、無造作にパットを打つような選手が勝利を望むことはできない」と書いている。パークは「パットがうまければどんな相手とでも勝負になる」と話したことでも知られる。

　2世紀以上にわたり、パッティングがスコアメイクのカギという"ウソ"がプロにもアマチュアにも定着してきた。まだグリーンがグリーン

と呼ばれていなかった時代でさえ、作家のロバート・フォーサイスはスコットランドの素晴らしさをたたえる 1805 年の本のなかで、カップの近くでおこなうショット、すなわち「パッティングとでも呼ぶべきもの」が「最も重要である」と断言した。

人類はかつて、静止した地球の周りを宇宙が回っているとも信じていた。定説が真実とは限らないのだ。

ゴルファーはなぜパッティングを必要以上に重要だと考えてしまうのか。ここではパッティングがゴルフの核心であるという考えの裏づけとして人々が主張する 5 つの根拠を取り上げ、なぜそれぞれが真実と言うに足りないかを考えていこう。

パッティングを過大評価する 5 つの根拠

1　パッティングのミスは取り返しがつかない

友人とのプレーで、あなたは完璧なティーショットでフェアウェイをキープし、アプローチをバンカーに打ち込んで、ウェッジでグリーンに乗せたが、パーパットを外したとしよう。友人はティーショットを林に打ち込んだが、チップショットでフェアウェイに戻し、そこから寄せワンでパーをキープした。自分はパットをミスして 1 打損をした。友人はパットを決めて 1 打得をした。この考え方に不自然な点はまったくないように思える。友人はティーショットのミスをカバーできたが、自分はカバーする手段がないパットをミスしたからボギーを叩いたのだ。

だがちょっと待った。数学的には、パットのミスで 1 打損をしてパットを決めて 1 打得をしたというのはあり得ない。自分と友人のスコアの差は 1 打であって 2 打ではない。「パットをミスして 1 打損をした」や「パットを決めて 1 打得をした」という説明は説得力があるが問題もある。二重に計算することでパッティングの重要性を多く見積もりすぎているのだ。

こうした説明はそれぞれのゴルファーがそのスコアになった原因をひとつのショットに求めている点で間違っている。自分がボギーを叩いた

のはパットのミスだけによるものではない。平均以上のティーショットを放ったにもかかわらずアプローチがまずかったせいでもある。友人がパーを拾えたのも、パットを決めたことが理由のひとつであるのは確かだが、ティーショットをミスしたあとのアプローチが見事だったせいでもある。

このように、各ホールの最終的なスコアは各ショットで得をした分と損をした分の積み重ねであり、ひとつのショットによるものであることはめったにない。したがって「ティーショットのミスは取り返せるがパットのミスは取り返しがつかない」というのは、パッティングの重要性を過大評価して、それ以外のショットを不当に軽視した考え方だと言える。

2 　パッティングは自信に影響し、自信はスコアに影響する

パッティングが苦手なゴルファーは、パッティングが得意なゴルファーほど寄せワンを決められないなど、技量が劣っている場合もある。だがそれだけでなく、自信を持てないことでスコアを崩している場合もある。パッティングが苦手だとグリーンを外したときに取り返す自信が持てないため、アプローチにより大きなプレッシャーがかかるかもしれない。パットを外すと落胆して不安になり、次のホールにも悪影響を及ぼしかねない。メンタルトレーナーはある意味で、こうしたマイナス面の波及効果を最小限に抑えるようにゴルファーを指導することで生計を立てている。

逆のことも起こり得る。寄せワンを決めたり、長いバーディパットを決めたり、短いパットを連続で決めたりすれば、自信がつき、以降のホールにも良い影響を与えることがある。アイルランド出身の名ゴルファー、パドレイグ・ハリントンの「ミドルホールでは3回ショットをミスしても10フィートのパットを決めてパーで上がれば3回のミスショットは忘れられる。ナイスショットが2回続いても3パットをすると、どういうわけか急にスイングに自信が持てなくなる」という言葉にそれが集約されている。

ショットが自信に影響し、自信がショットに影響するのはパッティングに限った話ではない。ティーショットでフェアウェイの真ん中をとらえて自信がつくゴルファーもいる。アプローチをピンそばにつければパッティングにプレッシャーがかからなくなる。パッティング以外のショットで得た自信がパッティングに影響しないなどと言えるはずがない。

　良くも悪くもひとつのショットが別のショットに間接的な影響を与えることは確かにあるが、ゴルフというゲームのメンタル面やそのプレーへの影響を定量化する方法はまだない。それに対してショットデータを効果的に活用すれば、パッティングのスコアへの影響を定量化できる。したがって上達するための定量的手法では、"自信"という要素を排除し、データを重視することになる。

3　運命を変えたパットこそがゴルフの歴史の主役だった

　パットで歴史が変わった例はいくらでもある。1986年のマスターズ最終日の17番ホール、当時46歳のジャック・ニクラスがパターを天に掲げ、18フィート（約5.5m）のバーディパットがカップに吸い込まれたとき、実況のヴァーン・ランドクイストは「さあ入るか、やりました！」と叫んだ。ニクラスはこのバーディで歴史に残る優勝をほぼ手中に収めた。2008年の全米オープンの72ホール目、タイガー・ウッズがロッコ・ミーディエートとのプレーオフに持ち込むにはバーディパットを決める必要があった。12フィートのパットはでこぼこのポアナ芝の上を左右によれながら転がり、カップの縁にたどり着いてカップに沈んだ。タイガーは翌日のプレーオフに勝ち、メジャー通算14勝目を飾った。

　1970年、ダグ・サンダースは全英オープンで3フィートのウイニングパットを打とうと構えたところで、ライン上に小石が落ちているのを見つけた。彼はその小石を取り除いて再び構え、しばらくカップを見つめてからボールに視線を移した。ようやくパッティングしたものの、ボールはカップにかすりもせず右へ外れた。サンダースは翌日のプレー

オフでジャック・ニクラスに敗れた。彼はそれから毎日、その外したパットの夢を見るようになったという。

1946年のマスターズの最終ホール、ベン・ホーガンは12フィートのパットを決めれば優勝、2パットでプレーオフという状況にあった。柔らかいタッチで転がしたパットはカップを外れ、カップを2.5フィート過ぎて止まった。ホーガンは返しのパットにじっくり時間をかけたもののこれを外し、無名のハーマン・カイザーに優勝をさらわれた。

こうした例は、パッティングが他のショットより重要であることを証明しているのだろうか。それとも、「確証バイアス」があることを証明しているのだろうか。

確証バイアスとは、人々が先入観に基づいた考えを裏づける情報だけを集めて記憶にとどめ、先入観に反する情報を軽視する傾向を指す。イギリスの哲学者であり数学者でもあったバートランド・ラッセルは「人は直感に反する事実を突きつけられると、それを丹念に調べ、圧倒的な証拠が見つからない限り、受け入れようとはしない。反対に、自分の直感通りの事実を突きつけられた場合は、ほとんど証拠がなくても受け入れる」と述べている。

パッティングがメジャー大会の結果を左右した例は確かに容易に見つかるが、それに負けないほど印象に残るグリーン以外の決定的なショットもいくらだってある。

ペブルビーチでおこなわれた1972年の全米オープンの最終ラウンド、ジャック・ニクラスは218ヤードもある難しい17番ショートホールで強風のなかを1番アイアンでショットした。ボールはカップの1フィート手前に落ちて旗竿に当たり、カップの5フィート手前で止まった。このバーディでメジャー11勝目（通算18勝）を確実なものにした。

その22年前、ベン・ホーガンはメリソンでおこなわれた全米オープンの72ホール目でフェアウェイに立っていた。ロイド・マングラム、ジョージ・ファジオとの三つ巴のプレーオフに持ち込むにはパーが必要だった。ホーガンはわずか1年あまり前の自動車事故で危うく命を落としかけてから回復したばかりで、その日は36ホールを戦うことに

なったため、両足が痛みはじめていた。ホーガンはバッグから1番アイアンを抜くと、激しい風に向かってショットを放ち、グリーンに乗せてカップまで約40フィートの位置につけた。この象徴的なショットをカメラマンが撮影した写真が後世に伝わっている。ホーガンは2パットでパーをセーブし、翌日おこなわれた18ホールのプレーオフを制した。

　スティーブン・レイドはその魅力的な著書『Bobby's Open』のなかで、1926年の全英オープン最終ラウンドの17番ホールで名ゴルファーのボビー・ジョーンズが放った信じられないような175ヤードのショットがその試合のターニングポイントだったとしている。ジョーンズは荒れ地を越えていくブラインドショットをグリーンに乗せ、全英オープンの初制覇につなげたのだ（通算3勝）。この奇跡的なショットがジョーンズの伝説的なゴルフ人生を決定づけたと考えている人は多い。バーナード・ダーウィンがかつて書いたように「もしほんの少し砂の量が多ければ取り返しがつかない事態になりかねなかった」のである。

　ゴルフ史に残る素晴らしいパッティングを振り返るのは楽しいが、成功例をいくつか集めたところでデータとしては適さない。試合終盤の決定的なショットやパットの前に、多くのナイスショットがあったのだ。ラウンドや試合でターニングポイントとなったパットやショットはどれなのか。パットは他のショットよりスコアメイクにとって重要なのか。パッティングの相対的な重要性を判断するには、先入観を持たずにゴルファーのスコアを構成する全ショットを検証する必要がある。パッティングや優勝選手だけについて調べたり、一部のショットのみにスポットを当てる実例を取り上げたりしても、パッティングの重要性を判断することはできない。

4　グリーン上での打つ回数が非常に多いことが重要性の証し

　パターはどのゴルファーもほぼ全ホールで使う唯一のクラブである。バンカーショットは一度も打たなくても最後までラウンドできることがある。だからといってバンカーショットがパッティングより重要でない

と言えるだろうか。ほとんどのゴルファーは1ラウンドでドライバーを10～14回使うのに対して、パターを25～40回使う。定説では、ショットの回数を比べるだけでもパッティングのほうがドライバーショットやバンカーショットより重要だとわかる、ということになっている。

　ボビー・ジョーンズはパッティングを「ゴルフというゲームのなかでも風変わりなゲーム」と呼んだ。彼は「ゴルフにおけるその重要性はわざわざ言うに及ばない。どれだけ上手な選手でも半分近くのショットはグリーン上でおこなう。ときには半分以上だ。わたしはいまでも、1926年の全英オープンの最終ラウンドでの苦い経験が忘れられない。グリーン上で39回ショットを打った、いや打ち損なったが、それ以外のショットは35回しか打たなかったのだ」と述べた。ジョーンズはその大会を2打差で優勝している。

　ショットの回数という統計は誤解を招きかねない。PGAツアー選手の平均パット数は29パットで平均スコアが71であるため、パットは全打数の約40％を占める。ただし、回数とその重要性はまったく比例しない場合もある。この29パットのうち9回はカップまでの距離が2.5フィート（約76cm）以内（プロは99.5％の確率で決める）であり、2.5フィートを超えるパットは全打数の30％である。初心者だとパット数は全打数の30％で、2.5フィート以内のパットを除けば約20％に過ぎない。

　こうした非常に短いパットを考慮すると、基本的なポイントが浮かび上がる。すべてのショットが均等に重要ではないということだ。2フィートのパットは10フィートのパットほど重要ではない。どのゴルファーもほとんど外さないため、ゴルファー同士のスコアの差にあまり影響しないのである。10フィートのパットが重要なのはゴルファーによってカップインの確率が違うからだ。大事なのはパットの回数が多いことではなく、ドライバーショットやバンカーショットの回数も関係ない。ショットが重要と言えるのはそれがスコアの差に結びつく場合である。

● ドライバー天国とパター天国

　ちょっと想像をめぐらせて、あなたがドライバー天国に住んでいるとしよう。この魔法の世界では、ドライバーショットが必ず300ヤード飛んでフェアウェイの真ん中に止まる。風や前のホールのスコア、あるいは昨夜の睡眠時間に左右されることなく豪快なドライバーショットを真っすぐ打てるとわかっているため、距離があるホールでも自信満々にティーグラウンドへ向かうことができる。あいにく、一緒にラウンドしているあとの3人も300ヤードのドライバーショットをフェアウェイに運ぶ。それが自分の妻であろうと10歳になる娘であろうとドライバー天国でプレーすれば同じ結果になる。ドライバーを思いきり振る快感は退屈にとって代わられる。どんないいショットを打っても関係ないからだ。

　ドライバー天国ではドライバーショットで他のゴルファーとの差がつかないため、ティーアップして打つ必要すらもない。やがて天国の住人たちは時間を節約するために、距離があるホールはフェアウェイの真ん中の同じ場所からスタートしようと決める。ドライバー天国ではドライバーを使うホールが5ホールであろうと14ホールであろうと関係ない。ドライバーショットの回数など何の意味も持たないのだ。どのゴルファーが最も少ないスコアで上がれるかは、ドライバー以外のショットにすべてかかっている。

　次はパター天国に住んでいるとしよう。グリーンのどこにボールが乗ったとしてもすべてのゴルファーが2パットでホールアウトできる。ゴルファーはパターを持ち歩いて実際にパッティングする代わりに、ただグリーンに乗せるまでの打数に2打足せばいい。どのゴルファーもパッティングの腕前がまったく同じだとしたら、グリーン上での打数はゴルファー同士のスコアの差にまったく関係しない。パター天国のゴルファーのスコアは、パット以外のショットにすべてかかっている。

　天国から現実に戻ると、決してパッティングが他のショットより重要というわけではないことがわかる。ドライバー天国ではドライバーショットが無意味になり、パター天国ではパッティングが無意

味になる。現実の世界では2フィートのパットを外すことはめったにないため、そのパットが重要な意味を持つことはほとんどない。パッティングであろうとドライバーショットであろうと、ショットの回数だけに基づいて他のショットより重要とは言い切れないのだ。

5　パッティングが得意ならロングショットがまずくても優勝できる

　ルーカス・グローバーは2009年の全米オープン制覇を最後に優勝から遠ざかり、2011年にクエイルホローで開かれたウェルズファーゴ選手権の前まで3試合連続で予選落ちを喫していた。だがその大会で、グローバーはクレムゾン大学時代のチームメイト、ジョナサン・バードと並んで15アンダーの首位でフィニッシュし、プレーオフの1ホール目で優勝を決めた。優勝後のインタビューで、ルーカスは「木曜日の時点で、今週はパッティングが絶好調だとわかっていた。フィーリングがつかめていたし、ラインがよく見えていた」と話した。グローバーはその大会でパッティングのランキングが予選通過選手のなかで1位、ドライビングディスタンスが25位だった。フェアウェイキープ率は悲惨とも言える49位タイ。グローバーはその週に46％しかフェアウェイをキープできていなかった。好調なパッティングのおかげでいくつものミスショットをカバーできたと彼が感じたのも無理はない。

　一方、2004年のビジェイ・シンはパッティングにあまり頼らずにPGAツアーで9勝を挙げた。ビジェイは同年4月のシェルヒューストンオープンを11アンダーで優勝した。ドライビングディスタンスは1位、フェアウェイキープ率は3位だったが、パッティングのほうは55位と無残なものだった。同じように、2009年のクエイルホロー選手権でショーン・オヘアはパッティングのランキングが予選を通過した74選手中67位だったにもかかわらず優勝を果たした。

　定説に反して、優勝とパッティングのランキングは必ずしも一致しない。2011年にクエイルホローで優勝したルーカス・グローバーのようにパッティングが大きなカギを握っていたように思える試合もあるが、パッティングの調子があまり良くなかったにもかかわらず優勝を果たし

た試合も多い。ここから導き出せる結論は、少なくともパッティングはゴルフというゲームで重要な意味を持つ唯一のショットではないということだ。どのようなパターンが浮かび上がるかを見きわめるには、数多くの試合から得られたデータを調べる必要がある。

ランキングから何がわかるか

　近年のPGAツアーの試合で優勝した選手のさまざまな種類のショットにおけるランキングを比較すると、確かにパッティングはドライビングディスタンスやフェアウェイキープ率と比べて2倍重要だと結論づけたくなるが、その解釈はおそらく間違っている。優勝選手を決めるのはランキングではなくスコアである。パッティングなどの特定のショットでランキングが高いからといって、それで優勝できるわけではない。優勝選手がバンカーに1回だけ打ち込み、そのホールでパーをセーブしたためにサンドセーブ率が1位だったからといって、バンカーショットが優勝のカギを握っていたとは言えない。優勝選手がパッティング、ドライビングディスタンス、フェアウェイキープ率、サンドセーブ率のすべてで1位だったとしたら、どのショットが一番優勝のカギを握っていたと言えるのだろうか。

　2004～2012年のPGAツアーの試合で優勝した選手のパッティングのランキングは平均で14位とかなり高い。対照的に、優勝選手のドライビングディスタンスのランキングは平均で26位、フェアウェイキープ率は平均で28位である。優勝とパッティングのランキングは、優勝とドライビングディスタンスのランキングより、また優勝とフェアウェイキープ率のランキングより比例している。優勝選手がパッティングのランキングのトップ10に入っている試合は全試合の約60%であるのに対して、優勝選手がドライビングディスタンスやフェアウェイキープ率のランキングのトップ10に入っている試合は全試合の約30%を占めるに過ぎない。

　同期間の試合を分析したところ、最終的な順位はそれほどなじみのない「パーオン」という指標ともかなり比例していることがわかった。

パーオンとは、グリーンに乗せるまでのプレーを測定する指標である。ショートホールは1オンすればパーオンとなる。ミドルホールは2打（またはそれ以下）、ロングホールは3打（またはそれ以下）でグリーンに乗ればパーオンとなる。グリーンに乗せる「規定」の打数は、各ホールでパーをとった場合の打数から標準的なパット数である2打を差し引いて求められる。パーオンという指標はグリーンに乗せるまでの打数のみで決まるため、ショットを測定するための指標であってパッティングを測定するための指標ではない。

　2004〜2012年の試合で優勝選手のパーオンのランキングは平均で14位である。優勝選手がパーオンのランキングでトップ10に入っている試合は全試合の約60%。優勝選手のパッティングとパーオン率の結果はほぼ同じになっている。優勝選手はその週にパッティングがまずまず好調で、ショットの調子も良いという傾向が見えてくる。さらにパッティングやパーオン率ほどではないが、優勝選手はドライビングディスタンスとフェアウェイキープ率のどちらも平均以上であるという傾向もある。

表1.1 2004〜2012年のPGAツアーの試合での優勝選手を分析したもの。「パッティング」とはPGAツアーの主要なパッティング指標であるパッティングで稼いだ打数（SGP）。順位は賞金を獲得した選手（つまり予選通過選手）が対象。

	パッティング	ドライビングディスタンス	フェアウェイキープ率	パーオン率
優勝選手の平均順位	14位	26位	28位	14位
優勝選手がトップ10に入る試合の割合	58%	32%	31%	58%

　ランキングは指標に比べて便利ではある。たとえばあるPGAツアー選手がグリーンに乗せたときのカップまでの平均距離が33フィートだったとしたら、それは良いのか悪いのか。あるPGAツアー選手がパーオンしたときの平均パット数が1.79だとしたら、それは良いのか悪いのか。指標だけで判断することはできない。ちなみに、2011年のデータを分析するとグリーンに乗せたときのカップまでの平均距離が33フィートというのはかなり良いことがわかる。その数値を記録した

選手は同年のランキングで10位となり、ツアーでも指折りであると言える。一方でパーオンしたときのパット数が1.79のPGAツアー選手は、ツアー平均を大きく下回ってランキングでは125位となるため、あまり良いとは言えない。

　ランキングはひとつの種類のショットで選手同士を比較するのには適しているが、異なる種類のショットで比較する場合は役に立たない。ランキングだけを見ても、ドライビングディスタンスの1位とサンドセーブ率の1位ではどちらが良いのか判断できない。ランキングを使って、優勝とパッティングの相関性が高いことはわかったが、同じことは優勝とパーオン率についても言える。ランキングを見てもパッティングとグリーン以外のショットのどちらが優勝と密接な関係があるかは判断できない。

　優勝に対するパッティング（さらにティーショット、バンカーショットなど、あらゆる種類のショット）の重要性を定量化するには、すべてのショットを同じ尺度で測定できる指標が必要となる。以降の章で詳しく説明するが、そのためにわたしが作った指標が「稼いだ打数」と呼ばれるものだ。

パッティングはひとつの要素に過ぎない

　この章で紹介したパッティングに関する「常識」の多くは、真実である。パットのミスを取り返せないことも、自信が結果に影響することも、トーナメントの歴史のなかでターニングポイントとなったパットがあったことも、パットが全ショットのなかで多くの割合を占めていることも真実だが、こうした部分的な真実が「パッティングは他のどのショットより重要」と非常に多くの人が勘違いしている原因のひとつである。

　なぜパッティング至上主義は見当違いだと言えるのか。各ホールで最後におこなうパットは確かに締めくくりではあるが、1ラウンドを通してみると、パッティングがそれまでのショットより重要とは限らないことが数学的に証明できる。800メートル競走の最後に2人のランナーがホームストレッチでスプリント戦を演じたからといって、最初の750

メートルが重要でないとは言えない。ゴルフの試合では最終ホールのパッティングで決着がつく場合があるといっても、優勝を争う選手たちはパッティング以外のショットでも他の選手を上回っていて、それらのショットが優勝選手を決めるうえできわめて重要なのである。

マッチプレーの場合、ティーショットがOBになるとパットが意味を持つ前にそのホールの負けが決まることもある。ショットの回数はその重要性に多少関係しているが、回数と重要性はまったく同じ概念ではない。ゴルファーは1ラウンドの間に平均で9〜10回ショートパットを打つが、こうしたパットはより回数の少ないガードバンカーからのバンカーショットほど重要ではない。バンカーショットの巧拙はショートパットの巧拙よりスコアに大きな差をもたらすからである。

優勝選手はパッティングのランキングが高い傾向にあるが、他の指標でも上位である。ランキングは未整理の統計データより理解しやすいために便利だが、異なる種類のランキング同士を比較することはできないため、ランキングを見てもゴルファーのプレー全体を評価することはできない。ランキングからはパッティングが他のショットより重要かどうかは判断できないのだ。こうした分析をおこなうには、あらゆる種類のショットの腕前を測定するための一貫性のある手法を見つける必要がある。

この章のまとめ

- ゴルフが誕生したときからパッティングの重要性は過大評価されてきた。
- パッティングが過大評価される原因は、ひとつにはデータではなく直感に基づいた手法のせいであり、ひとつには一部のデータを重視して一部のデータを無視しているためである。
- ティーショットのミスで失った1打はパットのミスで失った1打と同じだけ重要である。
- 定量的手法でゴルフを理解すれば迷信にとらわれない。
- どのゴルファーも2フィート以内のパットはほとんど外さないため、ショートパットはゴルファー同士のスコアの差にあまり関係しない。
- パッティングの重要性は、パッティングだけに注目しても、優勝選手だけに注目しても、ごく一部のショットにフォーカスを当てた実例を検証しても判断はできない。
- ランキングはひとつの種類のショット内であればゴルファー同士を比較するのに役立つが、全体的なプレーで比較する場合には役に立たない。

第 2 章

パッティングの重要性を定量化する
スコア差へのパッティングの貢献度は 15%

ゴルフが生まれたときから常に、パッティングがすべてという主流派に逆らうパッティング懐疑論者もわずかに存在していた。ジョージ・ブラウンは 1913 年の著書『First Steps to Golf』のなかで「多くの選手がパッティングをゴルフで最も重要だと考えている。個人的には、その重要性は過大評価されていると思う。パットが得意な選手が苦手な選手より有利な点があるとしたら、せいぜいブラッシー（2 番ウッド）が得意な選手がブラッシーを握ったこともない選手より有利という程度の話だ」と述べている。ボビー・ジョーンズは「ティーショットやアイアンが得意であれば、パッティングが得意な場合と同じだけ有利なのは間違いない」と書いている。もっと最近では、ニューヨークタイムズ紙の記者ビル・ペニントンがアマチュアにとって最も重要なショットとは何かと数人のゴルフ指導者に尋ねたところ、2007 年の PGA 最優秀指導者に選ばれたジム・ハーディは「ゴルフで最も重要なのはティーショットだ。なにしろ、ほとんどのゴルファーはティーショットでフェアウェイをとらえられないばかりか、辛うじて地球上のどこかにボールを落とすことができているといった具合だからね」と答えた。ランディ・スミスやジム・フリックといった指導者もハーディと同じ意見だった。もうひとりの名指導者、ブッチ・ハーモンはドライバー派にもパター派にも断固反対で、アマチュアにとってはウェッジこそが「最も打数を縮められるショット」であると主張した。

これらの意見にはいずれも裏づけとなるデータと分析が欠けている。ゴルファーのプレーをきちんと測定して注意深くデータを調べれば、他のショットと比較した場合のパッティングの相対的な重要性を定量化できる。他のショットと比較してパッティングが PGA ツアーでの優勝に対してどのような役割を果たしているかを分析すればプロとアマチュア

を分けるのはどのショットなのかも突き止めることができる。

まずは2004〜2012年のPGAツアーのデータを見直してみよう。今度は優勝選手のパット数を調べてみた。驚くまでもないが、ほとんどの試合で優勝選手は他の選手よりパット数が少ない。2004〜2012年のPGAツアーで優勝選手の平均パット数が1ラウンドあたり27.5パット、出場選手全体の平均が29パットだった。優勝選手は平均で1ラウンドあたり出場選手全体より1.5パット少ないことになる。

この1.5パットが大きな差であると言えるだろうか。この疑問に答えるには、パット数だけでなくティーショットやアプローチなど、優勝選手を他の選手と分けた合計スコアに目を向ける必要がある。データからは以下のことがわかった。

- 優勝選手の平均スコアは67.4。
- 出場選手全体の平均スコアは71.1。
- 優勝選手のスコアは出場選手全体の平均スコアより平均で3.7打良い（71.1 − 67.4）。

優勝選手のパット数と出場選手全体の平均との差である1.5パットは、優勝選手を他の選手と分けた合計スコアの差である3.7打に対して40％となる。残りの60％はパット以外のショット、つまりグリーンの外で打ったショットの技量の差によるものに違いない。この単純な計算でも、グリーン以外のショットのほうがパッティングより優勝選手のスコアと出場選手全体の平均スコアの差に大きな影響を与えていることがわかる。

パッティングがどれだけスコアに影響を与えているかは、ただパット数を数えるより正確に定量化できる。優勝選手は平均で各ホールのファーストパットをライバルより少し近いところから打っている（その理由のひとつはアプローチをカップに寄せたからだ）。したがって、たとえ優勝選手のパッティングが平均並みだったとしてもパット数が少なくなると予想される。「パッティングで稼いだ打数（SGP）」という指標を使えば、このパットの距離の影響を考慮してパッティングの腕前をより正確

第2章　パッティングの重要性を定量化する

に測定できる。詳しい計算方法は第 3 章で説明するが、2004 〜 2012 年の優勝選手はパッティングで出場選手全体に対して 1.3 打稼いでいる。これはパット数に基づいて計算した値よりやや少ない。

優勝へのパッティングの貢献度（putting contribution to victory：PCV）は、優勝選手が出場選手全体に対してパッティングで稼いだ打数を優勝選手のスコアと出場選手全体の平均スコアの差で割ったものと定義される。合計スコアと比較して優勝選手がパッティングで何打稼いだかを知るために、2004 〜 2012 年の PGA ツアーの試合における全選手のスコアを見直してみよう。

- 優勝選手のスコアは出場選手全体の平均スコアより 1 ラウンドあたり平均 3.7 打良い。
- 優勝選手は出場選手全体に対してパッティングで 1.3 打稼いだ。
- 優勝選手の SGP（1.3 打）を優勝選手のスコアと出場選手全体の平均スコアの差（3.7 打）で割ると、平均 PCV は 35% となる。

この計算から、パッティングは他のショットほど試合で優勝するために重要ではないことがわかる。PGA ツアーでの優勝へのパッティングの貢献度は平均で 35%、一方でグリーン以外のショットの貢献度は 65% である。

PGA ツアーでの優勝へのパッティングの貢献度は平均で 35%、一方でグリーン以外のショットの貢献度は 65% である。

35% という PCV は多くの試合での平均だ。パッティングの貢献度が高い試合もあればそうでない試合もある。図 2.1 は、2004 〜 2012 年の 315 試合それぞれの PCV の結果である。表 2.1 では、2004 〜 2012 年の PGA ツアーの試合を PCV に基づいてランクづけし、その上位、中位、下位の試合を示している。この表の中段は PCV が中位の平均的

図 2.1 優勝選手がグリーン以外で稼いだ打数を SGP と比較したもの。グリーン以外で稼いだ打数とは、優勝選手のスコアと出場選手全体の平均スコアの差（score versus the field：SVF）から SGP を差し引いたもの。PCV は SGP/SVF の比である。この 315 試合の平均 PCV は 35% だった。

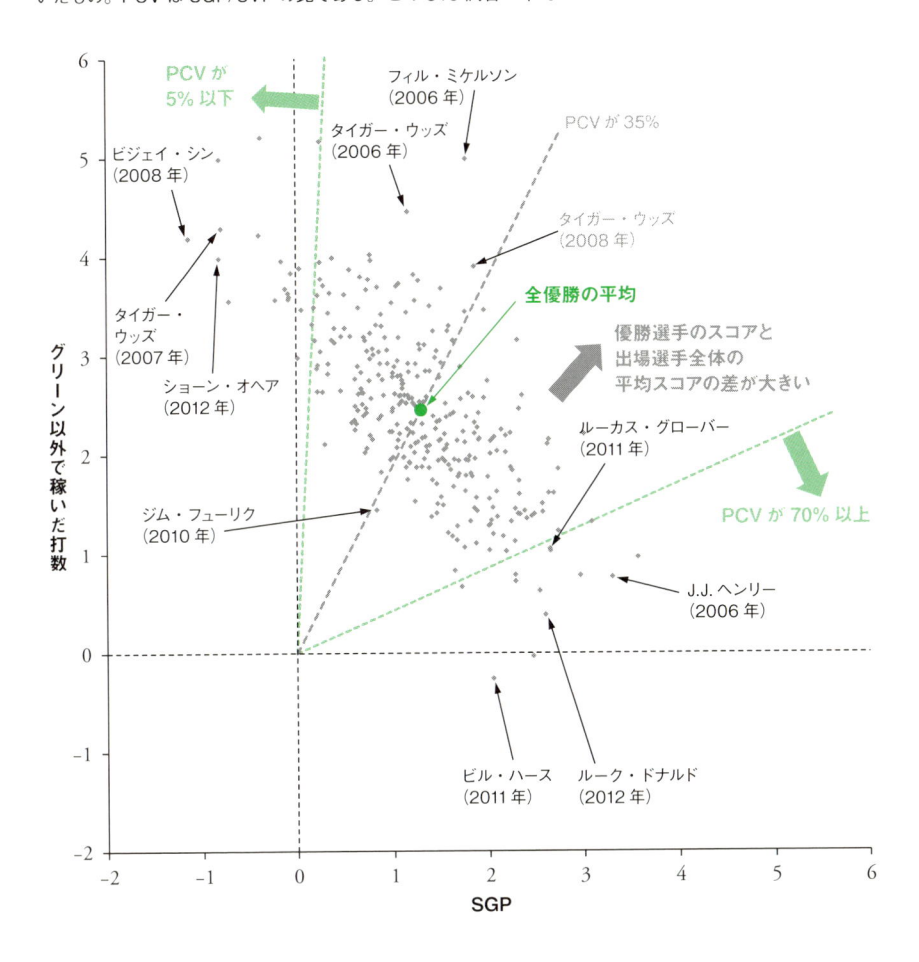

な試合である。たとえば 2004 年にアーニー・エルスがメモリアルで優勝したとき、スコアでは出場選手全体の平均スコアより 1 ラウンドあたり 5.20 打良く、パッティングでは 1.76 打稼いだ。その PCV は 34%（1.76/5.20）であり、パッティングの貢献度の平均である 35% に近い。

多くの試合で PCV が平均値の 35% を大きく上回っている。表 2.1 の上段は素晴らしいパッティングが優勝の決め手となった試合である。その最上位が 2011 年のツアーチャンピオンシップを優勝したビル・

ハースで、彼のスコアは出場選手全体の平均スコアより1ラウンドあたり1.79打しか良くなかったが、パッティングでは2.05打稼いだ。そのPCVは114%である。この値が100%を上回るのは、優勝選手のグリーン以外のショットが平均を「下回る」場合である。ハースはグリーン以外のショットで1ラウンドあたり出場選手全体に対して0.26打失っていた。この表には載らなかったが、12位は古くからの友人ルーカス・グローバーが2011年のクエイルホローで挙げた優勝で、そのPCVは平均の2倍以上である72%だった。グローバーは72ホール中36ホールを1パットで切り抜けた。

パッティングが不調でも優勝

　表2.1の下段はパッティングにまったく頼らずして優勝できる選手の見本である。その筆頭は2008年の世界ゴルフ選手権のブリヂストン招待選手権で優勝したビジェイ・シンだ。そのPCVは−37%。この値がマイナスになるのはパッティングが出場選手全体を大きく下回っていたにもかかわらず優勝したからである。そのためにはグリーンに乗せるまでのショットが際立って良くなければならない。この試合でビジェイは出場選手全体に対してパッティングで1ラウンドあたり1.1打失ったものの、スコアは出場選手全体の平均スコアを3.1打上回った。つまり、ティーショットをはじめとするグリーンに乗せるまでの驚異的なショットで、出場選手全体に対して1ラウンドあたり4.2打稼いだのだ。

　この統計という観点から見て歴史的な2008年のブリヂストン招待選手権でのビジェイのパッティングをもう少し詳しく見てみよう。初日、ビジェイは10フィート（約3m）から3パットした。2日目には4フィートのパットを外したため40フィートから3パット。3日目の12番ホールでは5フィートのパットを外したため30フィートから3パット。さらに17番ホールではチップショットを2フィートに寄せたがこのパットを外した。最終日の11番ホールでは6フィートのセカンドパットを外したため38フィートから3パット。さらに13番ホールでは6フィートのパーパットを外した。16番ホールでは5フィートのバー

表 2.1 PCV に基づいてランクづけした PGA ツアーの優勝選手の抜粋。2004 〜 2012 年の PGA ツアー 315 試合の優勝選手の結果。パッティングは 1 ラウンドあたりの SGP で測定。優勝選手の成績は優勝選手のスコアと出場選手全体の平均スコアの差（SVF）の平均で測定。PCV は SGP/SVF の比。グリーン以外で稼いだ打数は、優勝選手の SVF から SGP を差し引いたもの。上位 8 人はパッティングが優勝の決め手になった。中位 8 人は PCV が平均並み。下位 8 人はパッティングの調子が悪くても優勝した。

順位	選手名	年	大会名	SGP	グリーン以外で稼いだ打数	優勝選手のSVF	PCV (SGP/SVF)
1位	ビル・ハース	2011	ツアーチャンピオンシップ	2.05	−0.26	1.79	114%
2位	ダニエル・チョプラ	2008	メルセデスベンツ	2.47	−0.03	2.44	101%
3位	ルーク・ドナルド	2012	トランジションズ	2.60	0.38	2.98	87%
4位	J.J.ヘンリー	2006	ビュイック選手権	3.30	0.76	4.06	81%
5位	マット・クーチャー	2009	ターニングストーンリゾート	2.54	0.63	3.17	80%
6位	ビジェイ・シン	2006	バークレイズクラシック	2.97	0.78	3.75	79%
7位	ベン・カーティス	2006	ブーズアレンクラシック	3.57	0.96	4.53	79%
8位	ウェス・ショート Jr.	2005	ミシュラン	2.28	0.72	3.01	76%
154位	ビジェイ・シン	2004	クライスラー選手権	1.63	3.15	4.78	34%
155位	ロリー・サバティーニ	2009	バイロン・ネルソン	1.50	2.93	4.43	34%
156位	アダム・スコット	2006	ツアーチャンピオンシップ	1.19	2.32	3.51	34%
157位	アーニー・エルス	2004	メモリアル	1.76	3.44	5.20	34%
158位	フレッド・ファンク	2004	サザンファームビューロクラシック	1.15	2.26	3.42	34%
159位	ジェフ・オギルビー	2005	クライスラーツーソン	1.00	1.98	2.98	34%
160位	ジョン・センデン	2006	ジョンディアクラシック	1.28	2.54	3.82	33%
161位	ジョーイ・シンドラー	2004	ワコビア	1.04	2.08	3.12	33%
308位	マーク・ヘンズビー	2004	ジョンディアクラシック	−0.22	3.57	3.35	−7%
309位	ビジェイ・シン	2004	ドイツ銀行	−0.37	5.21	4.84	−8%
310位	ジェイソン・ダフナー	2012	バイロン・ネルソン	−0.39	4.22	3.84	−10%
311位	スティーブ・フレッシュ	2007	リノタホオープン	−0.81	4.99	4.18	−19%
312位	タイガー・ウッズ	2007	キャデラック（WGC）	−0.79	4.29	3.50	−23%
313位	セルヒオ・ガルシア	2004	バイロン・ネルソン	−0.71	3.55	2.84	−25%
314位	ショーン・オヘア	2009	クエイルホロー	−0.82	3.99	3.17	−26%
315位	ビジェイ・シン	2008	ブリヂストン招待（WGC）	−1.14	4.19	3.05	−37%

ディパットを外した。なぜショートパットの練習をしていたのかと尋ねられたビジェイは「外してばかりだからだよ。4 〜 5 フィートのパットがどうしようもなく調子が悪い……パットの距離を残さないように、できるだけ寄せようとしていたのだが」と答えた。17 番ホールでは 27 フィートのパットをショートして 4.5 フィート残したが、これは沈めてパーをセーブ。続く 18 番ホール、優勝するには 29 フィートから 2

パットで上がる必要があった。「ラインが良かったから気楽に打てと自分に言い聞かせた。入れば文句なし。4フィートのパットを残してはいけない、と。それなのに4フィートのパットが残った」。だがビジェイはこのパットを沈めて1打差で優勝すると同時に、パッティングが不調でも優勝したことでPCVの最低記録も更新した。《ショットリンク》時代にこれだけパッティングが不調で優勝した選手は他にいない。

　パッティングが出場選手全体を下回っていても優勝した（PCVの値がマイナスの）試合は2004～2012年のPGAツアーの315試合のうち14試合、つまり4％である。ビジェイ・シンはそのうち5試合で優勝した。グリーン以外のショットが出場選手全体を下回っていても優勝できた（PCVの値が100％を超える）試合はそれよりはるかに少ない。0.6％にあたるわずか2試合で、どちらも30～31人しか出場しない試合だった。これらの数値から、パッティングが平均以下でも優勝できるが、ショットが平均以下だと優勝はほぼ不可能であるとわかる。

　選手が優勝するときは、たいてい何をやってもうまくいく。パットもティーショットも調子が良く、アプローチの精度も高く、寄せワンも他の選手より多く決まる。だがタイガー・ウッズはパッティングがいいから勝てるというよくある主張は、データからは証明できない。PCVに基づいてランクづけすると、実はタイガーは下位25％に入る選手なのだ。データ中のタイガーの24勝で、パッティングの貢献度は平均28％に過ぎない。これは全優勝選手の平均である35％をかなり下回る。タイガーは優勝時にパッティングで1ラウンドあたり出場選手全体に対して1.14打稼いでいるが、グリーンに乗せるまでのショットでは1ラウンドあたり2.94打稼いでいるのだ。

　好調なパッティングのおかげで優勝した選手もいれば、パッティングが不調にもかかわらず優勝した選手もいる。表2.2は3勝以上を挙げた選手のPCVを示している。最上位は3勝すべてでパッティングが優勝の決め手となったマット・クーチャー。ベン・カーティス、ビル・ハース、スチュワート・シンク、ルーク・ドナルドもパッティングが優勝の決め手となっている。ビジェイ・シン、バッバ・ワトソン、セルヒオ・ガルシア、ショーン・オヘアなど下位の選手たちはグリーンに乗せるま

表 2.2 各選手の PCV。結果は PCV に基づいてランクづけしたもので、2004 〜 2012 年の PGA ツアーで 3 勝以上を挙げた選手のみが対象。

順位	選手名	優勝回数	SGP	グリーン以外で稼いだ打数	優勝選手のSVF	PCV (SGP/SVF)
1 位	マット・クーチャー	3 回	2.17	1.12	3.29	66%
2 位	ベン・カーティス	3 回	2.67	1.53	4.20	64%
3 位	ビル・ハース	3 回	1.84	1.12	2.96	62%
4 位	スチュワート・シンク	3 回	2.15	1.45	3.60	60%
5 位	ルーク・ドナルド	3 回	1.96	1.52	3.48	56%
6 位	ハンター・メイハン	4 回	1.77	1.86	3.63	49%
7 位	アーロン・バデリー	3 回	1.94	2.06	4.00	48%
8 位	バート・ブライアント	3 回	1.71	2.09	3.80	45%
9 位	ベン・クレーン	3 回	1.56	1.97	3.52	44%
10 位	スチュワート・アップルビー	5 回	1.65	2.18	3.83	43%
11 位	K.J. チョイ	6 回	1.61	2.15	3.76	43%
12 位	ジェフ・オギルビー	4 回	1.28	1.76	3.04	42%
13 位	ブラント・スネデカー	3 回	1.40	1.93	3.33	42%
14 位	ジャスティン・ローズ	4 回	1.60	2.24	3.84	42%
15 位	ジム・フューリク	7 回	1.52	2.18	3.70	41%
16 位	カール・ペターソン	5 回	1.57	2.31	3.88	41%
17 位	マーク・ウィルソン	3 回	1.30	1.95	3.24	40%
18 位	ジョナサン・バード	4 回	1.28	2.07	3.35	38%
19 位	アンソニー・キム	3 回	1.43	2.45	3.88	37%
20 位	アダム・スコット	7 回	1.47	2.69	4.15	35%
21 位	ライアン・パルマー	3 回	1.17	2.15	3.32	35%
22 位	ケニー・ペリー	7 回	1.34	2.57	3.91	34%
23 位	デビッド・トムズ	3 回	1.61	3.10	4.71	34%
24 位	スティーブン・エイムズ	4 回	1.26	2.54	3.79	33%
25 位	カミロ・ビレガス	3 回	1.18	2.40	3.58	33%
26 位	ザック・ジョンソン	7 回	1.24	2.65	3.89	32%
27 位	アーニー・エルス	5 回	1.17	2.81	3.98	29%
28 位	スティーブ・フレッシュ	3 回	1.06	2.61	3.67	29%
29 位	スティーブ・ストリッカー	9 回	1.10	2.76	3.86	29%
30 位	ニック・ワトニー	4 回	1.08	2.73	3.81	28%
31 位	タイガー・ウッズ	24 回	1.14	2.94	4.09	28%
32 位	ジャスティン・レナード	3 回	1.15	3.01	4.16	28%
33 位	フィル・ミケルソン	11 回	1.10	3.02	4.12	27%
34 位	ロリー・サバティーニ	4 回	1.04	2.88	3.92	26%
35 位	ダスティン・ジョンソン	4 回	0.76	2.73	3.49	22%
36 位	ヒース・スローカム	4 回	0.67	2.72	3.39	20%
37 位	ビジェイ・シン	17 回	0.77	3.15	3.92	20%
38 位	バッバ・ワトソン	3 回	0.44	3.22	3.66	12%
39 位	セルジオ・ガルシア	4 回	0.36	2.98	3.34	11%
40 位	ショーン・オヘア	4 回	0.26	2.94	3.19	8%

でのショットが素晴らしいおかげで優勝している。

　このデータでタイガーに次ぐ優勝回数を誇るのがフィル・ミケルソンとビジェイ・シンの2人である。データ中のフィルの11勝でパッティングの貢献度は平均27%。ビジェイ・シンは前にも述べたように他の優勝選手よりパッティングがかなり悪いにもかかわらず優勝していて、17勝でパッティングの貢献度は平均20%である。このデータで優勝回数が最も多いタイガー、フィル、ビジェイの3人の数字を見ると、いずれも全優勝選手のなかでは下位25%に入る。データのなかでは、この上位3選手のPCVを平均するとわずか25%であり、全優勝選手の平均である35%を大幅に下回っている。

2008年のベイヒルでのタイガー・ウッズの優勝

　タイガー・ウッズの最も劇的な優勝のひとつに2008年にベイヒルでおこなわれたアーノルド・パーマー招待での優勝がある。難しい最終ホールでバーディを取らなければ、優勝は決まらなかった。ティーショットでは290ヤード飛ばしてフェアウェイをとらえ、第2打は向かい風のなかを5番アイアンで165ヤード飛ばして運命のパットを迎えた。タイガーはこの24フィートのパットを沈めて同大会の5勝目を挙げたのだ。

　タイガーは緊迫した場面でのパッティングがゴルフ史上最もうまいと多くの人が思っている。ゴルフファンのほとんどはこの試合のウイニングパットを映像で見ているが、最終日にタイガーが10番ホールで7フィート以内から3パットしたのを覚えている人はあまりいない。この10番ホールを普通に2パットで上がっていれば、最終ホールは2パットで上がるだけで優勝できたのだ。タイガーはこの試合で最後のパットを除き、20フィートを超えるパットをすべて、合計20回外していた。

　彼の優勝にパッティングが果たした役割を理解するには、試合中にタイガーが打ったすべてのショットによって稼いだ打数を調べ、パッティングによって稼いだ打数と比較しなければならない。タイガーの最終ス

コアは 10 アンダーで、この試合では出場選手全体の平均スコアに対して 1 ラウンドあたり 3.4 打差をつけていた。パッティングでは 1 ラウンドあたり 1.0 打を稼ぎ、パッティングの順位は 120 選手中 18 位だった。グリーン以外のショットでは出場選手全体に対して 2.4 打を稼いだことになる。タイガーが稼いだ合計打数のうち、パッティングによるのは 29%。パッティングが彼の優勝に大きな役割を果たしたのは確かだが、圧倒的な役割を果たしたとまでは言えない。

全試合のプロのパッティングの重要性を定量化する

　PGA ツアーでの優勝へのパッティングの貢献度を算出するのと同じ方法で、PGA ツアーの各選手のスコアと出場選手全体の平均スコアの差へのパッティングの貢献度を算出することもできる。表 2.3 で示しているように、2004 〜 2012 年のルーク・ドナルドの平均スコアは PGA ツアー全体の平均を 1.8 打上回る。同じ期間でパッティングは出場選手全体を 0.7 打上回った。したがってルーク・ドナルドが稼いだ打数のうちパッティングの貢献度は 39%（0.7/1.8）である。スコアへのパッティングの貢献度（putting contribution to scores：PCS）は、1 ラウンドあたりの SGP を 1 ラウンドあたりの稼いだ合計打数で割ったものと定義する。

　選手のタイプが人それぞれであるようにゴルフの上達方法はいくつもある。2004 〜 2012 年に K. J. チョイのスコアは出場選手全体の平均スコアより 1 打良かった。出場選手全体に対してパッティングで稼いだのは 0.2 打。出場選手全体を上回った 1 打のうちパッティングによるのは 0.2 打なので、チョイの PCS は 20% である。同じ期間にロバート・アレンビーの平均スコアも出場選手全体の平均スコアより 1 打良かった。パッティングでは出場選手全体に対して 0.18 打失っていた。したがってアレンビーの PCS は−18% である。つまり、もしアレンビーのパッティングがツアー平均並みであれば、1 ラウンドあたり 1.0 打ではなく 1.18 打稼げたことになる。

　表 2.3 は、選手のスコアと出場選手全体の平均スコアの差（稼いだ合計打数とも呼ぶ）の平均に基づいてランクづけした上位 40 選手の PCS

表 2.3 選手たちの PCS。2004〜2012 年の PGA ツアーで上位 40 選手の稼いだ合計打数。順位は 2004〜2012 年に 200 ラウンド以上をプレーした 240 選手が対象（120 ラウンドのみのロリー・マキロイも含む）。1 ラウンドあたりの稼いだ合計打数とは、選手のスコアと出場選手全体の平均スコアの差の平均。1 ラウンドあたりのグリーン以外で稼いだ打数は、1 ラウンドあたりの稼いだ合計打数から 1 ラウンドあたりの SGP を差し引いたもの。

選手名	順位 合計	順位 グリーン以外	順位 パット	1ラウンドあたりの稼いだ打数 合計	1ラウンドあたりの稼いだ打数 グリーン以外	1ラウンドあたりの稼いだ打数 パット	PCS
タイガー・ウッズ	1位	1位	3位	2.79	2.16	0.63	23%
ジム・フューリク	2位	7位	19位	1.84	1.44	0.40	22%
ルーク・ドナルド	3位	10位	1位	1.82	1.11	0.71	39%
フィル・ミケルソン	4位	3位	86位	1.70	1.57	0.14	8%
ロリー・マキロイ*	5位	3位	153位	1.66	1.72	-0.07	-4%
ビジェイ・シン	5位	2位	193位	1.58	1.76	-0.18	-11%
アーニー・エルス	6位	4位	164位	1.43	1.52	-0.08	-6%
セルヒオ・ガルシア	7位	5位	156位	1.43	1.50	-0.07	-5%
スティーブ・ストリッカー	8位	26位	13位	1.34	0.85	0.49	37%
アダム・スコット	9位	6位	178位	1.33	1.45	-0.12	-9%
ザック・ジョンソン	10位	31位	16位	1.24	0.79	0.45	36%
パドレイグ・ハリントン	11位	18位	50位	1.17	0.93	0.23	20%
デビッド・トムズ	12位	16位	62位	1.15	0.95	0.20	18%
ジャスティン・ローズ	13位	8位	140位	1.15	1.18	-0.03	-2%
レティーフ・グーセン	14位	23位	45位	1.13	0.88	0.26	23%
スチュワート・シンク	15位	50位	12位	1.09	0.59	0.50	46%
ジェフ・オギルビー	16位	36位	34位	1.05	0.71	0.34	32%
K.J. チョイ	17位	28位	64位	1.02	0.82	0.20	20%
リッキー・ファウラー	18位	27位	77位	1.02	0.85	0.17	17%
ロバート・アレンビー	19位	9位	191位	1.00	1.17	-0.18	-18%
ティム・クラーク	20位	30位	60位	0.99	0.79	0.21	21%
ケニー・ペリー	21位	11位	180位	0.98	1.11	-0.12	-13%
ボー・バンペルト	22位	32位	79位	0.95	0.78	0.17	17%
スコット・バープランク	23位	17位	130位	0.94	0.95	0.00	0%
リー・ウェストウッド	24位	14位	160位	0.92	1.00	-0.08	-8%
ダスティン・ジョンソン	25位	13位	165位	0.92	1.01	-0.09	-10%
ウェブ・シンプソン	26位	70位	22位	0.90	0.51	0.39	43%
ポール・ケーシー	27位	49位	42位	0.88	0.59	0.29	33%
バッバ・ワトソン	28位	15位	176位	0.88	1.00	-0.12	-13%
ジェイソン・デイ	29位	74位	24位	0.87	0.49	0.39	44%
ブラント・スネデカー	30位	93位	10位	0.87	0.31	0.56	64%
ロリー・サバティーニ	31位	22位	146位	0.85	0.89	-0.04	-5%
マット・クーチャー	32位	66位	38位	0.85	0.52	0.33	39%
ジョン・センデン	33位	21位	152位	0.83	0.89	-0.07	-8%
チャールズ・ハウェル3世	34位	43位	78位	0.81	0.64	0.17	21%
ベン・クレーン	35位	110位	9位	0.80	0.24	0.56	70%
アンソニー・キム	36位	51位	58位	0.80	0.59	0.21	27%
ニック・ワトニー	37位	38位	91位	0.79	0.68	0.11	14%
デービス・ラブ3世	38位	25位	159位	0.79	0.86	-0.07	-9%
アーロン・オーバーホルザー	39位	40位	88位	0.78	0.66	0.12	16%
イアン・ポールター	40位	54位	59位	0.78	0.57	0.21	27%
上位40選手の平均	20位	29位	87位	1.13	0.95	0.17	15%

を示している。稼いだスコアへのパッティングの貢献度は選手によって大きく違うが、全体をひとつとして見ると明らかな結論が浮かび上がる。上位 40 選手をひとつにまとめると、稼いだスコアへのパッティングの貢献度は 15%、グリーン以外のショットの貢献度は 85% なのだ。

2004 〜 2012 年の全試合で、上位 40 選手の稼いだスコアへのパッティングの貢献度はわずか 15%、一方でグリーン以外のショットの貢献度は 85% である。

選手の組み合わせを変えてもパッティングの貢献度はそれほど変わらない。「稼いだ打数」合計の上位 20 選手ではパッティングの貢献度が 15%、上位 10 選手では 13%、上位 100 選手では 17% である。下位 100 選手では「失った打数」合計へのパッティングの貢献度が 18% となる。プロとアマチュア、あるいは上級者と初心者を比較した場合については後述するが、スコアの差へのパッティングの貢献度は 12 〜 18% となる。

PCS（スコアへのパッティング貢献度）はラウンドごとに大きく変わる。多くのラウンドを通じた場合も選手によって大きく違う。パッティングが得意な選手では貢献度が 50% 以上になることもある（ブラント・スネデカーやベン・クレーン）。パッティングが苦手な選手は貢献度がマイナスになることもある（ケニー・ペリーやロバート・アレンビー）。だが後述するように、ゴルファーを「一流選手と平均的な選手」「上級者と初心者」など 2 グループに分けて比較すると、スコアの差へのパッティングの貢献度は平均 15% となる。

PCS が 15% なのに PCV（優勝へのパッティング貢献度）が 35% なのはなぜだろうか。ほとんどの場合、試合ごとに優勝選手が変わる。優勝選手とはいつも以上に素晴らしいプレーをした選手だ。一流選手であっても優勝するときのいつも以上のプレーへのパッティングの貢献度は、全試合でのプレーの平均より高いのである。

2 人の選手を例に挙げよう。フィル・ミケルソンは優勝時に 1 ラウンドあたり 4.1 打稼ぎ、そのうちパッティングで稼いだのは 1.1 打、つまり 27% だった。2004 ～ 2012 年のフィルの全ラウンドでは 1 ラウンドあたり 1.7 打稼いだが、そのうちパッティングで稼いだのは 0.1 打で 10% にも満たない。フィルの優勝時のスコアは普段より 2.4 打良く、パッティングは 1 ラウンドあたり普段より 1 打良い。ビジェイ・シンは優勝時に 1 ラウンドあたり 3.9 打稼ぎ、そのうちパッティングで稼いだのは 0.8 打、つまり 20% だった。2004 ～ 2012 年のビジェイの全ラウンドでは 1 ラウンドあたり 1.6 打稼いだが、パッティングでは 1 ラウンドあたり 0.2 打失った。ビジェイの優勝時のスコアは普段より 2.3 打良く、パッティングは 1 ラウンドあたり普段より 1 打良い。この 2 人の例から、優勝するときは普段よりパッティングの貢献度が高くなることがわかる。図 2.2 は 2004 ～ 2012 年の上位 40 選手の全ラウンドと、優勝選手の優勝時のプレーへのパッティングの貢献度を示している。図 2.3 では各選手と優勝選手のパッティングの貢献度を詳しく示した。

アマチュアにとってのパッティングの重要性を定量化する

プロのプレーの分析は、どの程度アマチュアのプレーに当てはまるだ

図 2.2 上位 40 選手と優勝選手のパッティングの貢献度。2004 ～ 2012 年の上位 40 選手と同期間の優勝選手について、1 ラウンドあたりのグリーン以外で稼いだ打数と SGP を示している。上位 40 選手の稼いだ合計打数へのパッティングの貢献度が 15% であるのに対して、優勝選手の稼いだ合計打数へのパッティングの貢献度は 35% である。

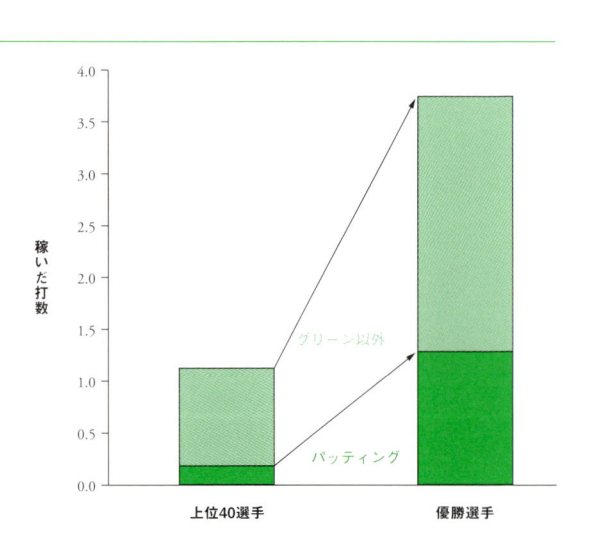

図 2.3 2004 ～ 2012 年の優勝選手と 240 人の選手について、1 ラウンドあたりのグリーン以外で稼いだ打数を 1 ラウンドあたりの SGP と比較したもの。240 個の点は、2004 ～ 2012 年に 200 ラウンド以上プレーした各選手（120 ラウンドのロリー・マキロイを含む）の全ラウンドの平均の結果を示している。まん中の菱形群は上位 40 選手、左下の菱形群（出場選手全体の平均の周辺）は 41 ～ 240 位の選手。右上に広がる菱形群は、優勝選手の優勝時の結果。タイガー・ウッズは 2004 ～ 2012 年に 1 ラウンドあたり 2.8 打稼ぎ、そのうちグリーン以外のショットで稼いだのは 2.2 打、パッティングで稼いだのは 0.6 打だった。この結果は全優勝者の 1 ラウンドあたりの稼いだ平均打数である 3.7 打にかなり近い。このグラフによると、優勝時にパッティングの貢献度が 55% 以上だった試合は多いが、上位 40 選手のうちパッティングの貢献度が 55% 以上であるのは 2 人だけだ。この 315 回の優勝を平均するとパッティングの貢献度は 35% となる。上位 40 選手のパッティングの貢献度は平均で 15% である。

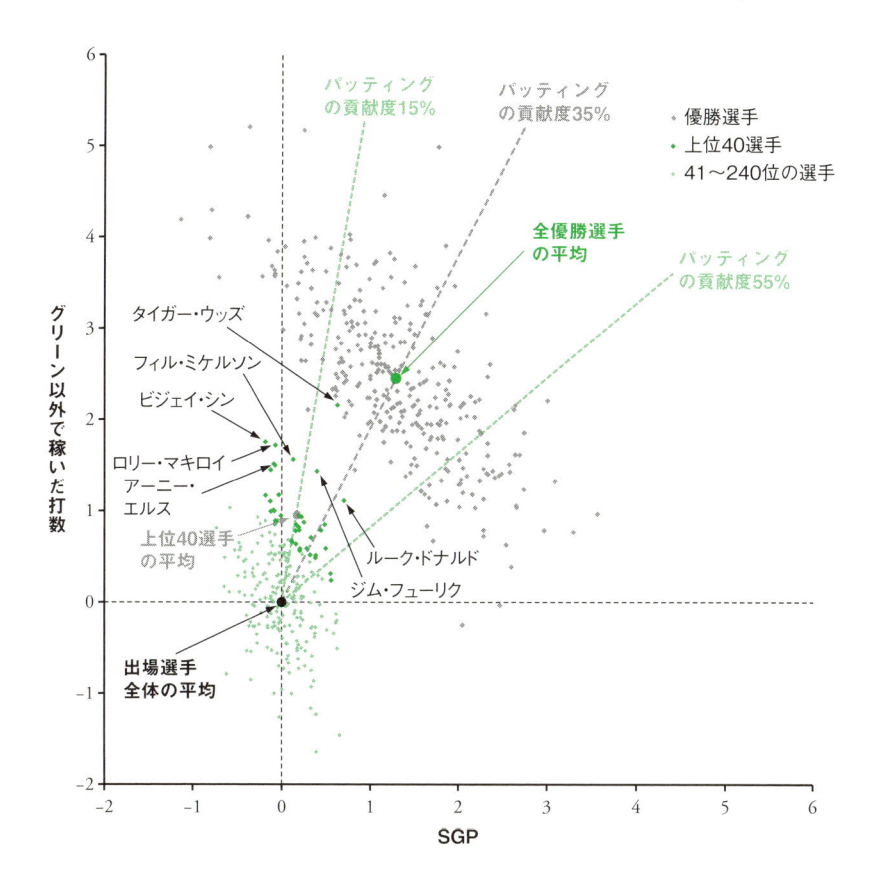

ろうか。プロとアマのスコアの差のうち、どれだけがパッティングによるものだろうか。

　アマチュアを平均スコア 80 のゴルファー（80 プレーヤー）と平均ス

第 2 章　パッティングの重要性を定量化する　**051**

コア100のゴルファー（100プレーヤー）の2つに分けてパッティングとスコアの関係を調べよう。この両者の平均スコアの差は20打である。この20打のうち、どれだけがパッティングによるものだろうか。《ゴルフメトリクス》のアマチュアデータを使うと、80プレーヤーは100プレーヤーに対してパッティングで1ラウンドあたり平均3打稼ぐ（＝縮める）ことがわかる。両者のスコアの差に対するパッティングの貢献度は15％（20打のうち3打）である。言い方を変えれば、80プレーヤーと100プレーヤーのスコアの差のうち85％はグリーン以外のショットによるものなのだ。

　もう少し範囲を広げてデータを検証すると、平均スコア75〜125の平均的なアマチュアであれば、どんな基準で2つに分けてもそのスコアの差へのパッティングの貢献度は15％になることがわかる。プロの結果が選手ごと、試合ごとに大きく違うのと同じように、2人のゴルファーを比較すればスコアの差へのパッティングの貢献度は大きく違うかもしれない。ある100プレーヤーがパッティングでは80プレーヤー並みの腕前であれば、この2人のスコア差へのパッティング貢献度は0％になる。

　PCSの計算はパッティング成績の差を合計スコアの差と比較することに重点を置いている。グリーンに乗った位置に関係なくすべてのゴルファーが2パットでホールアウトできるパター天国では、すべてのゴルファーのPCSは当然ながら0％になる。

　一流選手と平均的な選手、プロとアマ、上級者と初心者の間で比較すると、数字からスコアの差へのパッティングの貢献度が15％前後になるとわかる。グリーンに乗せるまでのショットがスコアの差の85％を占めているのだ。この85％のうち、ティーショットによるのはどれだけなのか。アプローチによるのは、ウェッジショットによるのはどれだけなのか。その答えはいずれ明らかになるが、まずはパット数よりパッティング成績を正確に測定する手法について詳しく説明するとしよう。

この章のまとめ

- ショットが「重要」なのはスコアの差につながる場合であると定義する。通常のラウンドでは、パッティングはティーショットやバンカーショットより多いが、だからといってパッティングのほうが重要であるとは言えない。
- 2004〜2012年のPGAツアー選手の優勝へのパッティングの貢献度は平均35%である。この指標を優勝へのパッティングの貢献度（PCV）と呼ぶ。
- 優勝時には選手のスコアへのパッティングの貢献度が大きく（35%）、一流選手の全試合のプレーではスコアへのパッティングの貢献度が小さい（15%）。
- 一流選手と平均的な選手、プロとアマチュア、上級者と初心者など、ゴルファーを2つに分けて比較すると、数字からほとんどの場合、スコアの差へのパッティングの貢献度が15%前後になるとわかる。グリーンに乗せるまでのショットがスコアの差の85%を占めている。
- パッティングは重要だが、ゴルフはパッティングコンテストの延長ではない。

第3章

Chapter3

パッティングで稼いだ打数〈SGP〉
「動的計画法(ダイナミックプログラミング)」でゴルフを科学する

　特に素晴らしいナイスショットや特にひどいミスショットは簡単にわかるが、ティーショットの飛距離が20ヤード伸びた場合とアプローチがあと5フィート寄った場合をどう比べればいいのだろうか。あるいは、フェアウェイキープがあと2回増えるのとパット数が1減るのとではどちらが良いだろうか。

　こうした問いに答えるには、ティーショット、アプローチ、バンカーショット、パットという各種のショットを互いに比較する必要がある。だがヤード単位の飛距離と打数単位のパット数を比較するのは大変だ。単位が違うと比較できない。必要なのは、さまざまなショットの質を測定する共通した方法である。

　当然、最適な単位は打数となる。各ショットの質を打数という単位で測定できれば、ティーショットとパッティングを比較できる。ティーショットが平均より0.2打良い、パッティングが平均より0.1打悪い、といった言い方が可能になり、ルーク・ドナルドの並外れたパッティングとバッバ・ワトソンの類いまれなドライバーショットではどちらが上なのかを判断できる。また、ゴルファーの得意・不得意を正確に見きわめることができるようにもなる。打数という共通の単位を使うことで可能になることはもっとある。

　ショットの質を測定するこの新しい指標が「稼いだ打数」である。これは、打数という共通の単位を使って1ラウンド中に打つさまざまな種類のショットの良し悪しを計算するものだ。この概念の起源は、20世紀半ばの素晴らしい応用数学者と、コンピュータ時代の幕開けに誕生した「動的計画法(ダイナミックプログラミング)」と呼ばれる重要な理論にある。動的計画法は財務などの多くの分野でリスクと不確実性を伴う複雑な多段階の問題を扱うための数学的な手法としてよく知られている。この手法を用いて、わたし

動的計画法を考え出したリチャード・ベルマン（1962年撮影）
提供：Getty Images/Alfred Eisenstaedt

はゴルフのショットを互いに比較し、ゴルファーの実力を定量的に測定するための手法を編み出した。

この新しい指標がなぜ画期的な手法と言えるのかを説明する前に、数十年、時間をさかのぼってみることにしよう。

リチャード・ベルマンは高校時代、一流大学の奨学金を得るための面接を受けた。当時、理論物理学者を目指していた彼は相対性理論や量子力学に関する本を読み、この分野が高度に数学的で、言葉では簡単に説明できないことを身に染みてわかっていた。奨学金の受給資格を審査する面接官から理論物理学について何を知っているかと尋ねられ、馬鹿正直に「何も知らない」と答えてしまい、奨学金を逃した。「あまりに客観的に物事を見るこの性格のおかげで何度も痛い目に遭っている」と彼は記している。

ベルマンは1952年にプリンストン大学で博士号を取得し、数学の教授になった。その後、終身教授としてスタンフォード大学に移り、そこで設立されたばかりのランド研究所の一員に加わらないかと誘われた。同研究所はカリフォルニア州サンタモニカにあり、応用数学研究の拠点となっていた。ベルマンによると、それは昔ながらの知識人にとどまるか、それとも自分の研究成果を現代社会の問題に生かす新時代の知識人になるかの選択だった。彼は後者を選んだ。

ベルマンは、ランド研究所で自らの数学力を生かして多段階の決定問題の解決に取り組んだ。1953年には彼の研究の応用範囲が「工業生産ラインの計画作成から診療所の患者の診察スケジュール作成まで、大学の長期的投資計画の決定から工場の機械の交換方針の決定まで、熟練の労働者と未熟な労働者の研修方針の計画作成から百貨店や軍用基地にとっての最適な購入および在庫方針の選択まで」及んだと記している。だがさすがのベルマンも、自分の多段階の問題解決手法がこれほど重要なものとして現代社会に浸透するとは想像していなかった。1997年にはIBMが《ディープブルー》でチェスのチャンピオン、ガルリ・カスパロフを破るためにベルマンの研究成果を利用した。実際、人類が月面

第3章　パッティングで稼いだ打数〈SGP〉　055

図 3.1 最短経路問題。A 地点から B 地点にたどり着くまでにかかる最短時間は A–C–F–B という経路の 6 時間で、他の経路はすべて A 地点から B 地点にたどり着くのに 7 時間かかる。最短経路を見つけるのはネットワークが大規模になるほど難しくなるが、動的計画法を使えば解くことができる。この例の最短経路は 1 時間しかかからない A–D ではなく 3 時間もかかる A–C を通る経路である。ゴルフでは、たとえばドッグレッグホールでショートカットをしない、ティーショットをドライバーではなくフェアウェイウッドで打つなど、遠回りをするほうが良い場合もある。

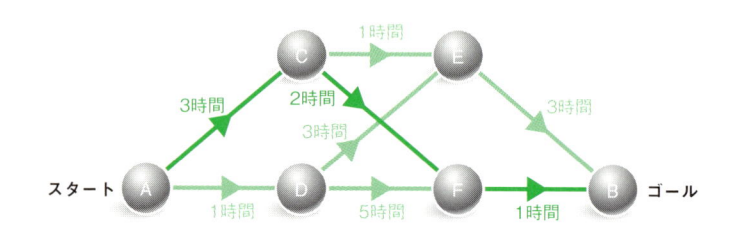

に降り立ったのも、ウォルマートが大企業になったのも、ひとつにはベルマンのアイデアを応用して発展させたおかげだった。

その影響については、カーナビや携帯端末の地図アプリを通じてのほうがおなじみかもしれない。こうした多くの問題で核となるのは、ネットワークを経由して A 地点から B 地点にたどり着くための最短経路を決定する手法である。最短経路問題はひとつの例だ。単純な最短経路問題を図 3.1 で示している。

ベルマンはこの新しい多段階の決定問題に「動的計画法(ダイナミックプログラミング)」という名前をつけた。「計画法」という言葉は計画作成やスケジュール管理のための軍事用語から拝借したものだ。「計画(プログラム)」という言葉は、A 地点から B 地点にたどり着くための計画といった具合に、計画や方針や一連の手順を指す。当時コンピュータは誕生したばかりだったが、コンピュータの一連の命令も同じく「プログラム」と呼ばれる。

この「動的計画法」という言葉には「数学的研究」という名前ではないというメリットもあった。ランド研究所の主な資金は、当時チャールズ・ウィルソン国防長官の指揮下にあったアメリカ空軍が出資していた。ベルマンによるとウィルソンは「『研究』という言葉を病的に恐れて毛嫌いしていた（中略）彼の前で『研究』という言葉を口にする人がいようものなら顔を真っ赤にして激怒した。したがって彼が『数学的』とい

う言葉にどんな印象を抱いていたかもすぐわかるだろう」とのことだ。ベルマンはランド研究所をウィルソンから守るために、自分の研究内容を「数学的研究」とは呼ばず、「動的計画法」という言葉を編み出したのである。

　ベルマンは「『動的』という言葉を悪い意味で使うことはできない。悪い意味になる言葉の組み合わせを考えてもあり得ないはずだ。だから動的計画法というのは良い名前だと思った。いくら連邦議会議員でも反対はできない」と記している。20世紀を代表する数学者ベルマンは動的計画法の生みの親として知られるようになった。

ゴルフは動的計画法の問題である

　動的計画法は、時系列に沿って最適な判断を下すのに役立つが、こうした判断にはたいてい不確定性が伴う。たとえば定年後に備えての資金計画は、将来の利回りや医療費といった不確定な要素があるなかでおこなわなくてはならない。動的計画法は、こうした不確定性を定量化して、最も見返りの多い計画を見つけ出すために使われる。

　この手法はゴルフにも応用できる。ゴルフでの目標はできるだけ少ない打数でボールをカップに入れることだ。財務計画と同じく、ゴルフも不確定性を伴う。個性がある人間がスイングするのだからボールがどこに飛ぶかなど正確にはわからないし、風の吹き具合やグリーンのうねり具合といったさまざまな不確定要素がある。

　ゴルフというゲームは多段階の決定問題と見なすことができるため、動的計画法の原理を用いれば効率的に扱うことができる。各ショットがひとつの段階だ。ショットを打つたびにクラブの選択、ターゲットライン、ショットの弾道などについて判断を下す必要がある。

　ゴルフの攻め方を決めるときはチェスと同じように先を読まなくてはならない。チェスでは、相手がこちらの手にどう反応するかを予測して自分の手を決め、相手の反応にこちらがどう反応するかを考える。コースの攻め方を決めるには、第1打だけではなく第2打、第3打の結果も予測しなければならない。パッティングでは外した場合にボールが止

まる位置も考える必要がある。アプローチではグリーンを外したときに打ち込んで良い場所と悪い場所を考える。ティーショットではフェアウェイの幅や起伏、両サイドのハザードに加えて、第2打でグリーンを狙う角度も考える必要がある。

　ゴルファーは過去の経験の積み重ね、あるいは直感に基づいて攻め方を決めがちだ。もっと客観的に正しく判断を下せるように、現代数学の手法を使って《ショットリンク》データとゴルフに関する昔ながらの定説を比べてみよう。それからリチャード・ベルマンの動的計画法に基づいた原理を応用する。

　動的計画法は目標と下すべき判断を形式化するという点で便利である。最適な計画を立てていますぐに判断を下すために、将来起こり得るあらゆる結果を考慮する。最終的にひとつの結果が浮かび上がる。銀行口座の残高やゴルフの打数といった動的計画の対象は尺度となる。実際、スコアをできるだけ縮めるためにゴルフを動的計画として扱うのであれば、稼いだ（＝縮めた）打数を尺度にするのが自然である。ショットの質を、できるだけ少ない打数でボールをカップインさせるという目標への歩みとして測定するのだ。

　動的計画法という観点で重要なのはカップへの歩みを距離ではなく打数単位で測定することである。ボールがカップに近づく距離が同じであっても、ティーショットの飛距離が1ヤード伸びるのはアプローチがカップに3フィート（＝1ヤード）寄るほど重要ではない。

動的計画法という観点で重要なのはカップへの歩みを距離ではなく打数単位で測定することである。

　動的計画法については、ゴルフのさまざまなショットについて検討したあとでもう一度触れることにする。多段階の決定問題を解決するにはゴールからスタートして戻っていくのがよい。われわれもこれに従い、グリーンからスタートしてティーに戻っていくことにしよう。

パット数の問題とは

　パッティングを測定する主な指標はパッティングで稼いだ打数（SGP）である。この新しい尺度が誕生したのはPGAツアーの素晴らしい《ショットリンク》システムのおかげだ。これはパッティングするたびにどこからどこまでボールが動いたかを1インチ程度の誤差で記録するシステムである。

　SGPという指標が登場する前はパット数が腕前の判断材料として使われていた。よく「パッティングがうまくなりたければチップショットでできるだけ寄せろ」と言われたものだ。実にナンセンスな話である。カップのそばからファーストパットを打つようにしても、実際はパッティングがうまくなるわけではない。チップショットを寄せればパット数は減るかもしれないが、パッティングが上達したわけではない。パット数という指標は誤解を生み、パッティングに関する考え方を歪めている。

　紙と鉛筆の時代にはパット数を記録するのがパッティングの腕前を測定する方法として一般的だった。いまや《ショットリンク》データのおかげでファーストパットの距離など、もっと詳しいデータが手に入り、より正確にパッティングの腕前を測定できるようになった。

　2011年のフライズドットコムオープン初日、タイガー・ウッズのスコアは73、パット数は27だった。PGAツアー選手全体の平均は1ラウンドあたり29パットである。2011年にパット数が最少だったケビン・ナは1ラウンドあたり平均27.8パットだった。タイガーの27パットはツアーで1位の選手よりおよそ1パット少ない。この日タイガーは3パットが一度もなかった。1パットが9ホール、2パットが9ホールである。しかしラウンド後、タイガーはインタビューで「おそらくこれまでで一番パッティングが悪いラウンドだった」と話した。「こんなにパットがひどかった日はない。思い通りにストロークできなくなっていて、フォームの改造をはじめたらもっとストロークが悪くなった（中略）。ライン通りに打てないから自信が持てない。負のスパイラルに陥っている」

タイガーは自分のパッティングの評価を間違っているのだろうか。それともパット数という指標が現実と大きくずれているのだろうか。タイガーの視点に立ってみよう。3フィートから2パット、4フィートから2パット、6フィートから2パットしたホールがあった。ファーストパットが6フィートを超えたホールでファーストパットを決めたのは、7回中1回。この日タイガーが沈めた最も長いパットは12フィート。ファーストパットの平均距離は、ツアー平均が17フィートであるのに対して11フィート強だった。つまり素晴らしいショットでグリーンをとらえてこれだけ有利になっているのだからパット数をもっと減らせたはずだ。だからこそタイガーは落胆していたのだ。

　パット数はパットの難易度を最も左右するカップまでの距離を考慮していないため、尺度としては問題がある。距離が重要なのだ。60フィートから2パットなら御の字だが2フィートから2パットだと残念である。パット数だけで測ればどちらも2パットだが、この2つの場合に要求される技量レベルは明らかに違う。

　仮定の話をしよう。ある選手は30フィートのパットを決めた。別の選手は同じホールでグリーンを外し、チップショットを1フィートに寄せて1パットでホールアウトした。2人とも1パットでホールアウトしたためパット数は同じである。30フィートのパットは1フィートのパットより難しいが、パット数で測ると2人のパッティング成績は同じになる。パット数という指標はファーストパットの距離を考慮していないため、腕前の差が反映されないのだ。

基準値に対して測定する

　SGPで重要なのは、パットの距離に基づく基準値に対してパットの結果を測定するという点である。プロの基準値はその距離からホールアウトするまでのPGAツアー平均打数である。たとえば33フィートからのツアー平均は2パットである。33フィートから1パットでホールアウトすればツアー平均に対して1打稼いだ（＝縮めた）ことになる。2パットだとツアー平均に対して稼いだ打数が0打になる。3パットだと

ツアー平均に対して 1 打失った（＝叩いた）ことになる。したがってプロの SGP とは、その距離からホールアウトするまでのツアー平均パット数から自分のパット数を差し引いたものとなる。

SGP とは、その距離からホールアウトするまでのツアー平均パット数から自分のパット数を差し引いたもの。

---

　8 フィートのパットを PGA ツアー選手は 50％の確率で 1 パット、50％の確率で 2 パットで決める。3 パットはめったにない。したがって 8 フィートからのツアー平均パット数は 1.5 パットである。プロが 8

図 3.2　33 フィートからのツアー平均は 2 パット。33 フィートから 1 パットでホールアウトすればツアー平均に対して 1 打稼いだことになる。8 フィートからのツアー平均は 1.5 パット。8 フィートから 1 パットでホールアウトすればツアー平均に対して 0.5 打稼いだことになる。いずれも 1 パットなのでパット数で測定すると両者のパッティングの腕前は同じになる。稼いだ打数という指標は、33 フィートのパットを決めるほうが 8 フィートを決めるより良いという事実を正確に反映して定量化する。

フィートから1パットでホールアウトすればツアー平均に対して0.5打稼いだことになる。8フィートから2パットだとツアー平均に対して0.5打失ったことになる。計算はいたって単純だ。ある選手の1ラウンドのプレーで8フィートのパットが2回あったとしよう。1回は1パット、もう1回は2パットでホールアウトした。この場合、1パットのときは0.5打稼ぎ、2パットのときは0.5打失ったため、稼いだ合計打数は0打となる。1と2の平均は1.5なので、この選手の8フィートからの平均パット数は1.5パットである。この1.5パットという数字はこの距離からのツアー平均とまったく同じであるため、この選手が稼いだ合計打数は0打である。

ある選手の1ラウンドのプレーで8フィートのパットが4回あったとしよう。3回は1パット、1回は2パットでホールアウトした。この場合、ツアー平均が1.5パットであるのに対して、1パットのときは0.5打ずつ合計1.5打を稼ぎ、2パットのときは0.5打失ったため、このラウンドで稼いだ合計打数は1.5から0.5を差し引いた1.0打となる。

計算方法を変えても結果は変わらない。3回は1パット、1回は2パットでホールアウトしているので合計5パットである。だがPGAツアー選手であれば8フィートから50％の確率で1パット、50％の確率で2パットでホールアウトすることがわかっているため、8フィートのパットが4回あればツアー平均パット数は合計6パット（2回が1パット、2回が2パット）である。したがって5パットであればツアー平均の6パットに対して1打稼いだことになる。

60フィートからでも稼いだ打数の計算方法は同じだが、8フィートとはツアー平均パット数が異なる。60フィートからのツアー平均は2.2パットである。2パットならばツアー平均を少し上回り、0.2打稼いだことになる。2フィートからのツアー平均は1.0パット強。2パットだと1打失った計算になる。「稼いだ打数」は、ロングパットを決めるほうが非常に短いパットを決めるより難しいという直感通りの数字になる。何よりありがたいのは、信頼性の高いデータに基づいてパッティングの腕前を定量的に測定できる点だ。

表3.1では、それぞれの距離からのPGAツアー平均パット数を示し

表 3.1 距離別の PGA ツアー選手の 1 パットと 3 パットの確率、およびホールアウトまでの平均パット数。「平均パット数」列は SGP を計算するときに PGA ツアーのパッティング基準値として使っている。表内の値は 2003 〜 2012 年の PGA ツアーにおける 400 万回近くのパットの分析に基づく。

距離（フィート）	1 パットの確率	3 パットの確率	平均パット数
2	99%	0.0%	1.01
3	96%	0.1%	1.04
4	88%	0.3%	1.13
5	77%	0.4%	1.23
6	66%	0.4%	1.34
7	58%	0.5%	1.42
8	50%	0.6%	1.50
9	45%	0.7%	1.56
10	40%	0.7%	1.61
15	23%	1.3%	1.78
20	15%	2.2%	1.87
30	7%	5.0%	1.98
40	4%	10.0%	2.06
50	3%	17.0%	2.14
60	2%	23.0%	2.21
90	1%	41.0%	2.40

ている。各距離からの 1 パットと 3 パットの確率も示した。この表の結果は《ショットリンク》データベースに集められた数年間の試合における数百万回のパットに基づいている。2003 〜 2012 年の PGA ツアーの試合で記録された全ショットから計算した PGA ツアー平均パット数は、本書で SGP を計算するときの基準値として使っている。

　この基準値が面白いのは、これを見るだけでカップインの期待しすぎを防げるという点だ。世界でも指折りのパットの達人が集まる PGA ツアー選手でも 8 フィートのパットを決める確率は 50% である。8 フィートのパットを外した選手はチャンスを棒に振ったと悔やむかもしれないが、むしろ複数のラウンドで 8 フィートのパット（7 〜 9 フィートのパット）を決める確率に目を向け、その結果を 50% という基準値と比較したほうがいい。プロであれアマチュアであれ、8 フィートのパットを決める確率を 60 〜 70% に上げるために数時間もかけて練習するのは理にかなっているだろうか。ルーク・ドナルドは 2009 〜 2011 年にパッ

ティングのランク1位をキープしていたが、この期間に彼が8フィートのパットを決める確率は57%だった。貴重な時間をどう使うかは各自にお任せするが、このような基準値があれば、自分の実力を見きわめて合理的な目標を設定するのに役立つだろう。

8フィートのパットでルークのカップイン率である57%とツアー平均の50%はあまり違わないと思うかもしれないが、大違いだ。野球でおなじみの打率に置き換えてみよう。8フィートからのツアー平均打率は5割、ルークの打率は5割7分で平均より7分高い。打率が7分違えば確かに大違いだが、それはパッティング成績でも同じである。8フィートのパットが10回あると、ツアー平均パット数は15パット（1パットが5回、2パットが5回）である。ルーク・ドナルドは14.3パットでツアー平均に対して0.7打稼いでいる。計算方法を変えると、10回のパットそれぞれで7%有利になっているため0.7打稼いでいる。このようにしてさまざまな距離からのパットで打数を稼いでいけば、すぐに世界一のゴルファーになれる。

1ラウンドのパッティングで稼いだ打数とは、そのラウンドの各ホールのパッティングで稼いだ打数の合計である。2011年のフライズドットコムオープン初日の話に戻り、SGPを使ってタイガー自身が悲惨だと思ったラウンドのプレーを評価してみよう。

1番ホール、タイガーは4フィートのパットを決めた。4フィートからのツアー平均は1.1パットなので、このホールでは0.1打を稼いだ。

2番ホール、タイガーは3フィートのパットを決めたが、ツアー平均と比較して稼いだ打数は0打である（単純にするために小数第2位で四捨五入した）。

3番ホール、タイガーは3フィートから2パットして、1打失った（ツアー平均の1パットからタイガーの2パットを差し引く）。

この3ホールで、タイガーはツアー平均に対して0.9打失った。このラウンドの18ホールまでの各ホールでタイガーがパッティングで稼い

だ打数を計算し、それを足し合わせると、タイガーがこのラウンドのパッティングで稼いだ合計打数は−1.3打だった。つまりツアー平均に対してパッティングで1.3打失った。実際、このラウンドでタイガーはSGPの順位が132選手中105位だったのだ。

　パッティングの調子が悪かったと評価したタイガーは正しかったし、SGPという指標からもそれは明らかである。それに対してパット数だけを見ると、タイガーの27パットは132選手中26位である。パット数という指標では、このラウンドのタイガーのパッティングの成績を完全に見誤ってしまう。こうした違いの最大の理由は距離である。タイガーのファーストパットの平均距離は11フィート。このラウンドの出場選手全体の平均は約20フィートだった。タイガーのパット数が少なかったのはカップの近くからファーストパットを打っていたからであって、パッティングの調子が良かったからではなかったのだ。

表3.2 2011年にコルデバレーでおこなわれたフライズドットコムオープン初日のタイガー・ウッズのパッティング成績。タイガーがパッティングで稼いだ合計打数は−1.3で、パッティング成績は平均以下だった。タイガーのファーストパットの距離からのツアー平均パット数は25.7パットである。タイガーは27パットであるため、SGPは−1.3打で、ツアー平均より1.3パット悪かった。タイガーのファーストパットの平均距離は、このラウンドの出場選手全体の平均が20フィートであるのに対して11フィート。タイガーの27パットはツアー平均の29パットより少ないが、これはタイガーが平均的にカップの近くからファーストパットを打っていたからであって、パッティングの調子が良かったからではない（表中の数値は四捨五入している）。

ホール	1番	2番	3番	4番	5番	6番	7番	8番	9番	アウト
距離（フィート）	4	3	3	3	1	6	22	45	6	
ツアー平均パット数	1.1	1.0	1.0	1.0	1.0	1.3	1.9	2.1	1.3	11.9
タイガーのパット数	1	1	2	1	1	1	2	2	2	13.0
稼いだ打数	0.1	0.0	−1.0	0.0	0.0	0.3	−0.1	0.1	−0.7	−1.1

ホール	10番	11番	12番	13番	14番	15番	16番	17番	18番	イン	合計
距離（フィート）	12	4	42	15	6	5	4	13	13		
ツアー平均パット数	1.7	1.1	2.1	1.8	1.3	1.2	1.1	1.7	1.7	13.8	25.7
タイガーのパット数	1	2	2	2	1	1	1	2	2	14.0	27
稼いだ打数	0.7	−0.9	0.1	−0.2	0.3	0.2	0.1	−0.3	−0.3	−0.2	−1.3

名選手ボビー・ジョーンズのラウンド

昔の選手と比較するのは面白いが、スコア以外に細かなデータが残っていないことが多い。著書『ダウン・ザ・フェアウェイ』のなかで、名選手ボビー・ジョーンズがサニングデールでの1926年の全英オープン予選初日のラウンドについて詳しく記している。彼はこのラウンドを「大きな大会で過去最高のラウンド」と述べている。同書を執筆した1926年の時点で、ジョーンズはすでにメジャー大会を5勝（通算13勝）し、2位を5回記録していた。

ボビー・ジョーンズ
©Bettmann/CORBIS

バーナード・ダーウィンはサニングデールでのジョーンズのラウンドについて「彼は自分のプレーにまったく満足しておらず、ラウンド前にさまざまなドライバーで必死に練習していた。コースに出るとかつてないほどのプレーをはじめたのだから、明らかにコツをつかんだのだろう。まさに完璧だった」と記している。ジョーンズはその日66で上がり、スコアカードには3と4の数字しかなかった。ダーウィンは「ギャラリーは恐れ入った様子で帰っていった。空前絶後のラウンドを観戦したのだから」と続けている。これは、チャンピオンコースで60台のスコアが出ることはめったになく、メジャー大会の優勝選手のスコアは通常70台後半、80台前半ということもあった時代の話である。

この「完璧」なラウンドでボビーのパッティングはどうだったのだろうか。3パットは一度もなく、25フィート、7フィート、6フィートから1パットで決め、合計は33パットだった。ボビー・ジョーンズは注釈として25フィートのパットが「このラウンドで唯一決まったロングパット」であると記している。つまりパッティングに関しては決して最高のラウンドではなかった。表3.3を見ると、現在のPGAツアーの基

表 3.3 サニングデールでの 1926 年全英オープン予選初日のボビー・ジョーンズのパッティング成績。ボビーの 2004 ～ 2012 年の PGA ツアーの基準値に対する SGP は－0.7 打。彼のファーストパットの距離からのツアー平均パット数は 32.3 パット。ジョーンズの 33 パットはツアー平均に対して 0.7 打失ったことになる（32.3－33）。1 番、2 番、14 番ホールについては正確な距離がわかっていないため 35 フィートとしている。

ホール	1番	2番	3番	4番	5番	6番	7番	8番	9番	アウト
距離（フィート）	35	35	5	25	25	18	10	40	5	
ツアー平均パット数	2.0	2.0	1.2	1.9	1.9	1.8	1.6	2.1	1.2	15.9
ジョーンズのパット数	2	2	2	2	1	2	2	2	2	17.0
稼いだ打数	0.0	0.0	-0.8	-0.1	0.9	-0.2	-0.4	0.1	-0.8	-1.1

ホール	10番	11番	12番	13番	14番	15番	16番	17番	18番	イン	合計
距離（フィート）	30	7	30	6	35	12	40	30	30		
ツアー平均パット数	2.0	1.4	2.0	1.3	2.0	1.7	2.1	2.0	2.0	16.4	32.3
ジョーンズのパット数	2	1	2	1	2	2	2	2	2	16.0	33
稼いだ打数	0.0	0.4	0.0	0.3	0.0	-0.3	0.1	0.0	0.0	0.4	-0.7

準値と比べるとパッティングで 0.7 打失っている。彼の「完璧」なラウンドについての感想は、グリーンに乗せるまでのショットに関するものであって、パッティングに関するものではなかった。

並外れたパッティングで稼いだ打数

　ポール・ゴイドスは 2010 年ジョンディアクラシック初日に最少スコアタイの 59 を出した。このラウンドは《ショットリンク》時代に SGP で 2 位にランクされるという点でも注目に値する。ゴイドスはツアー平均に対してパッティングで 7.5 打稼いだ。パット数はわずか 22。16 番ホールではグリーンエッジから 14 フィートの距離をチップインした。この素晴らしいショットはパットではないため、SGP にもパット数にも含まれない。表 3.4 で詳細を示した。彼の 59 というスコアは、出場選手全体の平均スコア 69.5 を 10.5 打上回る。全体とのスコアの差へのパッティングの貢献度は 71%（7.5/10.5）。あいにく残りの 3 日間はパッティングのタッチが合わなくなり、彼のパッティングで稼いだ合計打数は出場選手全体をやや下回る －0.3 打だった。ゴイドスはスティーブ・

表 3.4 TPC ディアランでの 2010 年ジョンディアクラシック初日のポール・ゴイドスのパッティング成績。彼の SGP である 7.5 打は 2003 〜 2012 年の 1 ラウンドのパッティング成績としては第 2 位である。

ホール	1番	2番	3番	4番	5番	6番	7番	8番	9番	アウト
距離（フィート）	10	6	45	18	54	18	12	36	22	
ツアー平均パット数	1.6	1.3	2.1	1.8	2.2	1.8	1.7	2.0	1.9	16.5
ゴイドスのパット数	2	1	2	1	2	1	1	2	2	14.0
稼いだ打数	-0.4	0.3	0.1	0.8	0.2	0.8	0.7	0.0	-0.1	2.5

ホール	10番	11番	12番	13番	14番	15番	16番	17番	18番	イン	合計
距離（フィート）	6	40	20	25	6	6	0	11	8		
ツアー平均パット数	1.3	2.1	1.9	1.9	1.3	1.3	0.0	1.6	1.5	13.0	29.5
ゴイドスのパット数	1	1	1	1	1	1	0	1	1	8.0	22
稼いだ打数	0.3	1.1	0.9	0.9	0.3	0.3	0.0	0.6	0.5	5.0	7.5

ストリッカーに 2 打差をつけられ、この試合を 2 位で終えた。

　正反対に、プロとはいえどうしようもなくパッティングの調子が悪いときもある。2003 〜 2012 年に行われた PGA ツアーの 14 万以上のラウンドで、パッティングの調子が最も悪かったラウンドは 2008 年にクエイルホローでおこなわれたワコビア選手権 2 日目のジョー・デュラントのラウンドである。彼の名誉のために言っておくと、ジョー・デュラントは PGA ツアー参戦 22 年を数えるベテランで、ツアー 4 勝を誇る。彼はショットメーカーとしては定評があるが、パッティングについてはあまり評価されていない。このラウンドで彼は 79 を叩き、カットラインに 9 打足りずに予選落ちした。デュラントがグリーン上でツアー平均に対して失った打数は 9.8 打。表 3.5 で詳細を示した。4 パットが 1 回、3 パットが 3 回、1 パットはわずか 1 回で、1 ラウンドの合計は 40 パットだった。

表 3.5 クエイルホローでの 2008 年ワコビア選手権 2 日目のジョー・デュラントのパッティング成績。デュラントはツアー平均に対して 9.8 打失った。これは 2003 〜 2012 年の PGA ツアーで SGP が最も悪いラウンドである。

ホール	1番	2番	3番	4番	5番	6番	7番	8番	9番	アウト
距離（フィート）	1	17	5	55	8	13	13	3	15	
ツアー平均パット数	1.0	1.8	1.2	2.2	1.5	1.7	1.7	1.0	1.8	14.0
デュラントのパット数	1	2	2	3	2	3	2	2	2	19.0
稼いだ打数	0.0	-0.2	-0.8	-0.8	-0.5	-1.3	-0.3	-1.0	-0.2	-5.0

ホール	10番	11番	12番	13番	14番	15番	16番	17番	18番	イン	合計
距離（フィート）	20	49	14	14	20	60	8	20	5		
ツアー平均パット数	1.9	2.1	1.7	1.7	1.9	2.2	1.5	1.9	1.2	16.2	30.2
デュラントのパット数	2	2	2	2	2	4	2	3	2	21.0	40
稼いだ打数	-0.1	0.1	-0.3	-0.3	-0.1	-1.8	-0.5	-1.1	-0.8	-4.8	-9.8

グリーンの難易度を測定する

　2008 年のその日、ジョー・デュラントはなぜクエイルホローでお粗末なパッティングを披露したのだろうか。技術的な問題もかなりあったかもしれない。予選を通過する見込みがないと気づいた時点で投げやりになったのかもしれない。起伏の多い難しいグリーンに手を焼いたのかもしれない。この点についてもっと深く調べるには、クエイルホローをはじめとしてツアーで使用されるコースのグリーンの難易度を測定すればいい。

　その日、クエイルホローのグリーンはどれだけ難しかったのか。稼いだ打数を使って出場選手全体のパッティング成績を見ればグリーンの難易度を簡単に測定できる。

　通常の試合の 1 ラウンドで、出場選手全体のパッティング成績が平均以上だったとしよう。その理由として最も可能性が高そうなのは、グリーンが平均以上に易しかった場合である。グリーンがほとんどのコースより滑らかで速すぎず、傾斜がほとんどなかったのかもしれない。カップがグリーン上のどの谷間からも離れていたのかもしれない。ラウンド中の天候が凍えるほど寒くもなく、風が特に強くもなかったのかも

しれない。1ラウンドのパッティングの難易度は、出場選手全体の平均SGPで測定できる。

　2008年のクエイルホローでの2日目、ジョー・デュラントはPGAツアーの基準値に対して9.8打を失ったが、その日出場した選手全体のパッティング基準値に対しては0.6打失っていただけだった。グリーンは平均以上に難しかったのだ。とはいえ、それでもデュラントのパッティングが悲惨であった理由のごく一部にしかならない。

　他の選手もクエイルホローの難しさに関してコメントしている。プロがパッティングの際にキャディをアテンドさせず、旗竿に当てて2打罰を受けるリスクを冒すようなことはめったにないが、2010年のクエイルホローでの大会3日目の18番グリーンで、フィル・ミケルソンはまさにこのリスクを冒した。カップまでの距離は60フィートで途中には大きな尾根があり、ボールがカップに寄るとはまったく思っていなかったのだ。カップの10フィート右を狙って2パットで上がることができれば最高だとフィルは考えた。距離感をつかむために旗竿を立てておいた。ファーストパットをほぼ想定通りカップの8フィート右に寄せ、次のパットでホールアウトした。ラウンド後のインタビューで、フィルはコースを批判して罰金が科されるのを覚悟で「このコースはティーからグリーンまでの設計は素晴らしいのに、グリーンはツアーでも抜きん出て最悪だ。18番は完璧に整備されていたとしてもツアーで最悪のグリーンだが、もっと最悪なのが12番だ」と話した。

　表3.6は、PGAツアーのパッティング基準値に対して出場選手全体が稼いだ平均打数によって測定したPGAツアーの各コースのパッティング難易度を示している。パッティングが難しいグリーンはたいていでこぼこが多かったり起伏が激しかったり風が強かったりする。最も難しいのはペブルビーチとウェストチェスターで、いずれも1日のうちに芝が伸びてでこぼこになりやすいポアナ芝のグリーンだ。カパルアのプランテーションコースは起伏に富んだ地形と強い風のおかげで400ヤード超えのドライバーショットが出やすいことで知られる。だが強い風はパッティングにも大きく影響し、このコースはツアーでもパッティングが3番目に難しい。

フィル・ミケルソンのコメント通り、クエイルホローのグリーンは PGA ツアーで 4 番目にパッティングが難しい。クエイルホローの起伏に富んだグリーンでおこなわれた数年間の試合で、選手たちは PGA ツアーの基準値に対して平均 0.5 打失っている。パッティングしやすくなる条件は、平坦なベント芝、気候が穏やか、グリーン面が水平に近いといったものである。パッティングが易しい 4 つのコースは TPC サマーリン、TPC ディアラン（ポール・ゴイドスが 59 という素晴らしいスコアを叩き出したコース）、ドラルのブルーモンスター、コロニアルカントリークラブである。

表 3.6 2003 〜 2011 年の《ショットリンク》データの平均 SGP で測定されるパッティング難易度に基づいた各コースの順位。《ショットリンク》データに 12 ラウンド以上のデータがあるコースのみが対象。ペブルビーチが最も難しく、コロニアルが最も易しい。

順位	コース名	平均 SGP	順位	コース名	平均 SGP
1 位	ペブルビーチ	−0.77	24 位	エンジョーイ	−0.03
2 位	ウェストチェスター	−0.73	25 位	TPC フォーシーズンズ	−0.02
3 位	カパルア	−0.63	26 位	ラカンテラ	0.00
4 位	クエイルホロー	−0.52	27 位	ワーウィックヒルズ	0.01
5 位	TPC シュガーローフ	−0.43	28 位	ブラウンディアパーク	0.03
6 位	リヴィエラ	−0.37	29 位	PGA ウェストパーマー	0.04
7 位	コングレッショナル	−0.35	30 位	TPC サウスウインド	0.05
8 位	トーリーパインズ（サウス）	−0.31	31 位	ワイアラエ	0.08
9 位	モントルー	−0.24	32 位	コグヒル	0.08
10 位	アデューンヨテ	−0.20	33 位	ファイアストンサウス	0.09
11 位	クラシッククラブ	−0.19	34 位	マグノリア	0.09
12 位	TPC ソーグラス	−0.19	35 位	レッドストーン（トーナメントコース）	0.09
13 位	ミュアフィールドビレッジ	−0.17	36 位	PGA ナショナル	0.10
14 位	トゥーソンナショナル	−0.15	37 位	フォレストオークス	0.13
15 位	ベイヒル	−0.13	38 位	TPC ルイジアナ	0.15
16 位	セッジフィールド	−0.13	39 位	イーストレイク	0.17
17 位	イニスブルック（カッパーヘッド）	−0.12	40 位	TPC スコッツデール	0.18
18 位	グレンアビー	−0.10	41 位	TPC ボストン	0.19
19 位	TPC リバーハイランズ	−0.08	42 位	TPC サマーリン	0.21
20 位	ネマコリン（ミスティックロック）	−0.08	43 位	TPC ディアラン	0.22
21 位	ハーバータウン	−0.05	44 位	ドラル（ブルーモンスター）	0.24
22 位	レッドストーン（ジェイコブセン/ハーディ）	−0.05	45 位	コロニアル	0.26
23 位	アナンデール	−0.03			

パッティングの難易度は、人為的な要因によって変わることもある。風の状況や天候が劇的に変わらない限り、各コース、各ホールのパッティング難易度が日によって大きく変わることはあまりない。だが2012年のベスページブラックコースは違っていた。小型の蒸気ローラーみたいなグリーンローラーで芝を押し固め、速く平らなグリーンに仕上げた結果、3日目は2日目の3倍もボールがよく転がるようになっていたのだ。タイガー・ウッズは「昨日と今日とでこんなにグリーンが変わるなんて初めてだ。芝は滑りそうなくらいツルツルだね」と語った。パドレイグ・ハリントンは「これ以上速いグリーンでパッティングしたことはないと思う。初日が64でそのあとが75・75というのはひどいスコアだと思われるだろうね」と述べた。14番と18番のグリーンは「カップ周りの芝がスティンプメーター（グリーンのスピードを測る道具）20近くまで短く刈られていた」と彼は話している。初日から3日目までの出場選手全体の平均SGPを見ると、初日が0.4打（非常に易しい）、2日目が0打（平均的）、3日目が－0.5打（非常に難しい）である。

　選手たちの不安を解消するために、最終日前夜に水がグリーンにまかれた。すると出場選手全体のSGPは0.4打まで回復。グリーンは前日に比べて1打近く簡単になり、人為的な要因によってパッティング難易度が大きく変わった。

　出場選手全体がPGAツアー基準値を上回っていれば、そのグリーンはツアーの平均的なグリーンより簡単ということになる。出場選手全体の平均SGPはグリーンのパッティング難易度を示す、単純で信頼性の高い尺度となる。

新指標「出場選手全体に対するSGP」を微調整する

　ある選手がペブルビーチなどのパッティングが難しいコースの試合に出場し、コロニアルなどのパッティングが易しいコースの試合に欠場したとする。別の選手は反対にパッティングが易しいコースの試合に出場して難しいコースの試合に欠場した。2つのコースのパッティング難易度があまりに違うため、この2人のパッティング成績を同じ一定の基

準値に基づいて比較するのはあまりにも不公平だ。

　同じ問題はひとりの選手が2つの異なる試合に出場したときのスコアを比較する場合にも起こる。2012年、マーク・ウィルソンは24アンダーでヒューマナチャレンジを制し、ウェブ・シンプソンは1オーバーで全米オープンを制した。パーを基準値とすればウィルソンの優勝スコアはシンプソンより25打良いが、ウィルソンのほうがシンプソンより25打分いいプレーをした、と真面目に主張するゴルフファンはいないだろう。

　ヒューマナチャレンジのコースはプロアマ大会に使われることもあって易しいセッティングになっている。対照的に全米オープンはコースがとてつもなく難しくセッティングされることで知られる。スコアを基準に平均スコアの表彰をおこなうとしたら、ウィルソンはシンプソンよりも不当に有利になる。実際は、PGAツアーが年間を通じてスコアが最も良かった選手にバイロン・ネルソントロフィーを贈る際は、単純な最少平均スコアではなく、調整済みの最少平均スコアを基準に表彰する。各ラウンドの出場選手全体の平均スコアを考慮して調整するのである。

　同じように、パッティング成績で順位づけするための公平なシステムにするには、各ラウンドのパッティング難易度を考慮する必要がある。ベイヒルでのアーノルド・パーマー招待初日、ライダーカップのヨーロッパチームで活躍するエドアルド・モリナリはPGAツアーのパッティング基準値に対して2.3打稼いだ。しかしその日は非常に風が強く、そのせいで距離感やラインがつかみにくく、いつも以上にパッティングが難しかった。パッティング難易度は出場選手全体の平均SGPが−0.8打という数字に表れ、ツアーでも屈指の難しさになっていた。エドアルドはパッティング基準値に対して2.3打稼ぎ、出場選手全体ではパッティング基準値に対して0.8打失っていたため、出場選手全体に対して3.1打稼いだことになる。なぜそれほどパッティングの調子が良かったのかエドアルドに尋ねると、彼は「ヨーロッパで風の強いなかパッティングをしてきたから、その日のベイヒルでもうまくパッティングできた」と答えてくれた。

　現在PGAツアーは「出場選手全体に対するSGP」を主なパッティン

グ指標として使っている。出場選手全体に対する SGP とは、パッティング基準値に対する SGP からそのラウンドの出場選手全体の平均 SGP を差し引いたものである。

> **出場選手全体に対する SGP とは、パッティング基準値に対する SGP からそのラウンドの出場選手全体の平均 SGP を差し引いたもの。**

　2004 〜 2012 年の PGA ツアーで最もパッティング成績が良かったのはどの選手だろうか。最終日のバック 9 でパッティング成績が最も良い選手、外すとショックな 6 フィートのパッティング成績が最も良い選手、3 パットなしでプレーした連続ホール数が最も多い選手、ここ数試合、あるいはここ数カ月で最もパッティングの調子が良い選手を見つけたいわけではない。《ショットリンク》データベースに記録された全パットを調べ、現役を通じてパッティング成績が最も良い選手、数年にわたってパッティング成績が最も良い選手を見つけたいのだ。現役を通じたパッティング成績を測定するための信頼性の高い尺度はパット数やパーオン時のパット数、カップイン時の平均距離などではなく、SGP しかない。SGP を使えば、純粋にパッティングの腕前に基づいて選手をランクづけし、一番うまい選手を見つけられる。

　表3.7 の SGP を見ると、世界一パッティングがうまいのは、ルーク・ドナルドだ。《ショットリンク》時代にパッティング成績が最上位の 5 選手はドナルド、ブラッド・ファクソン、タイガー・ウッズ、アーロン・バデリー、グレッグ・チャーマーズである。ファクソンは全盛期のデータがもっとあれば順位はさらに上だっただろう。タイガーもメジャー大会のデータがあればもっと順位が上だったと思われるが、残念ながらこうした試合は《ショットリンク》データに含まれていない。それでもパッティングが一番うまいのがこの 5 選手であることはゴルフファンの認めるところだろう。

　ルーク・ドナルドは 1997 〜 2001 年にノースウェスタン大学で学生

ゴルファーとして活躍し、卒業時にアートの学位を取得した。パット・ゴスは当時もいまもルークのコーチを務めている。ゴスは1997年に27歳にして『ゴルフウィーク』誌の全米コーチオブザイヤーに選ばれ、国内最年少でゴルフ部の監督に就任した。「彼はうちで最高の選手だった」とゴスは話す。1999年、ルークは全米大学体育協会の個人タイトルを獲得し、タイガー・ウッズが持っていた最少平均スコアの記録を

表3.7 2004年から2012年8月までのPGAツアーのパッティング成績の上位50選手。順位の対象は120ラウンド以上プレーした選手のみ。SGPの結果は1ラウンドあたりで、PGAツアー全体の平均(付録を参照)と比較したもの。

順位	選手名	SGP	順位	選手名	SGP
1位	ルーク・ドナルド	0.70	26位	パーカー・マクラクリン	0.40
2位	ブラッド・ファクソン	0.64	27位	ネイサン・グリーン	0.39
3位	タイガー・ウッズ	0.64	28位	ウェブ・シンプソン	0.39
4位	アーロン・バデリー	0.64	29位	ジェフ・クイニー	0.38
5位	グレッグ・チャーマーズ	0.63	30位	スコット・マッキャロン	0.38
6位	イェスパー・パーネビック	0.62	31位	ジェイソン・デイ	0.38
7位	ブライアン・ゲイ	0.62	32位	ブレント・ガイバーガー	0.38
8位	ローレン・ロバーツ	0.62	33位	マット・ゴーゲル	0.38
9位	ブライス・モルダー	0.58	34位	丸山茂樹	0.38
10位	ベン・クレーン	0.56	35位	リチャード・S.ジョンソン	0.36
11位	ブラント・スネデカー	0.54	36位	ジェフ・オギルビー	0.35
12位	ディーン・ウィルソン	0.52	37位	エリック・アックスリー	0.35
13位	スティーブ・ストリッカー	0.50	38位	ブレイク・アダムス	0.35
14位	スチュワート・シンク	0.49	39位	スティーブン・エイムス	0.34
15位	ホセ・マリア・オラサバル	0.48	40位	マーク・ターネサ	0.34
16位	フレデリック・ヤコブソン	0.47	41位	ダニエル・チョプラ	0.34
17位	マイケル・トンプソン	0.46	42位	ボブ・トウェイ	0.34
18位	チャーリー・ウィー	0.45	43位	ギャビン・コールス	0.32
19位	チャド・コリンズ	0.45	44位	ライアン・ムーア	0.32
20位	ザック・ジョンソン	0.44	45位	ジェフ・クラーク	0.31
21位	コリー・ペイビン	0.44	46位	マット・クーチャー	0.31
22位	カール・ペターソン	0.43	47位	デビッド・マシス	0.30
23位	ジム・フューリク	0.41	48位	ダレン・クラーク	0.30
24位	レン・マティース	0.40	49位	ボブ・ハインツ	0.29
25位	マーク・オメーラ	0.40	50位	ケビン・ナ	0.29

破った。2002年にはPGAツアーでルーキーイヤーながらサザンファームビューロクラシックで優勝。それからさらに成績を上げ続け、PGAツアーとヨーロッパツアーの両方で勝利を重ね、2011年5月には世界ランク1位にまで上り詰めた。彼のパッティングの秘訣とは何だろうか。それは「練習を重ね、毎回、毎年、もっとうまくなるために努力するだけ」だそうだ。ルークは世界一パッティングがうまいにもかかわらず、ショートゲームとパッティングの練習に練習場でボールを打つ倍の時間をかけていると話す。才能と努力が実を結んだのである。

　数年にわたる多くのラウンドを通じて、ルークは平均的なPGAツアー選手に対してパッティングで1ラウンドあたり平均0.7打を稼いだ。1試合あたりおよそ3打である。ルーク・ドナルドが名選手になれたのは多分にパッティングのおかげだ。

パッティングの得意・不得意を診断する

　SGPを使えば、ひとりの選手がツアー平均よりパッティングがうまいのかそうでないのかを判断できる。とはいえグリップ、スタンス、ストロークといったデータがなければなぜうまいのかという問いに答えるのは難しい。しかし「稼いだ打数」という手法を使うと、データからもっと細かい情報を引き出して選手の得意・不得意が外すとショックなショートパットにあるのか、カップインできそうなミドルパットにあるのか、カップインの可能性が低いロングパットにあるのか判断できる。さらにショートパット、ミドルパット、ロングパットのそれぞれが一番うまい選手を見つけ出すこともできる。

　ある選手が33フィートから2パットしたとしよう。すでにわかっているようにツアー平均は2パットなのでこれは平均的な成績だ。だがこの33フィートのファーストパットを8フィートショートした場合はどうだろうか。ファーストパットはあまり良いと思えないだろう。表3.1のPGAツアーのパッティング基準値に照らし合わせればこうした直感を定量化できる。8フィートからのツアー平均は1.5パットであるため、8フィートから沈めればツアー平均に対して0.5打稼ぐ。この例

では33フィートからのファーストパットを8フィートまでしか寄せられなかったことで0.5打を失い、8フィートのセカンドパットで0.5打を稼ぎ、結果としてツアー平均に対して0打稼いだことになったのだ。

　この選手がこうしたパッティングを繰り返せば、パッティングの全体的な成績は平均並みだが、33フィートのパットが苦手で8フィートのパットが得意ということになる。このようにして稼いだ打数で分析すれば、さまざまな距離のパットについて得意・不得意を診断することができる。

　もうひとつ、ファーストパットを定量化する方法を紹介する。33フィートからのパットが8フィートまでしか寄らなかったとする。ホールアウトまでのツアー平均パット数を2.0から1.5に減らしたのだから、平均して0.5打分カップに近づいたことになる。1打を費やして平均パット数を0.5打しか減らせなかったため、あまり良いとは言えない。「稼いだ打数」で表現すれば、ファーストパットではツアー平均に対して0.5打失ったことになる。

> **各パットの稼いだ打数とは、減らしたホールアウトまでの平均パット数からそのパット自体の1打分を差し引いたもの。**

　カギとなるのは「カップまでの歩み」をホールアウトまでの平均パット数で測定するという考え方である。ファーストパットでボールをカップに近づけたときに、これまでは距離で測定するのが普通だった。距離は目ではっきりと確認できるからだ。「稼いだ打数」では、表3.1のカップまでの距離別の平均パット数を参照して距離を打数に変換する必要がある。すべてのパットを打数という共通の単位で測定できれば、たとえば60フィートのパットを8フィートまで寄せた場合と8フィートのパットを外した場合とを比較できるようになる。3パットの原因がファーストパットのミスにあるのかセカンドパットのミスにあるのか判断できるのだ。さらにパッティングの技量をショートパット、ミドル

パット、ロングパットの技量に分けることができる。

60フィートのパットを8フィートまで寄せた場合、そのパットは良かったのか悪かったのか。60フィートのパットがすべて同じ難易度というわけではないが、距離はパットの難易度を決める最も大きな要素である。表3.1によると60フィートからのツアー平均は2.2パットで8フィートからのツアー平均は1.5パット。平均パット数の差は0.7打である。そのパット自体の1打分を差し引くと稼いだ打数は−0.3打となる。つまりこのパットではツアー平均に対して0.3打失ったことになる。

60フィートのパットを4フィートまで寄せた場合はどうだろうか。表3.1によると《ショットリンク》データでの4フィートからのツアー平均は1.13パットである。平均パット数の差は1.07打となる（2.20−1.13）。そのパット自体の1打分を差し引くと、そのパットの稼いだ打数は0.07打である。60フィートのパットをカップに寄せれば寄せるほど良いということであり、結果が良くなればそれだけ稼いだ打数が増えることになる。

ある選手が33フィートから3パットしたとする。ファーストパットは8フィートまでしか寄らず、セカンドパットはカップに蹴られて2インチ残った。ファーストパットでは、33フィートからのツアー平均が2.0パットで8フィートからのツアー平均が1.5パットである。平均パット数の差は0.5打。そのパット自体の1打分を差し引くとファーストパットで稼いだ打数は−0.5打である。セカンドパットでは、8フィートからのツアー平均が1.5パットで2インチからのツアー平均が1.0パットなので、セカンドパットで稼いだ打数も−0.5打である。33フィートから3パットするとツアー平均に対して1打失い、その原因はファーストパットのミスとセカンドパットのミスに同じだけあると言える。

このように各パットで稼いだ打数を測定できれば、どの距離のパット同士でも結果を組み合わせることができる。本書ではパットをショートパット（0〜6フィート）、ミドルパット（7〜21フィート）、ロングパット（22フィート以上）の3つの距離に分ける。表3.8を見ると、0〜2フィートのきわめて短いパットを除けば、これらの3つの距離でパッ

ト回数がほぼ同じとなるのだ。

　3つにしか分けていないのは、細かく分けすぎると結果が無意味になってしまうためである。たとえば、5フィートと7フィートのパットはツアー屈指なのに6フィートのパットが大の苦手ということはあり得ない。ブラッド・ファクソンからジャスティン・レナードの話を聞いた。ジャスティンは2003年のホンダクラシック3日目に首位に立ち、記者から5フィートと7フィートのパットが10位以内なのに6フィートのパットが100位以下なのはなぜだと思うと尋ねられた。彼は6フィートのパットがそれほどひどいとは気づいていなかった。最終日の8番ホールでその日初めて6フィートのパットが残ったとき、彼は一体何を思っていたのだろうか。ジャスティンにとって幸いなことに、彼はこのパットを決め、10番ホールでも再び6フィートのパットを決めて最終日を67でまとめ、チャド・キャンベルに1打差をつけて優勝した。

表 3.8　PGAツアー選手の距離別のパット回数

	合計	0～2 フィート	3～6 フィート	7～21 フィート	22フィート 以上
パット回数	29.2	8.9	7.0	8.0	5.3
比率	100%	30%	24%	27%	18%

　表3.9は、2011年のSGPを3つに分けた結果を示している。2011年にパッティングが一番うまかったルーク・ドナルドはツアー全体の平均に対して0.95打稼いだ。主にショートパットとミドルパットで打数を稼いでいて、それぞれでの順位は2位と4位である。2011年のパッティング上位10選手をひとつのグループとして見ると、パッティングで合計0.73打を稼いでいるが、21フィート以内のパットで稼いだ打数が0.65打であるのに対して22フィート以上のパットでは0.08打しか稼いでいない。22フィート以上のロングパットの上位5選手のうち、パッティングの総合成績で30位以内の選手はひとりもいない。ショートパットとミドルパットはロングパットよりパッティング成績に大きな

影響を与えることがわかる。22 フィート以上のパットを決める確率はあまり高くないため、いくらロングパットが得意でも、プロが他の選手

表 3.9 2011 年の 1 ラウンドあたりの SGP をショートパット（0～6 フィート）、ミドルパット（7～21 フィート）、ロングパット（22 フィート以上）の 3 つの距離に分けたもの。順位の対象は 2011 年に 30 ラウンド以上プレーした 204 選手。

選手名	順位 総合	0～6 フィート	7～21 フィート	22 フィート以上	1ラウンドあたりのSGP 総合	0～6 フィート	7～21 フィート	22 フィート以上
ルーク・ドナルド	1 位	2 位	4 位	41 位	0.95	0.40	0.46	0.09
スティーブ・ストリッカー	2 位	12 位	2 位	36 位	0.87	0.27	0.49	0.10
チャーリー・ウィー	3 位	11 位	5 位	34 位	0.82	0.27	0.44	0.11
ブライス・モルダー	4 位	29 位	1 位	76 位	0.76	0.21	0.51	0.04
ケビン・ナ	5 位	8 位	23 位	26 位	0.68	0.30	0.25	0.13
フレデリック・ヤコブソン	6 位	3 位	22 位	68 位	0.68	0.37	0.25	0.05
ジェイソン・デイ	7 位	40 位	16 位	19 位	0.65	0.19	0.31	0.15
ブラント・スネデカー	8 位	25 位	24 位	12 位	0.64	0.23	0.24	0.18
グレッグ・チャーマーズ	9 位	10 位	20 位	38 位	0.64	0.28	0.26	0.10
ザック・ジョンソン	10 位	16 位	3 位	167 位	0.63	0.26	0.47	-0.10
				平均	0.73	0.28	0.37	0.08
0～6 フィートの上位 5 選手								
ジェフ・クイニー	15 位	1 位	34 位	192 位	0.58	0.56	0.20	-0.18
ルーク・ドナルド	1 位	2 位	4 位	41 位	0.95	0.40	0.46	0.09
フレデリック・ヤコブソン	6 位	3 位	22 位	68 位	0.68	0.37	0.25	0.05
ジェフ・オギルビー	14 位	4 位	12 位	163 位	0.59	0.36	0.32	-0.09
ウィル・ストリックラー	62 位	5 位	134 位	134 位	0.22	0.33	-0.07	-0.04
7～21 フィートの上位 5 選手								
ブライス・モルダー	4 位	29 位	1 位	76 位	0.76	0.21	0.51	0.04
スティーブ・ストリッカー	2 位	12 位	2 位	36 位	0.87	0.27	0.49	0.10
ザック・ジョンソン	10 位	16 位	3 位	167 位	0.63	0.26	0.47	-0.10
ルーク・ドナルド	1 位	2 位	4 位	41 位	0.95	0.40	0.46	0.09
チャーリー・ウィー	3 位	11 位	5 位	34 位	0.82	0.27	0.44	0.11
22 フィート以上の上位 5 選手								
マット・マックイラン	33 位	113 位	65 位	1 位	0.39	-0.02	0.11	0.30
ティム・ペトロビック	77 位	58 位	183 位	2 位	0.15	0.12	-0.27	0.30
ポール・ケーシー	32 位	92 位	80 位	3 位	0.39	0.04	0.08	0.28
グレアム・マクドウェル	60 位	105 位	126 位	4 位	0.23	0.00	-0.04	0.26
ハンター・ハース	38 位	148 位	31 位	5 位	0.34	-0.11	0.20	0.25
注目選手								
ビジェイ・シン	131 位	141 位	143 位	43 位	-0.08	-0.09	-0.08	0.09
バッバ・ワトソン	139 位	134 位	145 位	79 位	-0.11	-0.07	-0.09	0.04
フィル・ミケルソン	140 位	18 位	188 位	148 位	-0.11	0.25	-0.31	-0.06
アダム・スコット	149 位	165 位	101 位	113 位	-0.16	-0.16	0.02	-0.02
ダスティン・ジョンソン	180 位	195 位	138 位	115 位	-0.47	-0.38	-0.07	-0.02
アーニー・エルス	194 位	200 位	195 位	15 位	-0.66	-0.49	-0.34	0.16

に差をつけるのは非常に難しいのだ。

　年間のパッティング成績は最高どのくらいまでいくだろうか。仮に2011年のルーク・ドナルドがロングパットで0.3打を稼いで5位以内だとしたら、合計SGPは1ラウンドあたり1.2打近くになる。年間のパッティング成績としてはそのあたりが限界となりそうだ。

　表3.9の距離別のSGPを見ると、アーニー・エルス、ダスティン・ジョンソン、アダム・スコットの3人がいずれもショートパットで苦労している。アーニー・エルスは22フィート以上のパットは素晴らしく、この距離では15位だ。フィル・ミケルソンはミドルパットを苦手にしている。こうやってSGPを距離別に分けると、さまざまな距離別のパットの得意・不得意がわかる。

アマチュアのパッティング

　アマチュアの多くはボールがグリーンに乗っていなくてもパターを使えばすべてパットと数えている。そのため、「稼いだ打数」の統計に誤差が生まれる。かつて友人のひとりがパッティングがうまくならないと嘆いていた。彼が証拠として挙げたのは34パットという数字だった。わたしはその数字にグリーンの外からパターを使って打ったショットが3回含まれていて、そのうち1回はグリーンの10ヤード外のフェアウェイからパターを使っていたじゃないかと指摘した。

　標準的な数え方に従い、グリーンエッジを含まずにグリーン上の打数のみをパットとすれば、友人はそのラウンドでわずか31パットだったことになる。彼のSGPはPGAツアー基準値に対して−2打となかなかのものだ。アマチュアが自分の指標をプロと比べるのであれば、プロと同じ数え方で統計をとることが重要である。

　アマチュアのパッティングの腕前はどの程度なのか。《ゴルフメトリクス》のアマチュアデータを使えば、プロとアマチュアのパッティングの差を定量化できる。プロはアマチュアよりスコアが良く、あらゆるショット、あらゆるパットがアマチュアよりうまいが、多くのアマチュアがかなりうまくパッティングしていると聞くと驚かれるかもしれない。

表 3.10 では、平均的なツアー選手、スクラッチプレーヤー、90 プレーヤー（平均スコア 90 のゴルファー）の 1 パットの確率、3 パットの確率、平均パット数を比較した。この表でわかるように 8 フィートから平均的な 90 プレーヤーが 1 パットでホールアウトする確率は 27%、同じ距離でスクラッチプレーヤーが 1 パットでホールアウトする確率は 41%、プロは 50% である。90 プレーヤーの平均パット数は 1.75、対してプロは 1.5 パットである。つまりアマチュアは 8 フィートのパットを打つたびにプロに対して約 0.25 打を失っている。プロは 8 フィートだけでなくすべての距離でアマチュアよりもうまくパッティングしている。

　プロとアマチュアの 1 パットあたりの差を 18 ホール積み上げるとどうなるか。プロは 18 ホールで平均 29 パット、平均的な 90 プレーヤーは平均 33.4 パットである。だが、この比較では技量の差が水増しされている。平均するとアマチュアのファーストパットの距離はプロより少し長くなるためだ。もし 90 プレーヤーのパッティングがプロ並みになれば、その平均スコアの差は約 4 打縮まることになる。

　90 プレーヤーがツアー選手よりうまくパッティングできる確率はどのくらいだろうか。PGA ツアー基準値に対する SGP を見れば、その答えを推定できる。90 プレーヤーがパッティングでプロに勝てる確率は約 10% だ。80 プレーヤーの SGP がプロを上回る確率は約 20%。スクラッチプレーヤーがパッティングでプロに勝てる確率は 30% 以上である。アマチュアはそれほどパッティングが下手なわけではないのだ。

　プロは速くて表面が滑らかなツアー仕様のグリーンでプレーし、アマチュアは遅くてでこぼこがあるグリーンでプレーしているのだから土俵が違うと主張する人もいるかもしれない。だが、アマチュアがマスターズ開催中のオーガスタナショナルのグリーンで何パットするかという話をしているわけではない。グリーンは速いほど難しいが、同じくでこぼこが多いほど難しい。プロが遅くて手入れの悪いグリーンでプレーすると、試合中よりパッティング成績が悪くなる。アマチュアの基準値はツアー仕様のグリーンより少し遅いだけの手入れがよく行き届いたグリーンでのプレーに基づいているため、どれだけパッティング成績が悪く

なっているかを知るのは困難だ。

　プロとアマチュアのデータが異なるコースでのプレーのものだったとしても、アマチュアが自分のSGPをプロと比べられるのは興味深い。自分の得意・不得意がどこにあるか、特にどのショットを練習すればいいのか、といった役に立つ情報が得られる可能性もある。

表 3.10 PGAツアー選手、スクラッチプレーヤー、90プレーヤーの1パットの確率、3パットの確率、ホールアウトまでの平均パット数。

距離（フィート）	1パットの確率 ツアー選手	スクラッチプレーヤー	90プレーヤー	3パットの確率 ツアー選手	スクラッチプレーヤー	90プレーヤー
2	99%	99%	95%	0%	1%未満	1%未満
3	96%	93%	84%	0%	1%未満	1%未満
4	88%	80%	65%	0%	1%未満	1%未満
5	77%	66%	50%	0%	1%未満	1%未満
6	66%	55%	39%	0%	1%未満	1%
7	58%	47%	32%	1%	1%	1%
8	50%	41%	27%	1%	1%	2%
9	45%	36%	23%	1%	1%	2%
10	40%	33%	20%	1%	1%	2%
15	23%	21%	11%	1%	2%	5%
20	15%	14%	6%	2%	4%	8%
30	7%	6%	2%	5%	9%	18%
40	4%	2%	1%未満	10%	15%	30%
50	3%	1%	1%未満	17%	23%	41%
60	2%	1%未満	1%未満	23%	30%	51%

距離（フィート）	平均パット数 ツアー選手	スクラッチプレーヤー	90プレーヤー
2	1.01	1.01	1.06
3	1.04	1.07	1.17
4	1.13	1.20	1.36
5	1.23	1.34	1.51
6	1.34	1.45	1.62
7	1.42	1.54	1.69
8	1.50	1.60	1.75
9	1.56	1.65	1.79
10	1.61	1.68	1.82
15	1.78	1.81	1.94
20	1.87	1.89	2.02
30	1.98	2.03	2.16
40	2.06	2.14	2.30
50	2.14	2.22	2.41
60	2.21	2.30	2.51

古い習慣を捨てるのは難しいが、いまだにSGPではなくパット数を使うのは、自動車が目の前にあるのに馬車を使うようなものだ。誤解を招き、間違った答えを導き出すことがあるにもかかわらず、数十年前からパット数はパッティングの腕前を測定する最も良い方法とされてきた。それ以上に細かな情報が手に入らなかったからだ。だがPGAツアーの《ショットリンク》システムの登場によってプロのデータが、《ゴルフメトリクス》システムによってアマチュアのデータが入手できるようになり、パット数は時代遅れになった。ボールをどこからどこまで打ったか、といった情報を簡単に保存して分析できるようになったのだ。パッティング成績はSGPを使ったほうが正確に測定できるため、パット数に頼る理由はほとんどない。

　わたしがパッティングとグリーン以外のショットで稼いだ打数のデータベースを《ゴルフメトリクス》に実装したのは2005年のことだ。2008年に「稼いだ打数」の手法で分析した結果を初めて公開し、プロとアマチュアのさまざまなショットを比較した。当時は「ショットの価値」と呼んでいた。MITの研究者たちが同じ基本概念に基づいて、PGAツアー選手をパッティングの成績によってランクづけして「稼いだ打数」という言葉を作り出した。わたしはMITのグループとともにPGAツアーと協力し、設計と詳細を練り上げた。PGAツアーは2011年に（出場選手全体に対する）SGPの運用を開始。パッティングを測定するための主な指標として使われるようになった。核となる新しい指標が導入されたのは15年ぶりのことだった。

　「稼いだ打数」の基本概念は過去に何度も提唱されていて、おそらく最も早く似たような概念について言及したのは1970年代の『ゴルフ』誌の記事だろう。だが稼いだ打数の知的基盤はリチャード・ベルマンの動的計画法にまでさかのぼる。このつながりが浮かび上がるのは、ゴルフの攻め方の選択を多段階の決定問題と見なすことができるためだ。以降の章では「稼いだ打数」の概念をグリーン以外のショットに応用し、最終的にはゴルフ全体をひとつの動的計画と見なすと何がわかるかを確かめていきたい。

この章のまとめ

- パット数によってパッティングの腕前を測定するのは、パットの距離を考慮していないため問題がある。
- SGPのほうがパットの難易度を最も左右する距離を考慮しているため、パッティングの腕前の尺度として優れている。
- SGPは、ある距離からホールアウトまでのツアー平均パット数から要したパット数を差し引いたものと定義される。
- SGPが世界一の選手は、出場選手全体の平均に対してパッティングで1ラウンドあたり約1打稼いでいる。
- 各パットの稼いだ打数は、カップまでの距離ではなくホールアウトまでの平均パット数を使ってカップまでの歩みを測定する。
- 各パットの稼いだ打数とは、減らしたホールアウトまでの平均パット数からそのパット自体の1打分を差し引いたもの。
- SGPという尺度では動的計画法という手法を用いてパッティングを多段階の問題として分析する。

第4章

Chapter 4

シミュレーションの威力
　スクランブル方式と"選手交代（スイッチャルー）"方式

　アマチュアがベストボールを選び、プロがワーストボールを選ぶというスクランブル方式で2人が対決するとどちらが勝つだろうか。スクランブル方式のルールを次のように決めよう。アマチュアはティーショットを2回打ち、良かったほうを選んで第1打とする。その地点から2回打ち、良かったほうを選んで第2打とする。これをホールアウトまで繰り返す。アマチュアは打ち直し天国でプレーするようなものだ。その相手であるプロもティーショットを2回打つ。プロの2回のティーショットのうち、悪いほうをアマチュアが選んでそれをプロの第1打とする。プロはその地点から2回打ち、悪いほうをアマチュアが選んでプロの第2打とする。これをホールアウトまで繰り返す。プロは拷問を受けながらプレーするようなものだ。ベストボール方式でプレーした場合、スコアを縮められる限界がわかる。ワーストボール方式でプレーした場合、安定性を欠くとどれだけスコアに響くかがわかる。アマチュアがハンディキャップをもらわないとしたら、ワーストボール方式のプロとベストボール方式のアマチュアが対決して勝つ見込みが高いのはどちらだろうか。

　この疑問に答えるにはどう考えればいいか考えよう。アマチュアとプロの実力、プレーするコース、各ショットでの攻め方で結果は変わる。アマチュアは平均的な90プレーヤー、プロは平均的なPGAツアー選手、コースは難しい6,500ヤードのコースと仮定しよう。90プレーヤーのスコアは2個のうちベストボールを選ぶ方式でどれだけ縮まるだろうか。プロのスコアは2個のうちワーストボールを選ぶ方式でどれだけ悪くなるだろうか。

　プロとアマチュアがスクランブル方式で対決した参考になるデータは見当たらない。

実際の結果がないのなら、残る最善策はシミュレーションである。コンピュータや原子力の時代の幕開けに誕生したシミュレーションという手法は、現実のシステムの動作をコンピュータ内でモデル化するものだ。繰り返しシナリオを実行すれば、さまざまな結果になる可能性を明らかにできる。シミュレーションのおかげで、プロとアマチュアにスクランブル方式で数千ラウンドをコンピュータ内でプレーさせ、結果を観察してどちらが勝つかという疑問に答えられる。シミュレーションはいまや天気予報や医療、交通信号システムの設計、パイロット養成用のフライトシミュレータ、テレビゲームなど、さまざまな用途に使われている。世界初のコンピュータプログラムのひとつは、軍隊の砲撃精度を高めるためにミサイルの弾道を計算するものだった。これはゴルフボールの軌道をシミュレートするのとよく似た問題である。

コンピュータとシミュレーションとゴルフ

　1943 年、のちに米ソ関係に大きな影響を与え、応用数学や科学の方向性を変え、世界中の人々の日常生活を一変させることになるマシンの開発がはじまった。第二次世界大戦の終結直後に完成したそのマシンには 1 万 7,000 本の真空管、7 万個の抵抗器、1 万個のコンデンサが組み込まれ、人の手ではんだづけされた箇所は 500 万カ所に及んだ。重量は 30 トン、大きさは 167 平方メートルで、動かすには莫大な電気代がかかった。この電子式数値積分計算機（Electronic Numerical Integrator And Computer）は一般に ENIAC として知られ、世界初の電子計算機と広く認められている。

　1942 年末までは、100 人を超える「計算士」(コンピュータ)（たいていは数学や科学を専攻する女学生）が昼夜交代制で週 6 日働き、卓上計算機を使って砲撃射表を作成していた。そう、電子計算機が登場するまで「コンピュータ」という言葉は計算を仕事にしていた人間を指していたのである。

　軍事歴史家のウィリアム・アトウォーターは「この計算士、つまり砲撃射表の計算をしていた女性たちの仕事は、きわめて重要だった。彼女たちが献身的にこの戦争に尽くしてくれなければ、第二次世界大戦に敗

れていただろう」と記している。しかし1942年に入ると、計算に時間がかかりすぎて処理できない仕事が増え続けた。熟練の計算士でもひとつの弾道を計算するのにおよそ2日かかった。電子計算機を開発する計画が始動され、信頼性の低い真空管ばかりの機械など動くはずがないと多くの人が考えるなか、1943年7月に開発が開始された。大変な苦労の末に、研究開発も含めて約50万ドル（現在の価値で約600万ドル）を投じて1945年秋にENIACは完成した。このENIACは可動部品をひとつも使わずに毎秒5,000回の加算、400回の乗算、40回の除算、あるいは3回の平方根計算を実行できた。人の手では2日以上かかっていた計算をENIACは30秒で実行できたのだ。

ENIAC 計算機
©CORBIS

戦争はENIACが完成する前に終結したが、1945年末から1955年の運用終了まで、ENIACは米国陸軍と米国空軍が砲撃射表を計算するための大黒柱として、科学や工学のさまざまな用途に使われた。現在でも公表されていないが、ENIACが最初に使われたのは、1945年12月、熱核反応の実現可能性を計算するためだった。最初のENIACプログラムはいまでも国家機密である。米国旧陸軍省がトップシークレットだったENIACを公開したのは1946年2月のことだった。

本質的に、ENIACは高速計算を実行するものだった。ENIACが計算した砲撃射表の問題とは、たとえば105mm榴弾砲をどの角度で発射すれば700ヤード離れた標的に命中するかといったもので、新しいゴルフボールの設計や全米ゴルフ協会（USGA）によるボールのテスト、ゴルフショップのゴルフシミュレータに使われるゴルフボールの弾道計算にとてもよく似ている。ゴルフボールの弾道計算は、ゴルフ用レーザー距離計が傾斜を考慮して調整済みの距離情報を示すための基礎とな

る。距離計にはカップまでの直線距離も表示されるが、現在の地点とカップの高低差を考慮して調整された実質的な距離も表示される。ENIAC の登場でコンピュータ時代の幕開けとなった 1940 年代の砲撃射表は、同じように高低差、風速、気温、大気圧などによって調整されていて、軍事作戦に欠かせないものとなっていた。

　1946 年 4 月に発行された『ポピュラーサイエンス』誌で、ライターのアレン・ローズは「人間がこれまでに作ったものはすべて数字を使わなければ作れなかった（中略）。(ENIAC の) おかげで、たとえば空の旅が安くなり、無線が良くなり、マイクロ波の活用が普及し、モーターの効率が高まりそうだ。昔から人間を苦しめてきたほとんどの苦役に光速のコンピュータの力を借りれば、今日は単なる方程式でも明日には宇宙船に化けるかもしれない」と述べている。ENIAC という 30 トンの電子機器が指の爪ほどのサイズのチップにまで小型化し、その数千倍の速度で計算できるようになるとはだれも予想していなかったが、ENIAC の実演を初期に見た女性計算士のひとりは「5 に 1,000 を掛けるためにこれだけの装置が必要だということに驚きました」と発言している。

　1946 年春にロスアラモスの研究所で開かれた会合で ENIAC の最初の試験結果が発表された。出席者のひとりに数学者スタニスワフ・ウラムがいた。彼は南カリフォルニア大学で数学教授を務めたあとに再びこの研究所に戻っていたのだ。ウラムはキャンフィールドソリティアというトランプゲームが好きで、暇なときにゲームの勝率を計算しようとしていた。組み合わせ解析を使って答えを導き出そうとしたが方程式が複雑すぎて手に負えず、何か現実的な解決策はないかと考えた。この会合で、彼はこの新たに登場した素晴らしい計算機で数百通りのソリティアの手を「プレー」するようにプログラムして、何通りの手で勝てるかを数えさせればいいと気づいた。

左からジョン・フォン・ノイマン、リチャード・ファインマン、スタニスワフ・ウラム（1949 年頃撮影）
提供：Melanie Jackson Agency, LLC

　シミュレーションによって、ソリティアで勝つ可能性はおよそ 30 回に 1 回だとわかっ

第 4 章　シミュレーションの威力　089

た。

　ウラムは自分のアイデアを数学者ジョン・フォン・ノイマンに伝え、同じ手法を使えば、不規則な出来事の連続を扱う数理物理学の重要な問題も解けると話した。彼らは協力して水素爆弾の開発に欠かせない中性子拡散を伴う問題を計算する計画を立てはじめた。ウラムの叔父はモンテカルロのカジノでよくギャンブルに興じていた。不規則なプロセスと運に左右されるゲームが似ていることから、シミュレーション手法はモンテカルロ法と命名された。

　プログラムは、企業会計機械で長く使われていたおなじみのIBMの紙カード読み取り装置を使ってENIACに入力された。IBMは1947年に、この新しく発明された機械を自社の製品ラインナップに加えるかどうか判断するための調査を開始した。結論としては「全米の計算需要を満たすには6台の電子計算機で十分」として否定された。言うまでもなく、その後IBMは方針を変えて1952年に世界で初めて大量生産された電子計算機IBM 701を開発した。ランド研究所はその翌年にIBM 701を取り入れた。リチャード・ベルマンがランド研究所に魅力を感じたのはそのためでもある。

ジョン・フォン・ノイマンが1947年3月に記した、いまではモンテカルロシミュレーションと呼ばれている「統計的手法」を使って中性子拡散の問題に取り組む計画を明かした11ページの手紙の最初と最後の部分。この計画で電子計算機によるシミュレーションが初めて使われた。

スクランブル方式のシミュレーション

　ソリティア、中性子拡散、ゴルフのショットにはひとつの共通点がある。それは変動性だ。ソリティアで2回同じ手になる可能性がきわめて低いのと同じように、ゴルフのショットが2回まったく同じ弾道で飛ぶことはまずない。ゴルフでショットを打つ場合、ヘッドスピード、クラブの軌道、入射角が変わればボールの弾道が変わる。モンテカルロ法を使うと、各ホールでスコアの差を生むショットの変動性をシミュレートできる。現代のコンピュータの計算速度と、ウラムとフォン・ノイマンが生み出したモンテカルロ法を組み合わせれば、数千回のショットをシミュレートしてワーストボール方式のプロとベストボール方式のアマチュアではどちらが勝つかという疑問に答えられる。

　アンケートをとったところ、ほとんどのゴルファーはプロが勝つだろうと答えた。結果を教える前に、まずは「プロ」と「アマ」と名づけた2人の架空のゴルファーによるコンピュータでシミュレートした2ホール分のプレーを見てみよう。大学院生のソンミン・コと共同開発したシミュレーションプログラムを使用する。2ホールでどのようなことでも起こり得るが、プレーを見ることでスクランブル方式の仕組みがよくわかり、どんな結果になりそうか少しつかめるだろう。

　さて、プロとアマは狭いフェアウェイの両側に木が立ち並び、グリーンの傾斜が複雑で難しい6,500ヤードのコースで対決する。1番ホールは距離のないロングホールで、プロはドライバーで300ヤード飛ばして狭いフェアウェイをとらえた。2回目のティーショットは310ヤード飛ばしたが左のラフにこぼし、次のショットでは木が邪魔になるかもしれない。同じティーからアマは慎重に構えて210ヤードと本人にしてみればよく飛ばしてフェアウェイをとらえた。もう1回のティーショットは右サイドの木に当たり、150ヤードしか飛ばなかった。アマは迷わずフェアウェイのボールを選択。ユーティリティでフェスキューのラフを越え、カップの90ヤード手前まで運んだ。1回目のショットを無難な場所まで運んだため、もう1回はフェアウェイウッドで打ったが、トップしてフェスキューのラフに打ち込んだ。

アマは第 2 打でプロのティーショットを越えたため、プロの 2 回の ショットを見比べてラフにあるボールを選択。プロの残り距離は 165 ヤードしかないが、前の木が邪魔になるためグリーンを狙うにはドローをかける必要がある。プロはナイスショットでカップまで 20 フィートにつけ、イーグルパットを残した。再び同じ地点から打つが、今度はドローがかかりすぎてグリーンの左に外した。

次はアマがプレーする番である。ピッチングウェッジで打った 1 回目のショットはダフリ気味。ガードバンカーは越えたがグリーン手前のラフに打ち込んだ。2 回目はグリーンに届き、カップの 45 フィート手前につけた。

プロは厄介なラフからの第 3 打でロブウェッジを使い、カップまで 9 フィートに寄せた。もう 1 回のショットはカップまで 3 フィートに寄せたため、このショットは無駄になった。アマは最初のパットを強く打ちすぎてカップを 7 フィートオーバー。2 回目は逆に弱すぎて 4 フィートショートした。

プロの 9 フィートのバーディパットはカップをオーバー。2 回目のパットも外したが、どちらも 1 フィート以内に寄せた。2 回タップインしてパーをセーブ。アマは 4 フィートのパットを 1 回目で決めたため、2 回目は打つまでもなく、両者パーでホールアウトという結果になった。

2 番ホールは 220 ヤードの打ち下ろしのショートホール。プロは 2 回ともティーショットをグリーンに乗せたが、ワーストボールはカップまで 50 フィート。アマは 2 回ともドライバーを使い、1 回はラフに打ち込んで 1 回はフェアウェイに止めた。どちらもカップの 30 ヤードほど手前である。アマはフェアウェイのボールを選んで次のショットは 2 回ともグリーンに乗せ、カップまでの距離は 40 フィートと 15 フィートだった。

距離があるため先にプロがパッティングし、1 回目をカップまで 6 フィート、2 回目をカップまで 2 フィートに寄せた。6 フィートのパーパットは 1 回目を外して 2 回目を沈めた。残り 1 フィートから 2 回とも沈めて 3 パットのボギー。アマは 15 フィートのパットを 2 回とも外したが、次のパットを沈めて 2 パットのボギーとなった。2 ホールを終

えて、プロとアマはともに1オーバー。このスクランブル対決は接戦のまま進み、ともに同じ78というスコアでフィニッシュした。

シミュレーションの利点は、無数の可能性を挙げて最も可能性が高い結果を導き出せる点にある。わたしたちのシミュレーションプログラムで数百ラウンド分の対決をおこなったところ、引き分けなかったとしてもプロとアマが勝つ確率はほぼ半々だった。1ラウンドの平均スコアはともに78前後である。

プロが超一流選手であれば、勝つ確率は半分以上になる。実際の対決でアマチュアがプロに対抗できるとは思わなかったし思えなかったかもしれないが、平均的なツアー選手と平均的な90プレーヤーであれば、このスクランブル方式の対決でほぼ互角に戦えることがシミュレーションからわかった。

驚いただろうか。ワーストボール方式でプレーするプロの各ショットがどれだけ大変か考えてみよう。どの地点からでも同じ質のショットを2回打つ必要がある。平均的なツアー選手のフェアウェイキープ率は63%であり、2回ともフェアウェイをキープできる確率はわずか40%になる。アプローチでグリーンに乗せるには2回ともうまく打つ必要があるが、これはラフから打つ確率が高くなるほど難しくなる。ツアー選手がバンカーから寄せワンを決められる確率はおよそ半分であるため、ワーストボール方式だと4回中1回未満となる（実際には、2回のショットを打つ必要があるため、この方式でプレーするプロはサンドセーブ率が20%を切ることもある）。10フィートのパーパットを沈めても、もう1回沈めないと意味がない。

結果としてプロは1ラウンドあたりのパット数が約4回増えることになる。《ショットリンク》データによるとプロはおよそ5ホールに1回バーディを取る。各ホールのワーストスコアを選択していくと、大雑把に言って25ホールに1回しかバーディが取れなくなる。こうした要因が重なり、ワーストボール方式のプロの平均スコアは78という結果になるのだ。

プロは高い確率で素晴らしいショットを打つのだから、ワーストボール方式でプレーしてもあまりスコアは悪くならないように思える。アマ

チュアはミスショットが多く、続けてミスをすることも少なくないため、ベストボール方式でプレーしてもそれほど意味がないと思うかもしれない。だがどちらも思い違いである。表4.1は実力の異なるゴルファーがさまざまなスクランブル方式でプレーして互角に戦える可能性の高い方法を示している。80プレーヤーが全ショットをベストボール方式でプレーすると1ラウンドの平均スコアは70になり、全ショットをワーストボール方式でプレーするプロに勝てる可能性が高い。もっと接戦にしたければ、プロがティーショットだけ2回のうちのワーストボールを選び、あとはワンボールでプレーすればいい。

　表4.1を見ると、ワーストボール方式で悪くなるスコアのほうがベストボール方式で良くなるスコアより大きい。ミスショットのほうがナイスショットよりスコアに与える影響がはるかに大きいのだ。

表 4.1　難しい6,500ヤードのコースをさまざまなスクランブル方式でプレーした場合の平均スコア。「すべて」の列は、本文で述べているようにすべてのショットでベストボールまたはワーストボールを選んでプレーした場合。「グリーン以外」の列はグリーンに乗るまではベストボールまたはワーストボールを選んでプレーした場合。グリーンに乗せたらワンボールでホールアウトまでパッティングする。「ティーのみ」は、各ホールでティーショットだけを2回打った場合。ティーショットでベストボールまたはワーストボールを選んだあとはワンボールでホールアウトまでプレーする。100プレーヤーがワーストボール方式でプレーすると拷問になるため、その結果は示していない。

ゴルファー	ワンボール	ワーストボール方式 すべて	ワーストボール方式 グリーン以外	ワーストボール方式 ティーのみ	ベストボール方式 ティーのみ	ベストボール方式 グリーン以外	ベストボール方式 すべて
PGAツアー選手	68	78	76	71	66	63	60
80プレーヤー	80	97	93	83	77	73	70
90プレーヤー	90	112	107	93	86	82	78
100プレーヤー	100	–	–	–	95	90	85

ベターボールのシミュレーション

　スクランブル方式でプレーした結果を1ホールごとにベストスコアと比較するといいかもしれない。2人1組でチームを作り、2人のうち良いほうをチームのスコアとする「ベターボール」と呼ばれる方式をご存じの人も多いだろう。2チームがベターボール方式で競う場合はより

正式に「フォアボール」と呼ばれる。

　表4.2はベターボール方式とワーストボール方式の平均スコアだ。90 プレーヤー2人のチームが各ホールで2人のうち良いスコアをチームのスコアにすると、チームの平均スコアは81となる。各ホールで2人のうち悪いスコアをチームのスコアにすると、チームの平均スコアは99となる。

　ひとりで2回のうち良いほうのショットを選びながらプレーするほうが、2人でチームを作って各ホールで2人のうち良いスコアを採用するより1ラウンドのスコアは良くなる。これを裏づけるように、表4.1と表4.2を見ると、90プレーヤー2人のチームが「各ショットのベストスコア」方式でプレーすると平均スコアが78になるのに対して、ベターボール方式に従った「各ホールのベストボール」方式でプレーすると平均スコアは81にとどまる。同じように、2回のうち悪いほうのショットを選びながらプレーするほうが、各ホールで2人のうち悪いほうのスコアを採用するよりスコアが悪くなる。表4.1と表4.2によると、90プレーヤー2人のチームが「各ショットのワーストスコア」方式でプレーすると平均スコアが112になるのに対して、ベターボール方式に従った「各ホールのワーストボール」方式でプレーすると平均スコアは99に収まる。

表 4.2 2人1組のチームがベターボール方式とワーストボール方式でプレーした場合の平均スコア。ベターボール方式では各ホールで2人のうち良いスコアを集計する。ワーストボール方式では各ホールで2人のうち悪いスコアを集計する。

ゴルファー	ワンボール	2人で1チーム ベターボール	2人で1チーム ワーストボール
70 プレーヤー	70	64	76
80 プレーヤー	80	73	87
90 プレーヤー	90	81	99
100 プレーヤー	100	89	111

なぜシミュレーションの結果を信頼できるのか

　コンピュータ内のシミュレーションモデルでは現実を単純化せざるを得ないため、結果を検証する必要がある。本書でのシミュレーション結果は、スコア、標準的な統計（パット数、フェアウェイキープ率、ドライビングディスタンスなど）、実際の《ショットリンク》データから抽出したショットパターンと照合しながら確認している。カップまで150ヤードのラフからのショットをシミュレートする場合は、打ったあとの平均残り距離がデータと一致することを確認する。180ヤードのショートホールでスコアが一致することを確認し、30ヤードからのサンドセーブ率が一致することを確認し、40フィートからの3パットの確率が一致することを確認する。これらはほんの一例だ。シミュレーションの結果が標準的なラウンドと一致することが確認できているため、表4.1が実際にスクランブル方式で対決する場合にも起こり得る結果であると自信を持って言える。図4.1は、90プレーヤーによるミドルホールのプレーを簡単にシミュレートしたものだ。

　もちろん、実際の結果はさまざまな要因によって変わるかもしれない。たとえば、6,500ヤードのコースならば90で回れるアマチュアが7,100ヤードのチャンピオンコースを使ってスクランブル方式でPGAツアー選手と対決すると、プロが有利になる。シミュレーション結果によると、90プレーヤーがベストボール方式でラウンドする場合の平均スコアは82、プロがワーストボール方式でラウンドする場合の平均スコアは80となる。

　その他に、コース内のハザードの数や種類、フェアウェイの幅、天候、コースのセッティングなどによっても結果は変わる。ゴルファーのタイプは人それぞれで、同じ90プレーヤーでも人によって結果が少し違う。90プレーヤーのなかには、ドライバーはよく飛ぶがショートゲームが苦手な人もいれば、あまり飛ばないが安定性が高くてパッティングがうまい人もいる。スクランブル方式の対決というプレッシャーを楽しめる人もいれば楽しめない人もいる。スクランブル方式でのスコアに影響を与える要素は数多くあるが、シミュレーション結果からどのようなこと

図 4.1 90 プレーヤーによるミドルホールのプレーのシミュレーション。実際にはひとつのホールのプレーを数百回、数千回シミュレートしてフェアウェイキープ率、OB 率、平均スコア、バーディやパーやボギーの確率、その他の関連データを計算している。シミュレーションモデルは実際のデータから作ったものだが、これを使って、たとえばもっと距離の長いホールや短いホール、フェアウェイの幅がもっと広いホールや狭いホールなど、まったく新しいホールでのプレーも分析できる。

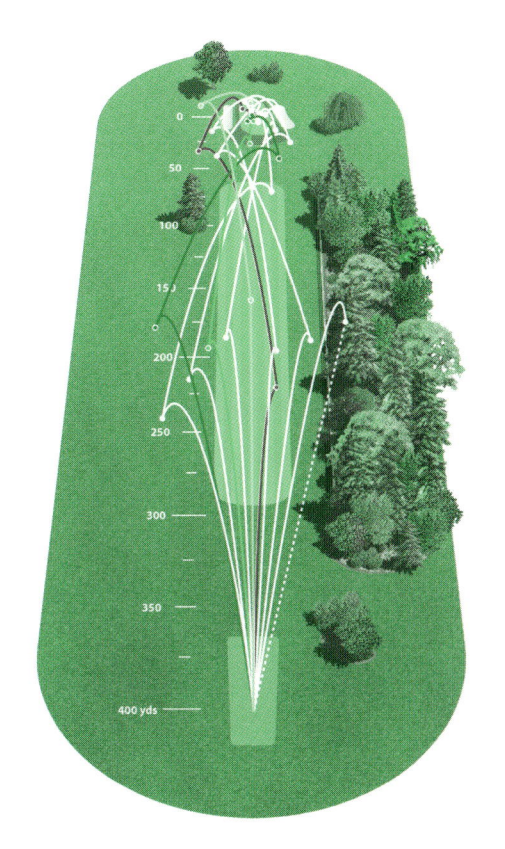

が起こり得るかがよくわかる。

　表4.1 は、さまざまなプレーや練習をする際の基準値として役に立つ。ワーストボール方式とベストボール方式は、ハンディキャップを決めて勝負する代わりに採用すると楽しくプレーできる。こうしたスクランブル方式はホールごとのベストボール方式またはワーストボール方式と組み合わせることもできる。たとえば、80 プレーヤー 2 人と 100 プレーヤー 2 人の 4 人でラウンドするとしよう。2 人の 100 プレーヤーがベストボール方式でプレーすると平均スコアは 85 になる。2 人の 80 プレーヤーがホールごとのワーストボール方式でプレーすると平均スコアは 87 になる（したがって若干不利である）。

　ワーストボール方式とベストボール方式は練習方法として優れていて、良い気分転換になる。ルーク・ドナルドは練習としてワーストボール方

式にアレンジを加えた方式でよくプレーしている。ワーストボール方式が練習方法として優れているのは、実戦並みの集中力、忍耐力、安定性が試されるからだ。コース上でリスクの大きいショットを選択しがちなゴルファーであれば、その癖を直すのに役立つかもしれない。プレッシャーが大きくなり、全ショット、全パットで集中しなければならない。ホールアウトまでこの方式でプレーするのが難しければ、グリーンに乗せてからはワンボールでプレーするか、もっとお手軽にはティーショットのみ2回打ってワーストボールを選べばいい。ベストボール方式でプレーしながら練習するのはとても楽しいだけでなく、自信をつける方法としても優れている。ミスショットを減らせばどこまでスコアを縮められるのかがわかる。

　伝説的な選手であるベン・ホーガンはワーストボール方式でプレーしてメジャー大会に備えたそうだ。グレッグ・ノーマンは全盛期にワーストボール方式で練習していた。「2つのボールでプレーして、常に悪いほうのボールを打たなければならない。したがってドライバーでナイスショットをしたら、もう1回のドライバーショットもうまく打たなければならない」とノーマンは語っている。「ベストスコアは72だったと記憶している。本当に集中力がつく」。本書のシミュレーションによると、平均的なツアー選手がチャンピオンコースをワーストボール方式でプレーすると平均スコアは80前後になる。ワーストボール方式で最も良いスコアは平均よりおよそ8打良いため、ワーストボール方式でのノーマンの72というベストスコアはシミュレーションの結果とぴったり一致している。

　殿堂入りのゴルファー、ラニー・ワドキンスは1977年の全米プロゴルフ選手権をはじめとしてPGAツアーで通算21勝を挙げた。彼は世界ゴルフランキングが開始された1986年から1989年までトップ10以内を86週にわたってキープした。ワドキンスは実業家ジム・リークからワーストボール（プロ）/ベストボール（アマチュア）方式での勝負を挑まれた。この対決についてはリークの著書『Reflections of a Society Gambler』に記されている。リークのハンディキャップは8で、6,500ヤードのコースでの平均スコアは85前後だった。シミュレーション結

果によると、この対決では世界の一流選手が相手でもリークのほうに分がある。この対決はダラスのプレストントレイルゴルフクラブでおこなわれた。100人を超えるギャラリーが2人のあとをついて回り、3万ドル以上がこの対決に賭けられたとも報じられている。

　1回きりの対決では何の証明にもならないが、シミュレーション結果の信頼性を左右する場合はある。結果はというと、リークが17番ホールの時点で2ホールアップの勝利を収めた。彼はベストボール/ワーストボール方式について「この方式ではハンディキャップ8のアマチュアのほうが世界の一流選手よりかなり有利である」と記した。リークはアマチュアが勝つほうに「かなり莫大な金額」を喜んで賭けると話した。わたしも彼が負けるほうには賭けないだろう。

"選手交代"方式　ロングゲームとショートゲーム

　100ヤード以上の全ショットをPGAツアー選手に任せた場合と100ヤード以内の全ショットをPGAツアー選手に任せた場合では、どちらがスコアが良くなるだろうか。このように100ヤードを境にパートナーと交代する方式を"選手交代"方式と呼んだりする。この方式でプロとチームを組むのは実に楽しい。プロはどんなショットもアマチュアよりうまい。ティーショットは真っすぐ遠くまで飛び、アプローチはカップに寄り、寄せワンの確率も高く、パットを決める確率も高い。

　だがプロとアマチュアのスコアの差は、ロングゲームとショートゲームのどちらによるところが大きいのだろうか。"選手交代"方式は、実際のプレーでもコンピュータシミュレーションでのプレーでも、ロングゲームの重要性を調べるのに適している。自分で選べるとしたら、プロがロングゲーム、アマチュアがショートゲームを担当する「プロ（ロング）/アマ（ショート）」チームとアマチュアがロングゲーム、プロがショートゲームを担当する「アマ（ロング）/プロ（ショート）」チームのどちらを選ぶだろうか。

　スポーツメンタルトレーナーのボブ・ロテラがどちらのチームを選ぶかはきわめてはっきりしている。ロテラはゴルフ選手のメンタル面をサ

ポートし、彼のもとを訪れる選手のなかにはトム・カイト、アーニー・エルス、デービス・ラブ3世、パドレイグ・ハリントン、キーガン・ブラッドリーといった有名選手もいる。彼は著書『私が変わればゴルフが変わる』のなかで、トム・カイトとアマチュア"ダッファー"が"選手交代"方式のような対決をしたと記している。ロテラは「トムが"ダッファー"のあとに打つほうが"ダッファー"がトムのあとに打つよりスコアが良くなるほうに賭けたい」と述べている。たいていのハンディキャップ20のアマチュアは、ショートゲームがニック・プライス並みにうまくなれば「スコアが90台から70台に縮まる」とロテラは言う。

どちらのチームが勝つか考えるのは楽しいが、わたしにとっては、先入観を持たずに実際のデータを使って分析し、客観的な答えを出すことのほうが興味深い。どちらが勝つか知りたければ、数人ずつのプロとアマチュアに頼んで"選手交代"方式でプレーさせて結果を確認すればいいのは明らかだ。確固たる結果を得るには何人ものゴルファーが必要になるが、『ゴルフ』誌のコネル・ベネットはまさにこうした実験を試みた。

ペルハムカントリークラブでおこなわれた1923年の全米プロゴルフ選手権に優勝したジーン・サラゼン。
©Bettmann/CORBIS

コネルとわたしはペルハムカントリークラブで2人のPGAクラブプロと2人のアマチュアによる"選手交代"方式での対決をお膳立てした。同カントリークラブは1923年に全米プロゴルフ選手権がおこなわれたことでよく知られている。この1923年の大会では36ホールのマッチプレーでおこなわれた決勝戦を同時代の最高の2人の選手、ウォルター・ヘーゲンとジーン・サラゼンが争い、多くの人からPGA史上最も劇的な試合だったと考えられている。2人は午前中の18ホールを終えて引き分けていた。ヘーゲンは2ホールダウンから3ホール

で追いつき、サドンデスに突入した。38ホール目にサラゼンが深いラフから現在の9番アイアンにほぼ相当するニブリックというクラブでショットし、2フィートに寄せて優勝のかかるバーディパットを迎えた。後にマッチプレーでのヘーゲンとの戦いについて尋ねられたサラゼンは「ヘーゲンはリカバリーショットが素晴らしく、グリーン上でもうまいが、ショットメーカーとしてはわたしのほうが彼より優れているとわかっていた。グリーンに乗せるまでのプレーで彼を上回れば勝てるかもしれないと思った」と話している。

わたしたちがお膳立てした対決は、ペルハムカントリークラブのヘッドプロであるマイク・ディフリーとアシスタントプロのデニス・ヒルマンの勝負だった。ディフリーはジーン・サラゼンが1925年に優勝したのと同じメトロポリタンオープン(当時はメジャー大会のひとつだった)を1991年に制している。ヒルマンは1990年の全米ジュニアアマチュアの準決勝では14歳のタイガー・ウッズという少年を打ち破った。

ゴルフで「タイガー・ウッズ数」といえば、自分とタイガー・ウッズとのつながりを示す最小数を指す。わたしはデニス・ヒルマンと対決したことがあり、デニスがタイガー・ウッズと対決したことがあるおかげで、わたしの「タイガー数」は2である。とはいえ、ゴルフでは推移関係というものが成立しない。わたしがデニスに一度勝ったことがあり、デニスが一度タイガーに勝ったことがあるからといって、わたしがタイガーに勝てる見込みは限りなく低い。タイガー数については、全米ゴルフ協会のハンディキャップ制度作りに力を貸したフラン・シェイドが執筆した小冊子で詳しく説明されている。

さて、"選手交代"方式での対決に話を戻そう。2人のアマチュアは、医師で作家のルー・アロン(ハンディキャップ16)と大学院生のケン・チャウ(ハンディキャップ17)である。コイントスの結果、マイク・ディフリーとルー・アロンが「プロ(ロング)/アマ(ショート)」チーム、ケン・チャウとデニス・ヒルマンが「アマ(ロング)/プロ(ショート)」チームとなった。マイクとデニスにとってはロングゲーム対ショートゲームの対決ではなかった。互いにプライドを賭けていたのだ。マイクは「ホームコースだから全部パーオンしてカップに寄せる」と自信満々

に話した。デニスも負けじと「どこからでも寄せワンを決める」と返した。

　この「100ヤードで交代」方式がよくわかるように、いくつかのホールを取り上げてから9ホールの対決がどのような結果になったかを紹介しよう。暑い夏の日の午後に、ペルハムの距離のない打ち下ろしの10番ショートホールから2チームはスタートした。マイクはショートアイアンで素晴らしいショットを放ち、硬いグリーンに乗せて18フィートに寄せた。ケンのティーショットはグリーンに落下したがスピンがかからずグリーンからこぼれて、デニスに難しい10ヤードのバンカーショットが残った。この時点では「プロ（ロング）/アマ（ショート）」チームが有利である。デニスがバンカーからパーセーブを逃す確率のほうが、ルーが3パットする確率より高い。デニスは力強くスイングしてボールをグリーンに乗せ、しっかりスピンをかけてカップまで6フィートに寄せた。ルーは慎重にパッティングして2フィートショートしたが、これをタップインしてパーをセーブ。デニスは落ち着いて6フィートのパットを沈め、このホールは引き分けとなった。

　16番ホール、マイクはフェアウェイのバンカーまで届かないように3番ウッドを選択。ドライバーで打ったケンはどうにかバンカーを避け、フェアウェイ右サイドをとらえた。マイクは続いてアイアンでもナイスショットして、グリーンに乗せてカップまで10フィートに寄せた。ケンは小さな池を越える135ヤードのショットだったが、右側の木が少し弾道にかかりそうだった。ケンはミスをして池に打ち込んだ。「最悪だ、ダフったよ、ひどいスイングだな」とケンはつぶやいた。罰を受けたあともデニスにはラフからカップまで95ヤードの距離が残った。このホールではデニスの素晴らしいショートゲームが影を潜め、ルーが楽々と2パットでパーをセーブし、「プロ（ロング）/アマ（ショート）」チームはこのホールだけで3打差をつけた。

　最終ホールへは「プロ（ロング）/アマ（ショート）」チームの2打リードで突入。18番ショートホールでマイクは見事175ヤードのアイアンショットを放ち、カップまで9フィートに寄せた。再び池越えのショットに臨んだケンは、今度は池を越えてグリーンに乗せたものの、

カップまで27フィートの距離を残した。このホールでもこの時点ではやはり「プロ（ロング）/アマ（ショート）」チームが有利だったが、デニスは自信を持って27フィートのパットを沈めてバーディを奪った。ルーはバーディパットをうまく打ったものの9フィートのパットはカップに蹴られて外れた。「プロ（ロング）/アマ（ショート）」チームはこのホールで1打返されたものの、9ホールの対決を1打差で制した。

　この1回の対決は"選手交代"プレーの真実をわずかに明らかにするだけだ。確固たる答えを得るには何度も対決してロングゲーム対ショートゲームの対決でどちらが勝つ可能性が高いかを判断する必要がある。多くのプロやアマチュアに本当に対決させる代わりに、次善策を講じた。プロやアマチュアによる実際のショットのデータベースを使い、何度も対決をシミュレートしたのだ。プロの数千回のロングゲームとアマチュアの数千回のショートゲームをペアにして「プロ（ロング）/アマ（ショート）」のラウンドをコンピュータでシミュレートした。同じように、本物のアマチュアによる数千回のロングゲームとプロによる数千回のショートゲームを使い「アマ（ロング）/プロ（ショート）」のラウンドをシミュレートした。

　数百ラウンドをシミュレートした結果、ロングゲーム（カップまで100

表4.3 アマチュアとPGAツアー選手が組んだチームの平均スコア。「プロ（ロング）/アマ（ショート）」はPGAツアー選手がカップまで100ヤード以上のロングゲームを担当し、アマチュアがカップまで100ヤード以内のすべてのショットを担当した場合。6,500ヤードのコースでPGAツアー選手がロングショットを、90プレーヤーがショートゲームを担当すると、平均スコアは74になる。だが同じコースで90プレーヤーがロングゲームを、PGAツアー選手がショートゲームを担当すると、平均スコアは81と7打悪くなる。どの場合でも「プロ（ロング）/アマ（ショート）」チームのほうが「アマ（ロング）/プロ（ショート）」チーム」より平均スコアが良い。アマチュアの平均スコアが悪いほどその差は大きくなる。「プロ（ロング）/アマ（ショート）」チームのリードは7,200ヤードのコースのほうが大きい。

	6,500 ヤードのコース			7,200 ヤードのコース		
アマチュア	プロ（ロング）/アマ（ショート）	アマ（ロング）/プロ（ショート）	差	プロ（ロング）/アマ（ショート）	アマ（ロング）/プロ（ショート）	差
80 プレーヤー	70	74	4	73	78	5
90 プレーヤー	74	81	7	77	86	9
100 プレーヤー	77	87	10	80	93	13

ヤード以上の地点からのショット）のほうがショートゲームよりプロとアマチュアのスコアの差に大きな影響を与えることが明らかになった。最終結果を表 4.3 でまとめている。PGA ツアー選手がカップまで 100 ヤード以上のロングゲームを担当したほうが 100 ヤード以内のショートゲームとパットを担当した場合よりアマチュアのスコアは良くなる。6,500 ヤードのコースでの平均スコアが 90 のアマチュアだと「プロ（ロング）/アマ（ショート）」チームのほうが「アマ（ロング）/プロ（ショート）」チームより平均スコアが 7 打良い。「プロ（ロング）/アマ（ショート）」チームのリードは 7,200 ヤードのコースだと 9 打まで広がる。プロがロングゲームを担当することによるメリットは 100 プレーヤーと組んだ場合さらに大きくなる。

> **ロングゲーム（100 ヤード以上のショット）のほうがショートゲームとパッティングよりプロとアマチュアのスコアの差に大きな影響を与える。**

　まだシミュレーション分析の結果に納得できないようであれば、この結果を裏づける直感的な理由をいくつか紹介しよう。手はじめにプロとアマチュアのロングゲーム全般を比較する。
- ロングホールの多くで PGA ツアー選手は 2 打でグリーンのそばまできて、グリーンに乗せることもある。たいていはバーディを狙えるしイーグルパットに挑むこともある。一方、ほとんどのアマチュアはカップまで 100 ヤード以内に近づくためにナイスショットを 3 回続ける必要がある。4 打以上を要することも多い。たいていはパーを取るのがやっとで、ボギーやダブルボギーを叩くことも少なくない。
- PGA ツアー選手はドライバーで 280 〜 350 ヤード飛ばし、平均飛距離は 290 ヤードを超える。90 プレーヤーの平均飛距離は 210 ヤード前後。プロはドライバーでショットするたびに大多数のアマチュアに対して 50 〜 100 ヤードを稼いでいる。
- プロはアマチュアに対して圧倒的な飛距離を誇りながらかなりの確率

でフェアウェイをキープする。プロはアマチュアよりドライバーを飛ばすだけではなく真っすぐ打てる。
- プロのアプローチの距離はアマチュアのおよそ半分。

 こうしたロングゲームの技量の差が積み重なってスコアに大きな差が生まれる。だがパッティングの技量の差はどうだろうか。

- プロもアマチュアも非常に短いパットはほとんど外さない。
- プロもアマチュアもロングパットはほとんど決められないため、プロがパッティングで稼ぐ打数は合計してもそれほど多くない。
- いくらアマチュアでもパットをOBゾーンに打ち込むことはまずない。

 確かにプロはアマチュアよりパッティングがうまいが、アマチュアがひとつのグリーンでプロに対して2打失うことはめったにない。ロングゲームでOBやロストボールになれば、アマチュアは簡単にプロに対して2打失う。プロはどんなショットもアマチュアよりうまいが、プロとアマチュアの差はロングゲームのほうがショートゲームとパッティングを合わせるより大きい。ひとつ注意すべきこととして、こうした結果はどのゴルファーにも当てはまるわけではない。ロングゲームはプロ並みにうまいがショートゲームに問題があるためツアーに参戦できないでいるアマチュアもいるはずだ。だがこうしたゴルファーは平均的な80プレーヤーや90プレーヤーではない。ロングゲームが「好調」のときのほうがショートゲームが「好調」のときよりスコアが良くなるとは言っていない。ロングゲームが普段通りでもパッティングが好調であればベストスコアを更新できるかもしれない。このシミュレーションは多数のプロとアマチュアを比較したもので、個別のアマチュアのロングゲームとショートゲームを比較したものではない。

 まだ疑わしいと思うなら、ショートゲームの達人として知られ、フィル・ミケルソンをはじめとするツアー選手のコーチを務めるデイブ・ペルツがわたしと同じ意見だと聞くと驚くだろう。ジョン・ポール・ニューポートはウォールストリートジャーナル紙で「ショートゲームがそれほど重要なはずがない」という記事を書き、わたしが挙げたロングゲームの重要性を示す証拠をいくつか紹介した。この記事の取材で彼はデイブ・ペルツから「どれかのショットがプロ並みにうまくなれるとし

第4章 シミュレーションの威力

たら、君なら何を選ぶ？　間違いなくロングゲームだろう」という話を引き出した。ウォールストリートジャーナルのウェブサイトのコメント欄で、ジョン・ポール・ニューポートは「ペルツとブローディは、ほとんどの人にとってスコアを縮める最も確実で最も効果的な方法はショートゲームの練習をすることだという点で同じ考えだ。理由はすぐに上達できるからである。ロングゲームがかなり上達するには数カ月、数年間の猛練習が必要だ。だがそれは、どのショットでパーや出場選手全体に対して最も多くの打数を失っているかということとは別の話である」と続けている。

カップを大きくするとどうなるか

　カップを大きくすると、パッティングが得意なゴルファーと苦手なゴルファーのどちらにとって有利だろうか。パッティングが得意なゴルファーはボールがカップに蹴られるなどして惜しくも外すことが多いのに対して、苦手なゴルファーは大きく外すことが多いと主張する人もいる。この主張によれば、カップを少し大きくするとパッティングが得意なゴルファーのほうが苦手なゴルファーよりカップインするパットが増えるため、パッティングが得意なゴルファーが有利ということになる。パッティングが苦手なゴルファーが有利になると考える人もいる。ルーク・ドナルドは、距離感が彼の大きな武器であって、カップを大きくするとその武器をあまり生かせなくなりそうだと話してくれた。カップを大きくすると、パッティングの有利さが損なわれるというのだ。

　ゴルフをもっと楽しく短時間でプレーできるように、ジャック・ニクラスは2011年9月にミュアフィールドビレッジで主催した大会でカップの直径を通常の4.25インチ（約10.8cm）から8インチに変えた。2011年3月のゴルフダイジェストWIDEオープンチャンピオンシップでは、テーラーメイドのCEO、マーク・キングの提案により直径15インチという巨大なカップが使われた。

　以前からカップを大きくすることが提案されることはあった。ジーン・サラゼンはパッティングが重要になりすぎていると考え、1933年

に直径8インチのカップを提案した。1896〜1914年の間に全英オープンを6回優勝したハリー・バードンは「本当にパッティングで結果が左右されすぎている」と語った。ベン・ホーガンも同じ考えだった。サラゼンとホーガンは、カップを大きくするとパッティングが得意な選手と苦手な選手の差が狭まり、パッティングの重要性を抑えられると思っていた。ジョニー・ミラーは2005年5月の『ゴルフダイジェスト』誌の記事で「カップを大きくすると、パッティングが得意なローレン・ロバーツ、タイガー・ウッズ、フィル・ミケルソンが毎週優勝争いをするだろう」と反対意見を述べた。

　4.25インチという現在のカップの直径はだれが決めたのか。1829年、マッセルバラゴルフクラブのゴルフ場管理者がその辺に転がっていた排水管を切ってホールカッターを作り出した。その排水管の直径がたまたま4.25インチだった。カップの大きさはそれからずっと変わっていない。英国ゴルフ協会の規則制定者が正式にこの大きさを採用したのは1891年のことである。

　カップを大きくした場合の影響についてどちらが正しいのだろうか。答えを出すにはシミュレーションが最適だ。シミュレーションでは、カップを大きくすると重力の影響が大きくなることを十分に考慮し、大きいカップだとパッティングのマネジメントが変わる点も考慮している。

　カップを大きくしてプロとアマチュアのパッティングを数千回シミュレートしたところ、ルーク・ドナルドとジーン・サラゼンのほうが正しいとわかった。パッティングが苦手なゴルファーのほうが得意なゴルファーより有利になる。直径8インチのカップでシミュレートした結果によると、平均的なプロはスコアが5打縮まり、90プレーヤーはスコアが6.5打縮まる（*1）。カップを大

息子のクリストファーが直径8インチのカップに向かってパッティングしている。

*1　詳しくは『2008年ウィンターシミュレーションカンファレンス議事録』に収録されているバンサルとブローディによる「カップのサイズとパッティングの影響を分析するシミュレーションモデル」を参照。

第4章　シミュレーションの威力　107

きくするとパッティングが得意なゴルファーと苦手なゴルファーの差は狭まるのだ。直感的に理解できるのは、パッティングが苦手なゴルファーのほうが改善の余地が大きいため有利になるという点である。プロは3パットがめったになく、18ホールのうち平均およそ7回が1パット、11ホールが2パットである。改善の余地があるとすれば2パットを何回か1パットにするだけだ。カップを大きくすると90プレーヤーは3パットがほとんどなくなり、1パットの回数がかなり増える。

　カップを大きくするとパッティングが得意なゴルファーと苦手なゴルファーの差が狭まり、パッティングの重要性が低くなる。カップを極端に大きくすれば、グリーンに乗った時点で全員スコアに1を加えてホールアウトすればよくなる。つまりパッティング天国と同じでパッティングがまったく重要ではなくなるのだ。

カップを大きくするとパッティングが苦手なゴルファーのほうが得意なゴルファーより有利になる。つまりカップが大きいほどパッティングの重要性が低くなる。

この章のまとめ

- コンピュータシミュレーションという手法を使えば、実際にデータを集めるのが難しい場合や費用がかかる場合、あるいはデータを集めるのが不可能な場合でも、コンピュータで現実のシステムを分析して結果を得ることができる。
- ショットをシミュレートすると、さまざまな実力のゴルファーがおこなう判断の結果を予測できる。
- シミュレーションにより、プロとアマチュアを分けるショットを見きわめられる。
- 90プレーヤーがベストボール方式でプレーするとワーストボール方式でプレーするプロとほぼ互角に対決できる。
- ワーストボール方式は集中力、忍耐力、安定性、コースマネジメントの練習をするのに向いている。
- ベストボール方式でプレーすれば自信がつき、楽しくプレーしながらスコアを縮めることができる。
- シミュレーションによって、ロングゲームはショートゲームとパッティングを合わせたよりもプロとアマチュアのスコアの差に大きな影響を与えていることがわかった。
- カップを大きくするとパッティングが得意なゴルファーと苦手なゴルファーの差が狭まる。

第5章

Chapter5

ティーショットで稼いだ打数〈SGD〉
グリーンに乗せるまでのショットを測定する

　リー・マキロイは2012年のPGAツアープレーヤーオブザイヤーに選出された。彼はメジャー1勝を含む3勝を挙げ、トップ10フィニッシュ10回（同年のトップ10フィニッシュの最多タイ）、ツアーでの最少平均スコアを記録し、賞金ランクも1位になった。だが指標を見ると、彼がなぜそれほどの成績を挙げられたのかわからなくなる。その年のトータルドライビング、パーオン率、パッティングで稼いだ打数（SGP）という3つの主な統計ではトップ50にさえ入っていないのだ。なぜロリーはこの年にこれだけ素晴らしい成績を残しながら、ティーショットを打つ、グリーンに乗せる、ボールをカップに沈める、という統計でカバーされる標準的なデータで平凡な数字しか残していないのだろうか。

　標準的な指標は技量とスコアを結びつけることに関していくつかの問題がある。ひとつは情報が失われることだ。フェアウェイを外した回数だけを記録すると、バンカー、ラフ、池、OBゾーンのどこに打ち込んだのかという情報が失われる。グリーンオンだけを記録すると、ショットをカップにどれだけ寄せたかという情報が失われる。もう少し細かい話をすると、標準的な指標の多くは平均値で、平均化する過程で情報が失われている。カップまでの平均距離が同じ2人の選手がいたとしても、それぞれのショットがスコアに与える影響はまったく違うかもしれない。たとえばショットにばらつきのある選手が2回のショットをカップまで2フィート（約60cm）と28フィート（約8.5m）につけ、安定性の高い選手が2回ともカップまで15フィートにつけたとする。どちらもカップまでの平均距離は15フィートだが、ショットにばらつきのある選手は2フィートのパットをカップインする可能性が高く、スコアの面では明らかに有利である。

標準的な指標のもうひとつの問題が「通約不可能性」である。これは、ヤードが単位のドライビングディスタンスと回数が単位のパット数など、異なる単位で測定される指標同士を比較できないことを意味する言葉である。「トータルドライビング」という指標はドライビングディスタンスの順位とフェアウェイキープ率の順位を足し合わせてティーショットの腕前を測定しようとしているが、問題を解消するどころかもっと大きな問題を生んでいる。飛距離の順位と精度の順位を同等に扱うのはいかがなものか。2つの順位を足し合わせても数学的には意味がない。50位の選手と70位の選手では順位が20違うが、それは1位の選手と21位の選手でも同じである。だが通常は1位の選手と21位の選手のほうが50位の選手と70位の選手より実力の差が大きい。ロリー・マキロイはドライビングディスタンスは5位だったものの2012年のフェアウェイキープ率が156位だったためにトータルドライビングでは下位に沈んでいる。

「稼いだ打数」という指標は、各ショットの質を追跡し、ショットの質を打数という共通の単位で測定することにより、こうした問題をすべて解消している。パッティングに関して稼いだ打数をどのように計算するかはすでに紹介した。この章では「稼いだ打数」という指標の概念をグリーンに乗せるまでのショットまで広げる。この指標を通してロリーが活躍した1年を見ると、稼いだ合計打数が1位（最少平均スコアを記録したことと一致する）、ティーショットで稼いだ打数が2位、アプローチで稼いだ打数が2位、ショートゲームで稼いだ打数が35位、パッティングで稼いだ打数が73位だった。稼いだ打数のおかげで、ロングゲームがロリーにとって素晴らしいシーズンの最大の要因であったことが明らかとなる。この章では「稼いだ打数」指標の背景にあるシンプルな概念を説明し、いかに直感に従っていて、簡単に計算できるかを示そう。

　良い指標の条件とは何だろうか。
　ゴルフの場合、どの選手が一番飛ぶのかを知りたければ、まずはドライビングディスタンスを見ればいい（*2）。だがゴルフの試合はドラコン大会ではない。ドライビングディスタンスはスコアに間接的な影響を与える要素のひとつでしかない。もっと便利な指標があるとすれば、

ティーショットがどれだけスコアに影響を与えているかを示すものだろう。知りたいのはティーショットが「一番優れた」ツアー選手であって「一番飛ぶ」ツアー選手ではない。この章で説明する新しい指標、「ティーショットで稼いだ打数（strokes gained driving：SGD）」がまさにそれだ。

その他の稼いだ打数の指標でも技量をスコアに結びつけた同様の疑問に答えられる。90プレーヤーと80プレーヤーを分ける10打差はどこで生まれるのか。超一流選手と平均的な選手を分けるのは何なのか。バンカーショットが一番うまいツアー選手はだれか。稼いだ打数を使えばパッティングにとどまらず、あらゆるショットの質を測定することでこうした疑問に簡単に答えられそうだ。しかも「稼いだ打数」はシンプルで直感的、強力な統計である。シンプルなのは引き算だけで計算できるためで、直感的なのは答えがとても理にかなっているためだ。そして強力なのはあらゆるショットを正確に測定できるためである。

「稼いだ打数」もデータに含まれる内容に制限されるという意味においては、完璧な指標ではない。アプローチをディボット跡から打ったのか、ボールが池の岩に当たって跳ねてグリーンに乗ったのか、バンカーでボールが足跡のなかにあったのか、といったことは記録されない。とはいえ、そうした情報はパーオン率、サンドセーブ率などの標準的な指標でも考慮されない。スパイクマークで調整した平均パット数、木での跳ね返りで調整したフェアウェイキープ率といった指標など存在しない。データになければ指標に取り入れることはできない。だが《ショットリンク》のプロのデータと《ゴルフメトリクス》のアマチュアのデータでは、ショットをどこからどこまで打ったかという指標で最も重要な情報が集められている。情報を増やせば稼いだ打数を調整して改良できるだろうが、現在のデータでもスコアへのティーショットの貢献度を計算するには十分である。

---

*2　このシンプルな指標にも問題がある。PGAツアー選手がハワイのカパルアにあるプランテーションコースでプレーすると、高低差や風のおかげで他のコースより400ヤード超えのショットが増える。平均ドライビングディスタンスという指標は、コースの違いや天候状況といったドライビングディスタンスを大きく左右する条件を考慮して改良する余地がある。

「稼いだ打数」の仕組み

　友人のジェイソン・デイの類い稀なるミスをおおっぴらにするのは申し訳ないが、2011年にカパルアでおこなわれたヒュンダイトーナメントオブチャンピオンズの13番ミドルホールでの彼が打った4回のショットを評価すれば、稼いだ打数の仕組みがわかる。ジェイソンはその前年にHPバイロン・ネルソン選手権に優勝したおかげでこの試合に出場できた。2011年終盤にはマスターズと全米オープンで2位に入り、23歳にして世界ランク7位になった。ジェイソンの素晴らしい才能は長年コーチを務めるコリン・スワットンに磨かれたもので、コリンはこの日ギャラリー席で観戦していた。

　カパルアの13番ホールは400ヤード弱で、このホールでのPGAツアーの平均スコアは4打である。2011年のその日、そのホールでジェイソンはプロしからぬティーショットを放った。ドライバーはボールの数センチ手前の芝に当たり、ボールは地を這う大トップとなって116ヤード先のフェアウェイに止まったのだ。アマチュアがこのようなショットを打てば腹を立て、いらいらして落胆し、狼狽して顔を真っ赤にするだろうが、テレビで解説していたニック・ファルドはジェイソンが「大笑いしているよ」とコメントした。

　あまりに珍しいショットだったので、つい笑ってしまったのだ。カップまで278ヤードを残したフェアウェイからのジェイソンの第2打はカップの62ヤード手前のバンカーに着地した。そのバンカーから、グリーンの奥に切られたカップに向かって打ってボールをグリーンに乗せ、カップまで17フィートにつけた。そのパットを沈めてパーをセーブ。厳しい状況からパーセーブできたのはジェイソンの精神力によるところが大きく、前のショットを忘れて次のショットに集中できるという性格のおかげだった。この性格は間違

上　ティーショット直後のジェイソン・デイ
提供：PGAツアーエンタテインメント
下　左からコリン・スワットン（ジェイソンのコーチ）、著者、ジェイソン・デイ
提供：クリストファー・ブローディ

いなく彼のゴルフの実力にも影響を与えている。13番ホールでの彼のショットを図で示すと図 5.1 のようになる。

図 5.1 カパルアの 13 番ミドルホールでのジェイソン・デイのプレー

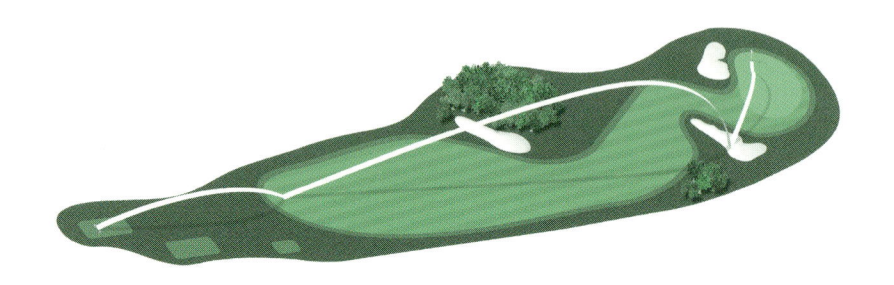

表 5.1 4 回のショットについて、平均的なプロのショットより良かったか悪かったかを評価して、次に各ショットの稼いだ打数を推定してみよう。

打数	カップまでの距離（打つ前）	ボールが止まった場所	カップまでの距離（打った後）	ショットの質（平均以上か平均以下か）	稼いだ打数
第 1 打	394 ヤード	フェアウェイ	278 ヤード		
第 2 打	278 ヤード	バンカー	62 ヤード		
第 3 打	62 ヤード	グリーン	17 フィート		
第 4 打	17 フィート	カップ	0		

　ジェイソンの各ショットの質を、それぞれが平均的なプロのショットより良かったか悪かったかという点から評価してみよう。直感を確かめる意味で、読み進める前に自分の答えを表 5.1 に書き込んでみてほしい。右から 2 番目の列には各ショットが平均的なプロのショットより良かったと思うか悪かったと思うかを書き込み、一番右の列では各ショットの稼いだ打数を推定する。こちらのほうが難しいが、できるだけ正確に推定することを目指してほしい。

　ジェイソンのティーショットが平均的なプロのティーショットより悪かったのは明らかだ。したがってティーショットの「稼いだ打数」はマイナスであり、平均的なプロのティーショットに対して打数を失ってい

る。では何打失ったか。完全なミスである空振りならば1打失う。だが116ヤード前進してフェアウェイにとどまったのだから、そこまでひどいミスではない（少なくともレディースティーは越えた）。彼がこのショットで失った打数は0打と1打の間で、どちらかと言えば1打に近い。そこで、このティーショットでは0.7打失ったと推定しよう。

第2打は216ヤード飛んでカップまで62ヤードのバンカーに止まった。このショットは平均的なプロのショットより良かったか悪かったか。プロでもその距離からグリーンに乗せる確率は低いとはいえ「残り距離」を考えるとナイスショットではない。このショットは平均を下回っていると言える。ということで、この第2打でジェイソンは0.5打失ったと推定しよう。

第3打はバンカーから打ってグリーンに乗せ、カップまで17フィートに寄せた。平均以上か平均以下か。ゴルフでは距離のあるバンカーショットが最も難しいとも言われる。プロとはいえ、グリーンに乗せたのだから良い結果だし、カップまで20フィート以内に寄せたのだからさらに良かったと言える。このショットは明らかに平均を上回っている。このバンカーショットでは0.4打稼いだと推定しよう。

第4打では17フィートのパットをカップに沈めた。明らかに平均を上回る。30フィートから1パットで決めれば1打、8フィートから1パットで決めれば0.5打稼ぐことがわかっている。したがって17フィートから1パットで決めることで稼いだ打数は0.5打と1打の間である。ちなみに彼はこのパットで0.8打稼いだ。

ジェイソンの4回のショットの評価を順に並べると平均以下、平均以下、平均以上、平均以上となり、稼いだ打数は−0.7打、−0.5打、0.4打、0.8打となる。彼のこのホールのスコアはツアー平均と同じ4打であるため、このホールで稼いだ合計打数は0打になるはずで、実際そうなっている。平均的なショットは1回もなかったが、全ショットを合計するとプロの平均と同じになる。稼いだ打数を正確に推定するのは難しい。だからこそ《ショットリンク》データベースに集められた数百万回のショットが役に立つ。各自が各ショットを評価した数字は多少ずれているかもしれないが、最初の2回がまずいショットで、あと

の2回をうまく打ってどうにかパーをセーブしたことに異存はないだろう。稼いだ打数を使えば、こうした直感を定量化できる。

　ジェイソンが全ホールでこのようなプレーをするようならば、ロングゲームが非常にまずく、ショートゲームが大得意ということが「稼いだ打数」の分析で明らかになるはずだ。ドライバーショットがだれよりも下手なツアー選手で、パッティングが史上最高にうまいと評価されるだろう。1ホールのプレーを分析するだけでは有意義な結論を出すには足りないが、多くのホール、多くのラウンドを同じように分析すれば、その選手の得意・不得意を的確に判断できる。

稼いだ打数を計算する

　ゴルフはできるだけ少ない打数でボールをカップに入れるゲームである。他のショットより良いショットとは、ボールを最終目標であるホールアウトにより近づけたショットだ。「稼いだ打数」ではホールアウトまでの残り距離ではなく、ホールアウトまでの残り打数で「近づける」ということを定義するところが肝心である。なぜならば、ドライバーショットの1ヤードとパッティングの3フィート（＝1ヤード）は同等ではないからだ。ティーショットの飛距離が1ヤード伸びても最終目標にあまり「近づいた」とは言えない。だがパッティングで前よりカップに3フィート寄せれば、たとえばカップまで5フィート残していたところを2フィートまで寄せれば、ホールアウトにかなり近づいたと言える。「稼いだ打数」は、カップまでの距離ではなくホールアウトまでの平均打数という観点でカップまでの歩みを測定する。各ショットの「稼いだ打数」とはホールアウトまでの平均打数を減らした分から1打分を差し引いたものである。

各ショットの稼いだ打数とはホールアウトまでの平均打数を減らした分から1打分を差し引いたもの。

これをジェイソンのティーショットに当てはめてみよう。打つ前はカップまで394ヤードの距離があった。表5.2によると、この距離からホールアウトまでのPGAツアー平均打数は4.0打である。このショットはカップまで278ヤードのフェアウェイに止まり、この地点からホールアウトまでの平均打数は3.7打である。このティーショットではカップまで0.3打「近づいた」ことになる。だが1打を費やしたため、稼いだ打数は−0.7打となる（ホールアウトまでの平均打数を減らした0.3打から1打分を差し引く）。彼は平均以下のティーショットでPGAツアー平均に対して0.7打を失ったのだ。

その距離からホールアウトまでの平均打数がわかるデータベースがあれば、単純な引き算をするだけで稼いだ打数を計算できる。最近わたしは計算機を使っているが、必要に迫られれば自力でも計算できるだろう。

同じ手順を彼の各ショットについておこなえばいい。第2打はカップまで278ヤードのフェアウェイから打った。すでに、この地点からホールアウトまでのツアー平均打数は3.7打であるとわかっている。このショットはカップまで62ヤードのバンカーに止まり、この地点は表5.2によると、ホールアウトまでの平均打数が3.2打である。カップまで0.5打近づいたが（3.7−3.2）、1打を費やしたため、このショットの稼いだ打数は−0.5打である（ホールアウトまでの平均打数を減らした0.5打から1打分を差し引く）。彼はフェアウェイからの平均以下のショットでPGAツアー平均に対して0.5打を失った。

ジェイソンの第3打は、ホールアウトまでのツアー平均が3.2打のカップまで62ヤードのバンカーから打った。この62ヤードのバンカーショットのツアー平均打数は、カップまで200ヤードのティーショットより多い。距離のあるバンカーショットは難しいのである。だが彼はこのバンカーショットをグリーンに乗せてカップまで17フィートに寄せた。この地点からホールアウトまでのツアー平均打数は1.8打である。カップまで1.4打近づいたため（3.2−1.8）、このショットの稼いだ打数は0.4打である（ホールアウトまでの平均打数を減らした1.4打から1打分を差し引く）。彼は平均以上のバンカーショットでPGAツアー平均に対して0.4打稼いだ。

表 5.2 プロの基準値。距離別のホールアウトまでの平均打数。たとえばカップまで 400 ヤードのティーショットでは、PGA ツアー選手の平均はホールアウトまで 3.99 打である。カップまで 8 フィートのグリーン上では、PGA ツアーのホールアウトまでの平均打数は 1.50 打である。「フェアウェイ」には「セミラフ」や「ファーストカット」も含まれる。「リカバリー」とは、たとえば木が邪魔になるためピッチショットでフェアウェイに戻すなど、障害物があるためにカップを狙えないショットを指す。稼いだ打数を計算するときにリカバリーショット、罰打、OB になったショットをどう扱うかについては、M. ブローディが執筆した 2012 年の『インターフェース』誌第 42 巻第 2 号の 146 〜 165 ページ「PGA ツアー選手の成績評価」を参照してもらいたい。

距離 (ヤード)	ティー	フェアウェイ	ラフ	バンカー	リカバリー
20		2.40	2.59	2.53	
40		2.60	2.78	2.82	
60		2.70	2.91	3.15	
80		2.75	2.96	3.24	
100	2.92	2.80	3.02	3.23	3.80
120	2.99	2.85	3.08	3.21	3.78
140	2.97	2.91	3.15	3.22	3.80
160	2.99	2.98	3.23	3.28	3.81
180	3.05	3.08	3.31	3.40	3.82
200	3.12	3.19	3.42	3.55	3.87
220	3.17	3.32	3.53	3.70	3.92
240	3.25	3.45	3.64	3.84	3.97
260	3.45	3.58	3.74	3.93	4.03
280	3.65	3.69	3.83	4.00	4.10
300	3.71	3.78	3.90	4.04	4.20
320	3.79	3.84	3.95	4.12	4.31
340	3.86	3.88	4.02	4.26	4.44
360	3.92	3.95	4.11	4.41	4.56
380	3.96	4.03	4.21	4.55	4.66
400	3.99	4.11	4.30	4.69	4.75
420	4.02	4.15	4.34	4.73	4.79
440	4.08	4.20	4.39	4.78	4.84
460	4.17	4.29	4.48	4.87	4.93
480	4.28	4.40	4.59	4.98	5.04
500	4.41	4.53	4.72	5.11	5.17
520	4.54	4.66	4.85	5.24	5.30
540	4.65	4.78	4.97	5.36	5.42
560	4.74	4.86	5.05	5.44	5.50
580	4.79	4.91	5.10	5.49	5.55
600	4.82	4.94	5.13	5.52	5.58

距離 (フィート)	グリーン
3	1.04
4	1.13
5	1.23
6	1.34
7	1.42
8	1.50
9	1.56
10	1.61
15	1.78
20	1.87
30	1.98
40	2.06
50	2.14
60	2.21
90	2.40

　もしジェイソンがこのバンカーショットをカップまで 1 フィートに寄せていたら 1.2 打、このバンカーショットをチップインしていたら 2.2 打稼いでいた。通常はカップに寄せるほど良いショットとなり、

「稼いだ打数」が多くなる。だが近ければ良いとは限らない。カップに近くてもラフに打ち込むよりは、少し距離を残してもグリーンに乗せたほうが良い。「稼いだ打数」はカップまでの歩みを距離ではなくホールアウトまでの平均打数で測定する。ジェイソンのパットはカップまで17フィート距離があり、その地点からホールアウトまでのツアー平均打数は 1.8 打である。彼はこのパットを決めた。ホールアウトまでの平均打数を 1.8 打減らしたため、このパットで稼いだ打数は 0.8 打となる。

これで万事解決だ。ジェイソンが 4 回のショットで稼いだ打数はそれぞれ − 0.7 打、− 0.5 打、0.4 打、0.8 打である。平均以上のショットは稼いだ打数がプラス、平均以下のショットでは稼いだ打数がマイナスになる。平均以下の 2 回のショットを打ち終えた時点でジェイソンは 1.2 打失っていたが、あとの 2 回のショットで 1.2 打稼いだ。結果として稼いだ合計打数は 0 打となっている。結果は表 5.3 にまとめた。

表 5.3 稼いだ打数の例。カパルアでのジェイソン・デイのプレー。ホールアウトまでの平均打数を減らした分は「打つ前のホールアウトまでの平均打数」から「打ったあとのホールアウトまでの平均打数」を差し引いたもの。この値から 1（そのショットに費やした打数）を差し引いたものがそのショットの稼いだ打数となる。この例では 2011 年のヒュンダイトーナメントオブチャンピオンシップ 2 日目の 13 番ホールでのジェイソン・デイのプレーを示している。

打数	カップまでの距離（打つ前）	ボールが止まった場所	カップまでの距離（打った後）	ホールアウトまでの平均打数（打つ前）	ホールアウトまでの平均打数（打った後）	稼いだ打数
第1打	394 ヤード	フェアウェイ	278 ヤード	4.0	3.7	−0.7
第2打	278 ヤード	バンカー	62 ヤード	3.7	3.2	−0.5
第3打	62 ヤード	グリーン	17 フィート	3.2	1.8	0.4
第4打	17 フィート	カップ	0	1.8	0.0	0.8
					合計	0.0

ベイヒルの 18 番ホールでのタイガー・ウッズのプレーを稼いだ打数で分析する

第 2 章ではベイヒルでおこなわれた 2008 年のアーノルド・パーマー招待でタイガー・ウッズが挙げた劇的な優勝について振り返った。彼は

難しい最終ホールでバーディを奪って優勝を手中に収めた。ドライバーでフェアウェイをとらえた 290 ヤードの第 1 打、165 ヤードの第 2 打、ウイニングパットを図 5.2 で示した。稼いだ打数でこの 3 回のショットの質はどう評価されるだろうか。バーディは各ショットの稼いだ打数を足し合わせたことによるのか、それともほとんど 1 回のパットによるのだろうか。

図 5.2 ベイヒルの 18 番ミドルホールでのタイガー・ウッズのプレー

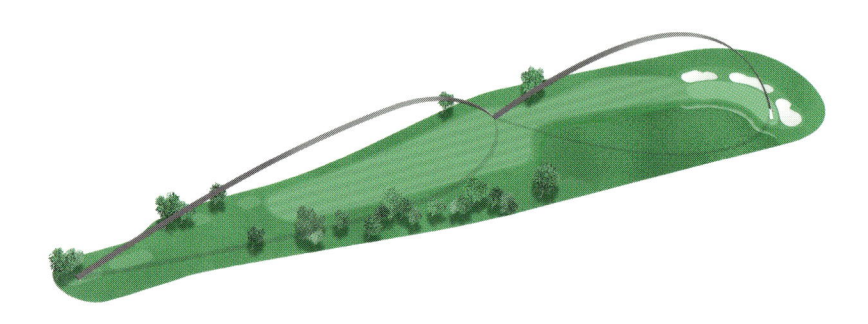

　タイガーが各ショットで稼いだ打数の計算結果を表 5.4 で示した。ティーショットで 0.1 打稼ぎ、アプローチでまた 0.1 打稼いだ。締めくくりのウイニングパットでは 0.9 打稼いでいる。稼いだ打数は直感の裏づけとなる。ドライバーショットとアプローチはまずまず良くて、パットは素晴らしかったのだ。タイガーがこのホールで稼いだ合計打数 1.1 打のうち、大半はパットによるものだった。

　タイガーはこの試合で 1 ラウンドあたり 3.4 打を稼いだが、1 ラウンドあたり 1 打がパッティングによるものだった。タイガーは最後のパットを決めるまで、20 フィートを超えるパットを 20 回外していた。にもかかわらずパッティングで 1 ラウンドあたり 1 打稼いでいたのはなぜだろうか。10〜15 フィートのパットは 15 回中 10 回決めていて、そのカップイン率は出場選手全体の平均が 28% であるのに対して 33% だった。15〜20 フィートのパットは 8 回中 3 回決めていて、そのカップイン率は出場選手全体の平均が 21% であるのに対して 38% だった。10 フィート未満のパットで稼いだ打数も加えると、合計で 1 ラウンド

表 5.4 稼いだ打数の例。ベイヒルでのタイガー・ウッズのプレー。ホールアウトまでの平均打数を減らした分は「打つ前のホールアウトまでの平均打数」から「打ったあとのホールアウトまでの平均打数」を差し引いたもの。この値から 1（そのショットに費やした打数）を差し引いたものがそのショットの稼いだ打数となる。この例では 2008 年にベイヒルでおこなわれたアーノルド・パーマー招待最終日の 18 番ホールでのタイガー・ウッズのプレーを示している。

打数	カップまでの距離（打つ前）	ボールが止まった場所	カップまでの距離（打った後）	ホールアウトまでの平均打数（打つ前）	ホールアウトまでの平均打数（打った後）	稼いだ打数
第 1 打	452 ヤード	フェアウェイ	164 ヤード	4.1	3.0	0.1
第 2 打	164 ヤード	グリーン	24 ヤード	3.0	1.9	0.1
第 3 打	24 フィート	カップ	0	1.9	0.0	0.9
					合計	1.1

あたり 1.0 打稼いだことになる。3 パットの回数や 20 フィートを超えるパットのカップイン率といった限られた情報では、その日のパッティングの調子を判断するのはきわめて難しい。稼いだ打数では重要な情報を容易にまとめることができる。タイガーはパッティングで 1 ラウンドあたり 1 打稼いでいて、SGP（パッティングで稼いだ打数）では 120 選手中 18 位だった。

　1 ホールで稼いだ合計打数は各ショットの稼いだ打数を足し合わせたものである。この「足し合わせる」性質のおかげで、1 ラウンドについても 1 シーズンについても稼いだ打数を足し合わせることができる。1 ラウンドで 5 打稼いだ選手の場合、各ショットを調べればその 5 打がどのショットによるものかがわかる。SGP を計算するときに全パットの稼いだ打数を足し合わせたように、全ティーショットの稼いだ打数を足し合わせればミドルホールとロングホールのティーショットの成績を測定できる。

飛距離をとるか安定性をとるか　精度、飛距離、SGD

　《ショットリンク》にデータが集められるようになった 2004 〜 2012 年の PGA ツアーでティーショットが最も優れている選手はだれだったか。見つけたいのは一番よく飛ぶ選手や一番真っすぐ打つ選手ではなく、

ミドルホールとロングホールのティーショットが良いスコアに最も大きな影響を与えた選手である。PGAツアーで20年のキャリアがあり4勝を挙げているベテラン選手、ジョー・デュラントはツアーでティーショットの精度が最も高い選手のひとりだ。2004〜2012年の全ミドルホールとロングホールでのティーショットを測定すると、彼はフェアウェイまたはファーストカットを80%キープしていた。ドライビングディスタンスの平均は、ツアー平均の281ヤードに対して278ヤードだった。リー・ウェストウッドはライダーカップでヨーロッパチームの一員として8回プレーし、2010年末には世界ランク1位になった。PGAツアーの《ショットリンク》データによると、彼はフェアウェイまたはファーストカットを66%キープし、ドライビングディスタンスの平均は290ヤードだった。デュラントはウェストウッドほど飛ばないが精度は高い。ジョー・デュラントとリー・ウェストウッドではどちらがティーショットが優れているだろうか。この疑問はしばらく棚上げにして、まずはMr. ロングドライブとMr. ステディプロという架空のプロ同士の対決で標準的なティーショットの統計を比較してみよう。

　Mr. ロングドライブとMr. ステディプロは2日続けて340ヤードのミドルホールをプレーする。初日、Mr. ロングドライブは無難にプレーし、アイアンで220ヤード先のフェアウェイをキープした。2日目はドライバーで320ヤード飛ばしてグリーンに乗せ、60フィートのイーグルパットを残した。一方、Mr. ステディプロは2日とも同じ攻め方をして、2日とも270ヤード先のフェアウェイをキープした。Mr. ロングドライブの2回のティーショットはMr. ステディプロより良いと言えるだろうか。

　表5.2のデータに基づいて稼いだ打数で分析すると、Mr. ロングドライブは2回のティーショットで平均0.34打を稼いでいるのに対して、Mr. ステディプロが稼いだのは平均0.14打である。

> Mr. ロングドライブが初日のティーショットで稼いだ打数は 3.86－2.85－1=0.01 打
> Mr. ロングドライブが 2 日目のティーショットで稼いだ打数は 3.86－2.20－1=0.66 打
> Mr. ロングドライブが稼いだ打数の平均は 0.34 打
> Mr. ステディプロが稼いだ打数の平均は 3.86－2.72－1=0.14 打

　Mr. ロングドライブのほうがかなり良いということに異存はないだろう。「稼いだ打数」の分析結果は直感と一致する。どちらの選手もティーショットの平均飛距離は 270 ヤードで、平均ドライビングディスタンスという指標ではこの 2 人のティーショットは区別されない。Mr. ロングドライブのティーショットは一方が平均を 50 ヤード上回って一方が平均を 50 ヤード下回っているが、平均以上のティーショットで稼いだ打数は平均以下のティーショットで失った打数より多い。Mr. ロングドライブは平均以上のティーショットで Mr. ステディプロに対して 0.52 打稼ぎ、平均以下のティーショットで 0.13 打失った分を埋め合わせるどころか差をつけているのだ（*3）。

　平均以上のティーショットで稼いだ打数が平均以下のティーショットで失った打数より多いことから、その効果は「非線形」と呼ばれる。非線形性は日常生活にいくらでもある。お腹を空かせた人にとっての 10 ドルはビル・ゲイツにとっての 10 ドルより価値がある。干潮時に水位が 1 フィート上がってもどうということはないが、水位が 1 フィート上がって堤防の高さを越えると大惨事になりかねない。ゴルフの場合、アプローチを打ったあとの残り距離を 1 フィート短くしたところで、残り距離が 40 フィートだとほとんど意味がないが、残り距離が 5 フィートだと大違いである。稼いだ打数は、出場選手全体の平均スコア

---

*3　Mr. ロングドライブが平均以上のティーショットで稼いだ 0.66 打は Mr. ステディプロが稼いだ 0.14 打を 0.52 打上回り、平均以下のティーショットで稼いだ 0.01 打は Mr. ステディプロがティーショットで稼いだ打数を 0.13 打下回る。

との差に各ショットが与える影響を測定することで、この非線形の効果を取り込んでいる。

デンマークの技師、ヨハン・イェンゼンはコペンハーゲン電話会社に勤めていた。暇なときに数学を研究し、1906年には自身の名を冠したイェンゼンの不等式という基本的結果を証明した。彼が証明した結果は非線形性が重要であることを示すものだ。イェンゼンの不等式の要旨を的確に突いたジョークを紹介しよう。「足をオーブンに突っ込んで頭を冷蔵庫に突っ込んだら、平均して快適な暖かさになるはずだ」というものだ。

ヨハン・イェンゼン(1859〜1925年)

イェンゼンの証明結果の真の意味は「効果が非線形だと平均は役に立たない」ということである。イェンゼンの結果をゴルフに当てはめると、平均ドライビングディスタンスだけでティーショットの良し悪しを判断しようとしてもうまくいくはずがないことがわかる。飛距離がスコアに対して非線形であるという効果を取り込んでいないためだ。言い方を変えると、何回かのティーショットで稼いだ打数の平均は、平均的なティーショットで稼いだ打数と同じにはならない。ティーショットの良し悪しを正しく判断するには、それぞれのティーショットがスコアに与える効果を測定する必要があり、SGDはまさにそのための尺度なのである。

同じように、ティーショットをOBゾーンに1ヤード打ち込んだ場合とティーショットをラフに1ヤード打ち込んだ場合を比べると、ティーショットでフェアウェイをキープした割合によってティーショットの精度を測定する標準的な「フェアウェイキープ率」という統計ではどちらも同じようにフェアウェイを外したと記録されるだけだが、OBのほうがラフよりスコアに大きなダメージを与える。フェアウェイキープ率では大きなミス(OB)と小さなミス(ラフ)が区別されないのだ。ティーショットがOBになると、ストロークと距離の罰により、ティーから第3打として打ち直すことになる。OBになったティーショットで稼いだ打数は−2打で、2打失ったことになる。対照的に、

ティーショットをラフに1ヤード打ち込んだ場合は、ほんの少ししか打数を失わない。大きなミスと小さなミスがともにフェアウェイを外したとしか記録されないのも、非線形性の一例である。

　こうした例からわかるように、平均ドライビングディスタンスとフェアウェイキープ率という統計だけではティーショットの腕前に基づいて選手を正確にランクづけするには不十分だ。平均ドライビングディスタンスとフェアウェイキープ率がまったく同じ選手が2人いてもティーショットの腕前は違うかもしれない。ジョー・デュラントとリー・ウェストウッドのようにドライビングディスタンスとフェアウェイキープ率が違う選手だと、その腕前を比較するのはさらに難しくなる。

　PGAツアーの《ショットリンク》データと《ゴルフメトリクス》のアマチュアデータから得られる位置情報を使えば、こうした非線形性の問題を克服できる。ショットの飛距離だけでなく、フェアウェイ、ラフ、バンカー、林といったボールが止まった場所を考慮して、各ティーショットの質を測定すればいい。SGDとは1ラウンドを通じてミドルホールとロングホールのティーショットで稼いだ打数の平均である。SGDを使えばティーショットの成績に基づいて選手をランクづけできる。《ショットリンク》データではクラブの番手がわからず、すべてのミドルホールとロングホールでドライバーを使うとは限らない点に注意しよう。たとえば3番ウッド、ロングアイアン、ユーティリティなどのクラブを使った場合には、ショットの結果や稼いだ打数がドライバーを使った場合よりも実際はもっと良いと思われる。SGDでは、実際に使ったクラブを考慮せずにショットの結果を測定する。

1ラウンドあたりの「稼いだ打数」でより正確に比較する

　表5.5は、1ラウンドあたりのSGDでランクづけした2004〜2012年のPGAツアー選手の上位40人を示している(*4)。結果をまとめるにあたって、1ラウンドあたりのSGDに基づくか、それとも1ショッ

---

*4　表5.5をはじめとする本書の稼いだ打数の結果は、PGAツアー全体の平均に対する成績を測定したものである。表5.2の基準値に基づいて稼いだ打数を計算してから各ラウンドの難易度と出場選手の実力を考慮に入れて微調整している。こうした微調整の詳細については付録を参照してもらいたい。

トあたりの SGD に基づくかを選択する必要があった。ティーショットの腕前を測定する純粋な尺度としては、1 ショットあたりの SGD のほうが適切だ。ただし、1 ラウンド中にミドルホールとロングホールで打つティーショットの回数はどの選手もほとんど変わらないため、「1 ラウンドあたりの稼いだ打数」を使っても「1 ショットあたりの稼いだ打数」を使ってもほぼ同じ結果になる。1 ラウンドあたりの指標のほうが、異なるショット間で比較しやすい。たとえばティーショットとパッティングのどちらが 1 ラウンドのスコアの差に大きな影響を与えているかを比べたければ、1 ショットあたりの結果ではなく 1 ラウンドあたりの結果を調べる必要がある。野球ファン向けに言葉を変えると、「1 ラウンドあたりの稼いだ打数」は安打数のようなもので、「1 ショットあたりの稼いだ打数」は打率のようなものだ。

　SGD ランキングの最上位はバッバ・ワトソンとロリー・マキロイである（表中でマキロイの名前に＊がついているのは、他の選手は《ショットリンク》に 200 ラウンド以上の記録がなければ対象外にしているのに対して彼は 120 ラウンドしかデータがないためだ）。バッバはツアー全体の平均に対して 1 ラウンドあたり 0.91 打稼いだ。2012 年のマスターズを制したあと、バッバは「一番好きなクラブはドライバーだ」と話した。表 5.5 によると、バッバは精度を多少は犠牲にしているものの、平均ドライビングディスタンスはツアー平均を 20 ヤード上回る。バッバは 2008 年に「世界中のだれもが遠くまで飛ばしたいと思っている。みんな僕は君より飛んだよと言いたいのさ（中略）。僕は幸い、それができるから有名になれた。僕が男前だからだと思っていたけど、そうじゃないみたいだね」と語っている。彼のティーショットの飛距離から「バッバ・ロング」という言葉も生まれた。SGD では飛距離と精度の両方を考慮に入れているが、バッバの飛距離はフェアウェイキープ率の低さを補って余りある。

　さて、ジョー・デュラント（11 位）とリー・ウェストウッド（10 位）のどちらがティーショットでは優れているかという最初の疑問に戻ろう。デュラントはフェアウェイとファーストカットをキープする確率が 80% でドライビングディスタンスの平均がツアー平均の 281 ヤードに

表 5.5 1 ラウンドあたりの SGD。2004 ～ 2012 年の PGA ツアーの上位 40 選手。順位は 2004 ～ 2012 年の間に 200 ラウンド以上プレーした選手が対象で、《ショットリンク》に 120 ラウンドのデータしかないロリー・マキロイのみ例外的に対象としている (したがって彼の名前には * をつけた)。75 パーセンタイル飛距離とはよく飛んだティーショットを測定したもの。4 回のうち 1 回は 75 パーセンタイル飛距離を上回る。「罰打」の列はティーショットで罰打を受ける場所に打ち込んだ割合を示す。

順位	選手名	SGD	平均距離	75 パーセンタイル飛距離	角度単位の精度	フェアウェイとファーストカット	罰打
1 位	ロリー・マキロイ*	0.98	295	312	3.01	63%	1.8%
1 位	バッバ・ワトソン	0.91	301	324	3.53	61%	1.7%
2 位	J. B. ホームズ	0.84	302	323	3.78	56%	2.2%
3 位	ブー・ウィークリー	0.82	287	302	2.83	72%	0.8%
4 位	ダスティン・ジョンソン	0.81	300	320	3.56	61%	3.1%
5 位	チャールズ・ウォーレン	0.70	290	307	3.07	68%	1.2%
6 位	ケニー・ペリー	0.64	287	303	3.04	72%	0.7%
7 位	ロバート・ガリガス	0.64	297	317	3.54	61%	1.9%
8 位	ブレット・ウェッタリック	0.64	294	313	3.34	63%	2.2%
9 位	ビジェイ・シン	0.64	291	306	3.24	67%	1.1%
10 位	リー・ウェストウッド	0.62	290	303	3.09	66%	1.0%
11 位	ジョー・デュラント	0.62	278	292	2.69	80%	0.5%
12 位	ジョシュ・ティーター	0.61	292	308	3.23	68%	0.9%
13 位	タイガー・ウッズ	0.58	289	309	3.49	64%	0.7%
14 位	アダム・スコット	0.56	290	307	3.37	66%	1.1%
15 位	アンヘル・カブレラ	0.54	294	313	3.68	59%	1.6%
16 位	ルーカス・グローバー	0.54	287	305	3.17	69%	1.2%
17 位	リッキー・ファウラー	0.54	287	303	3.16	66%	1.2%
18 位	マーティン・レアード	0.53	291	309	3.26	66%	1.3%
19 位	セルヒオ・ガルシア	0.52	287	304	3.31	66%	1.1%
20 位	チャーリー・ホフマン	0.50	290	306	3.45	64%	1.4%
21 位	ジョン・ロリンズ	0.49	286	302	3.06	72%	1.2%
22 位	ニック・ワトニー	0.48	289	307	3.41	68%	1.3%
23 位	D. J. トレハン	0.47	285	301	3.31	71%	1.5%
24 位	ニコラス・トンプソン	0.46	287	302	3.45	71%	1.3%
25 位	ショーン・オヘア	0.45	287	304	3.31	68%	1.3%
26 位	ハンター・メイハン	0.45	286	301	3.01	72%	1.0%
27 位	ボー・バンペルト	0.45	285	302	3.12	70%	0.9%
28 位	ジョン・センデン	0.44	284	301	3.17	71%	0.8%
29 位	ロバート・アレンビー	0.44	284	300	3.08	71%	0.8%
30 位	ケビン・ストリールマン	0.44	284	301	3.45	72%	1.0%
31 位	デービス・ラブ 3 世	0.43	288	307	3.30	66%	1.1%
32 位	アーニー・エルス	0.43	285	301	3.36	66%	0.9%
33 位	マシュー・ゴギン	0.43	286	301	3.24	67%	1.5%
34 位	クリス・スミス	0.43	287	304	3.29	69%	0.9%
35 位	ビル・ハース	0.42	288	305	3.32	68%	1.0%
36 位	グレッグ・オーウェン	0.42	281	296	3.24	70%	1.0%
37 位	スティーブ・マリノ	0.40	288	303	3.46	64%	1.0%
38 位	フレッド・カプルス	0.39	289	303	3.54	63%	1.8%
39 位	クリス・コーク	0.39	289	306	3.33	66%	1.4%
40 位	フィル・ミケルソン	0.39	292	308	3.58	62%	1.8%
	上位 40 選手の平均	0.54	289	306	3.30	67%	1.3%
	PGA ツアーの平均	0.00	281	296	3.40	69%	1.2%

対して278ヤードである。ウェストウッドはフェアウェイとファーストカットをキープする確率が66%だがドライビングディスタンスの平均は290ヤードである。「稼いだ打数」で分析したところ、2人とも、1ラウンドあたりティーショットでツアー平均の0打に対して0.62打を稼いでいた。面白いのは、デュラントが上位40選手のうちドライビングディスタンスが平均を下回る唯一の選手だという点である。表5.5には飛距離と精度に関する新しい尺度も含まれる。こうした新しい尺度については第6章で説明するが、これらの尺度は飛距離と精度がティーショットの成績にどのような影響を与えているかを示すものだ。

タイガー・ウッズは2005～2007年のSGDが2位、4位、4位だが、同じ3年間のトータルドライビングは86位、28位、45位である。6戦4勝を挙げた2008年はラウンド数が足りず公式な指標が残っていないが、SGDは8位に相当し、トータルドライビングは124位に相当する。トータルドライビングでは、フェアウェイキープ率の順位を通じて精度が強調されすぎていることもあり、技量を正しく測定できない。タイガー・ウッズを指導するショーン・フォーリーは、もし当時SGDという指標があれば、タイガーは自分のティーショットに対する見方がまったく違っていただろうと話してくれた。

第2章で見たように、スコアへのパッティングの貢献度は約15%である。SGDを使えばティーショットとパッティングのスコアへの貢献度を比較できる。表5.6は稼いだ合計打数でランクづけした上位40選手で、稼いだ打数をティーショット、パッティング、その他の3つに分けた。上位40選手の稼いだスコアへのティーショットの貢献度は平均28%でパッティングは15%、その他の全ショットは残りの57%となった。

表5.6から、選手ごとにかなりばらつきがあることがわかる。ビジェイ・シンの稼いだスコアへのティーショットの貢献度はスティーブ・ストリッカーよりはるかに高い。だが上位40選手で平均すると「ティーショットはスコアメイクにパッティングの約2倍重要である」と言える。

表 5.6 1 ラウンドあたりの稼いだ合計打数をショット別に分けたもの。対象は 2004 〜 2012 年に 200 ラウンド以上プレーした 240 選手（120 ラウンドのみのロリー・マキロイも含む）。「アプローチとショートゲーム」はティーショットにもパッティングにも含まれないアプローチとショートゲームを指す。

選手名	稼いだ合計打数 順位	ティーショット 順位	アプローチとショートゲーム 順位	パット 順位	稼いだ合計打数	ティーショット	アプローチとショートゲーム	パット
タイガー・ウッズ	1 位	13 位	1 位	3 位	2.79	0.58	1.58	0.63
ジム・フューリク	2 位	9 位	4 位	19 位	1.84	0.27	1.17	0.40
ルーク・ドナルド	3 位	29 位	2 位	1 位	1.82	-0.09	1.21	0.71
フィル・ミケルソン	4 位	14 位	3 位	86 位	1.70	0.39	1.18	0.14
ロリー・マキロイ *	5 位	1 位	6 位	153 位	1.66	0.98	0.75	-0.07
ビジェイ・シン	5 位	19 位	5 位	193 位	1.58	0.64	1.12	-0.18
アーニー・エルス	6 位	6 位	6 位	164 位	1.43	0.43	1.09	-0.08
セルヒオ・ガルシア	7 位	3 位	8 位	156 位	1.43	0.52	0.98	-0.07
スティーブ・ストリッカー	8 位	32 位	7 位	13 位	1.34	-0.23	1.08	0.49
アダム・スコット	9 位	10 位	9 位	178 位	1.33	0.56	0.89	-0.12
ザック・ジョンソン	10 位	40 位	34 位	16 位	1.24	0.29	0.50	0.45
パドレイグ・ハリントン	11 位	1 位	11 位	50 位	1.17	0.09	0.85	0.23
デビッド・トムズ	12 位	59 位	18 位	62 位	1.15	0.22	0.73	0.20
ジャスティン・ローズ	13 位	11 位	10 位	140 位	1.15	0.30	0.88	-0.03
レティーフ・グーセン	14 位	4 位	21 位	45 位	1.13	0.20	0.68	0.26
スチュワート・シンク	15 位	28 位	26 位	12 位	1.09	-0.02	0.61	0.50
ジェフ・オギルビー	16 位	7 位	48 位	34 位	1.05	0.27	0.44	0.34
K. J. チョイ	17 位	31 位	22 位	64 位	1.02	0.15	0.67	0.20
リッキー・ファウラー	18 位	41 位	74 位	77 位	1.02	0.54	0.32	0.17
ロバート・アレンビー	19 位	23 位	16 位	191 位	1.00	0.44	0.73	-0.18
ティム・クラーク	20 位	48 位	15 位	60 位	0.99	0.05	0.74	0.21
ケニー・ペリー	21 位	5 位	41 位	180 位	0.98	0.64	0.47	-0.12
ボー・バンペルト	22 位	15 位	69 位	79 位	0.95	0.45	0.34	0.17
スコット・バープランク	23 位	16 位	12 位	130 位	0.94	0.13	0.82	0.00
リー・ウェストウッド	24 位	72 位	60 位	160 位	0.92	0.62	0.38	-0.08
ダスティン・ジョンソン	25 位	27 位	97 位	165 位	0.92	0.81	0.20	-0.09
ウェブ・シンプソン	26 位	17 位	49 位	22 位	0.90	0.08	0.43	0.39
ポール・ケーシー	27 位	25 位	53 位	42 位	0.88	0.17	0.42	0.29
バッバ・ワトソン	28 位	8 位	122 位	176 位	0.88	0.91	0.09	-0.12
ジェイソン・デイ	29 位	89 位	100 位	24 位	0.87	0.30	0.19	0.39
ブラント・スネデカー	30 位	2 位	47 位	10 位	0.87	-0.13	0.44	0.56
ロリー・サバティーニ	31 位	97 位	25 位	146 位	0.85	0.28	0.61	-0.04
マット・クーチャー	32 位	116 位	35 位	38 位	0.85	0.02	0.50	0.33
ジョン・センデン	33 位	26 位	46 位	152 位	0.83	0.44	0.45	-0.07
チャールズ・ハウェル 3 世	34 位	83 位	38 位	78 位	0.81	0.16	0.48	0.17
ベン・クレーン	35 位	22 位	111 位	9 位	0.80	0.10	0.14	0.56
アンソニー・キム	36 位	51 位	66 位	58 位	0.80	0.24	0.35	0.21
ニック・ワトニー	37 位	37 位	98 位	91 位	0.79	0.48	0.20	0.11
デービス・ラブ 3 世	38 位	101 位	52 位	159 位	0.78	0.43	0.43	-0.07
アーロン・オーバーホルザー	39 位	38 位	31 位	88 位	0.78	0.13	0.53	0.12
イアン・ポールター	40 位	36 位	54 位	59 位	0.78	0.15	0.42	0.21
上位 40 選手の平均	20 位	32 位	38 位	87 位	1.13	0.32	0.64	0.17
上位 40 選手の合計に対する割合					100%	28%	57%	15%

この章のまとめ

- ショットで稼いだ打数とは、ホールアウトまでの平均打数を減らした分から1打分を差し引いたもの。
- 平均以上のショットでは稼いだ打数がプラスになり、平均以下のショットは稼いだ打数がマイナスになる。
- 稼いだ打数は全ショットを打数という共通の単位で測定するため、ティーショット、アプローチ、ショートゲーム、パッティングを互いに比較できる。
- 2004〜2012年の上位40選手で、ティーショットの稼いだスコアへの貢献度は28%、パッティングは15%、その他の全ショットは残りの57%だった。

第6章

Chapter6

タイガー・ウッズの秘密
プロとアマチュアのプレーを測定する

　ドライビングディスタンスが20ヤード伸びたらスコアはどれだけ変わるのか。短期間のうちにそれだけ飛距離を伸ばすのはあまり現実的ではないが、たとえばティーショットでドライバーと4番アイアンのどちらを選択するかなど、飛距離と精度のどちらを優先すべきかを理解することは、コースマネジメントにおいて重要である。この章では、ティーショットで稼いだ打数（SGD）で測定されるティーショットの成績が、飛距離と精度によってどう変わるかを見ていこう。

　第5章で、一流選手が稼いだスコアのうちティーショットによるものは28%、パッティングによるものは15%だとわかった。この章では残りの57%のどれだけがアプローチによるものでどれだけがショートゲームによるものかを調べる。最終的には、結論として「ゴルフで最も重要なショットはどれか」という長年の疑問に答えられるはずだ。

ティーショットの飛距離と精度の新たな尺度

　平均ドライビングディスタンスやフェアウェイキープ率といった尺度には問題がある。飛ばしてフェアウェイをキープしたほうが飛ばさずにフェアウェイをキープするより良いのは確かだし、たいていは真っすぐ飛ばしたほうが曲げるより良い。しかしフェアウェイキープ率という指標では大きなミスと小さなミスが区別されない。この問題を解決するには、フェアウェイをキープしたかどうかではなく、ボールがターゲットから外れた「角度単位の精度」を測定すればよい（図6.1を参照）。《ショットリンク》データと《ゴルフメトリクス》データのショット位置情報のおかげでこれが測定できる。

図 6.1 ショットがターゲットラインから外れた角度を測定する。300 ヤードのティーショットが 8°ずれた場合、4°ずれた場合の約 2 倍、ターゲットラインから離れる。
（単位をつけたものを除き、すべての測定値はヤード単位）

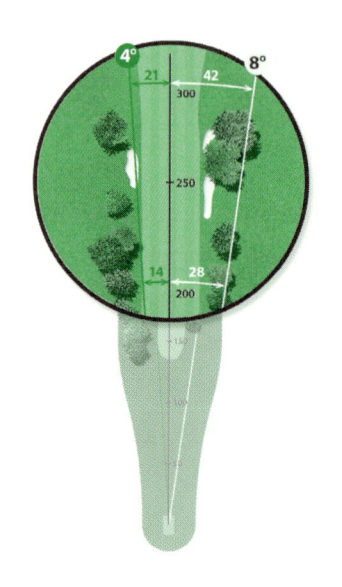

　300 ヤードのティーショットがターゲットラインから 4°ずれると 21 ヤード離れる。ターゲットラインはフェアウェイセンターを貫くラインとするが、実際にはフェアウェイをキープしたティーショットのショットパターンの中心によってターゲットラインを測定している（この方法を使えば、ボールの落下地点が傾斜になっていてほとんどのショットがフェアウェイの端のほうに集まる場合にも対応できる）。200 ヤードのティーショットが 4°ずれると、ターゲットから 14 ヤード離れる。角度単位の精度は飛距離に関係なく、飛ばないゴルファーと飛ぶゴルファーの精度を容易に比較できる。角度単位の精度では小さなミスと大きなミスが区別されるのだ（*5）。

　精度がきわめて高いツアー選手の精度は 2.7 〜 3.1°で、精度の低いツアー選手は 3.7 〜 4.4°である。PGA ツアーの平均精度は 3.4°。平均的な 90 プレーヤーの精度はおよそ 6.5°で、平均的なツアー選手の約 2 倍

---

*5　より正確には、角度で測定した方向誤差の標準偏差として精度を計算している。

ティーショットがターゲットから外れる。フェアウェイキープ率では、プロとアマチュアの精度の差がまったく反映されない。何よりも、角度単位の精度のほうがフェアウェイキープ率よりティーショットの成績（SGDで測定）との相関が高い（*6）。

　ティーショットの飛距離の尺度としては、75パーセンタイル飛距離のほうが平均ドライビングディスタンスより適している。アマチュアは平均ドライビングディスタンスが普段の飛距離を示していないことが多い。5回のドライビングディスタンスが255ヤード、250ヤード、245ヤード、240ヤード、60ヤードだったとしよう。最後のショットが飛んでいないのは木に当たったからで、平均飛距離は210ヤードになる。たまにティーショットがあまり飛ばないことがあると、平均飛距離が大きく変わってしまう可能性がある。75パーセンタイル飛距離とは、4回のうち1回のティーショットがこの飛距離を上回り、3回が下回るという飛距離である。この例では、75パーセンタイル飛距離は250ヤードになる（255ヤードのショットはこの飛距離を上回り、245ヤード、240ヤード、60ヤードのショットはこの飛距離を下回る）。距離がないホールやボールの落下地点が狭いホールの多くで、プロはドライバー以外のクラブを使い、飛距離を犠牲にしてでも精度を高めようとする。プロの場合、75パーセンタイル飛距離のほうがドライバーを使った場合の普段の飛距離に近い。

ドライビングディスタンスが 20 ヤード伸びると……

　プロが不思議な力でティーショットの飛距離を20ヤード伸ばしたとすると、スコアはどれだけ縮まるだろうか。飛距離と精度の新しい尺度を使えば、それぞれがスコアに与える影響がわかる。飛距離が20ヤード伸びるとロングホールで2オンして1打減らせるかもしれない。ドライビングディスタンスが伸びることで、セカンドショットを8番アイアンでバンカーに打ち込んでいたのがウェッジでグリーンに乗せられ

*6　PGAツアー選手の場合、フェアウェイキープ率とSGDの相関は−12%、角度単位の精度とSGDの相関は−44%。このように大きく違う。

るようになるホールもあるかもしれない。多くのホールでこのように打数を減らしていけば、1ラウンドあたり4〜5打スコアが縮まるかもしれない。

　一方で、プロがティーショットを打つたびにティーから真っすぐ歩いてボールを拾い上げ、そのまま20ヤード先まで歩いてボールをドロップし、そこから続けてプレーするとしよう。どのホールでも必ずカップには近づくが、フェアウェイに止まっていたボールをラフにドロップすることになる場合もあるだろう。ラフに止まっていたボールを林のなかや池にドロップすることになる場合もあるかもしれない。あれこれ考えると、20ヤード飛距離が伸びたことで1ラウンドあたりのスコアは悪くなるかもしれない。飛距離が伸びて有利になるどころか不利になるかもしれないのだ。

　どちらの推理が真実に近いのか。精度がほとんど同じでドライビングディスタンスが異なる2人の選手を比べれば、少しはイメージできる。タイガー・ウッズの平均ドライビングディスタンスはダドリー・ハートを約23ヤード上回り、2人の角度単位の精度はほとんど同じである。計算によるとタイガーのSGDは1ラウンドあたり0.58打でダドリーは1ラウンドあたり−0.40打だった。この2人を比べると、20ヤードの飛距離の差は1ラウンドあたり約0.85打の差となっている。

　バッバ・ワトソンはノタ・ビゲイより遠くまで飛ばすが、2人の精度はほとんど変わらない。この2人を比べると、20ヤードの飛距離の差は1ラウンドあたり約0.76打の差となっている（*7）。

　飛距離と精度の2つの組み合わせを比べただけではドライビングディスタンスの相対的な重要性を結論づけることはできず、これらの例は正しく見積もるための足掛かりに過ぎない。わたしは回帰と呼ばれる手法を使って、数人の選手を比較するだけでなく、あらゆる選手のデータでこの分析を続けた。その結果、ドライビングディスタンスが20ヤード伸びると、1ラウンドあたりのスコアが約0.75打縮まることが

---

*7　バッバ・ワトソンの平均ドライビングディスタンスはノタ・ビゲイを32ヤード上回る。バッバのSGDは1ラウンドあたり0.91打で、ノタは1ラウンドあたり−0.31打だった。精度は互角であるため、(1.22/32)×20=0.76という計算式により、20ヤードの飛距離の差は1ラウンドあたり0.76打の差に相当する。

わかった。

　別の方法でこの数字を割り出してみよう。ツアーのミドルホールとロングホールの平均に近い460ヤードのホールで、ドライバーショットを300ヤード飛ばしてフェアウェイをとらえると残り距離は160ヤードである。160ヤードからホールアウトまでのPGAツアーの平均打数は、表5.2によれば2.98打である。ドライビングディスタンスが20ヤード伸びてボールがフェアウェイをとらえると残り距離は140ヤードで、この地点からホールアウトまでのPGAツアーの平均打数は2.91打となり、0.07打稼げる。ドライビングディスタンスが伸びてボールがラフにこぼれたとすると、その地点からホールアウトまでのPGAツアーの平均打数は3.15打で、0.17打失う（2.98打に対して3.15打）。ここで、1ラウンドにミドルホールとロングホールが合計14ホールあり、ドライビングディスタンスが伸びた場合に1回だけボールがラフにこぼれるとしよう。このラウンドで稼ぐ打数の合計は、13×0.07－1×0.17＝0.74という計算式により、0.74打となる。

　実際は、ドライビングディスタンスが伸びることで稼げる打数はホールの長さで大きく変わり、ドライビングディスタンスが伸びた場合にボールをラフより悪い場所に打ち込むこともある。距離が短いホールでは、20ヤード飛距離を伸ばせるとしても敢えてドライバーを使わないかもしれない。だがこの単純な計算により、プロにとってドライビングディスタンスが20ヤード伸びると0.75打稼げるというのがほぼ的を射ていることがわかる。

> **プロにとってドライビングディスタンスが20ヤード伸びると1ラウンドあたりおよそ0.75打スコアが縮まる。**

　1ラウンドあたり0.75打というのはたいしたことがないように聞こえるかもしれないが、プロの場合、それによって獲得賞金額が数十万ドル跳ね上がる可能性もある。2012年、キーガン・ブラッドリーは賞金

ランク10位で獲得賞金は約400万ドル、平均スコアは70だった。ジョナサン・バードの平均スコアは70.75で、獲得賞金は160万ドルにとどまった。2回の心臓移植手術を受けた選手、エリック・コンプトンの2012年の平均スコアは71.5で獲得賞金は36万ドルだった。マット・ベッテンコートの2012年の平均スコアは72.2で、獲得賞金は33万5,000ドルにとどまった。

伸びる飛距離を20ヤードにしたのは覚えやすいからだ。飛距離と精度のどちらが重要かという疑問に立ち返るには、プロにとって大きな違いをもたらす差にしなければならない。飛距離が3位の選手はプロの平均飛距離より8ヤード遠くまで飛ばし、1ラウンドのスコアが0.3打良い。精度が3位の選手はプロの平均精度より0.3°真っすぐ飛ばし、1ラウンドのスコアが0.2打良い（*8）。

他の技量がすべて同じだとすると、飛距離が平均以上の選手のほうが精度が平均以上の選手よりスコアが良い。プロにとっては飛距離のほうが精度より重要なのだ。

表5.5で示しているように、ティーショットの上位40選手はツアー平均より10ヤード遠くまで飛ばしているが、精度は0.1°しか高くない。上位40選手のうち、ドライビングディスタンスがツアーの平均以下なのはジョー・デュラントとグレッグ・オーウェンの2人だけである。角度単位の精度がツアー平均を下回る選手は13人いて、フェアウェイキープ率がツアー平均を下回る選手は27人いる。ツアーのなかでティーショットで抜きん出るためには、飛距離のほうが精度より重要なのだ。

図6.2ではドライビングディスタンス、精度、稼いだ打数をひとつのグラフにまとめた。飛距離が長く精度が高いほどスコアが良いことがわかる。すべてのツアー選手がドライバーでボールを遠くまで真っすぐ飛ばせるというのは幻想で、ツアー選手の間でもばらつきはかなり大きい。最も飛ぶツアー選手は最も飛ばないツアー選手より40ヤード以上遠く

---

*8　統計好きな読者向けに述べておくと、8ヤードというのはツアー選手のドライビングディスタンスの標準偏差ひとつ分の差にあたる。飛距離が8ヤード伸びると、1ラウンドあたりスコアが0.3打縮まる。精度が標準偏差ひとつ分である0.3°良くなると、1ラウンドあたりスコアが0.2打縮まる。この計算でも、スコアを縮めるには飛距離のほうが精度より確かに重要であるとわかる。

図 6.2 PGA ツアー選手の飛距離と精度。2004 ～ 2012 年の間に 200 ラウンド以上のデータが《ショットリンク》に記録された約 240 人の PGA ツアー選手が対象（120 ラウンドのみのロリー・マキロイも含む）。菱形は SGD の上位 40 選手。その平均 SGD は 1 ラウンドあたり 0.5 打。丸は SGD の下位 40 選手。その平均 SGD は 1 ラウンドあたり−0.5 打。三角は残りの SGD が中位の選手で、平均 SGD は 0 打。75 パーセンタイル飛距離とは、よく飛んだティーショットの飛距離を測定したもの。4 回のうち 1 回は 75 パーセンタイル飛距離を上回る。精度は角度で測定。点線は SGD がほぼ同じになる飛距離と精度の組み合わせ。飛距離と精度の両方が優れた選手はグラフの右下近くにいる。SGD の最上位はロリー・マキロイとバッバ・ワトソン。

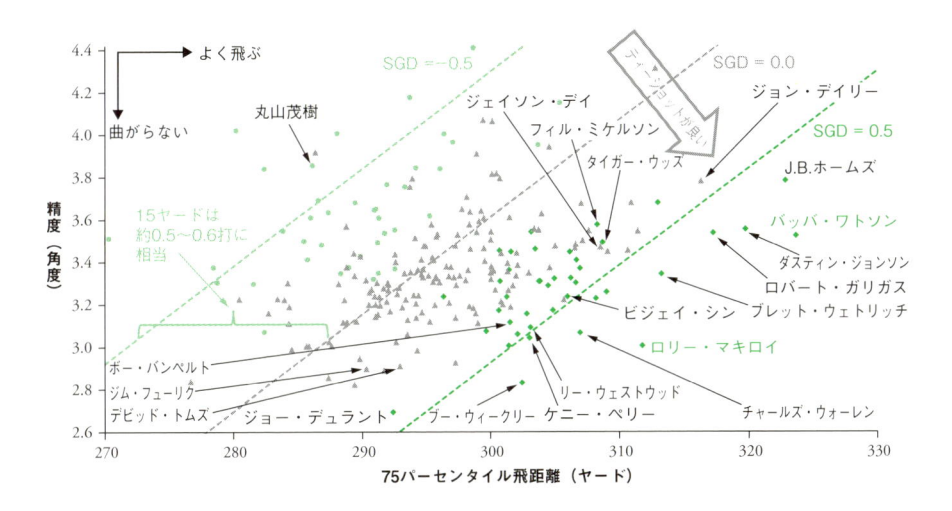

まで飛ばす。ティーショットの精度が最も低いツアー選手は、精度が最も高い選手より 60% 以上左右に曲げている。全選手がアマチュアよりも飛ばして真っすぐ打てるのは確かだが、選手同士で比較すると、飛距離も精度も大きく違っている。

プロにとっては飛距離のほうが精度より重要である。アマチュアがスコアを縮めるには飛距離のほうが精度よりはるかに重要である。

こうした結果はさまざまなゴルファー、さまざまなコースの平均であ

り、すべてのゴルファー、すべてのコースに当てはまるとは限らない。プロがフェアウェイが狭いうえに両サイドに木が立ち並び、ラフが深いコースでプレーする場合には、精度の重要性が高くなる。厄介なクロスバンカーが待ち構えているためにアイアンでティーショットを打たざるを得ないホールでは、ドライビングディスタンスが20ヤード伸びてもほとんど意味がない。90プレーヤーがドライバーショットで300ヤードの飛距離を誇るとしても左右に曲がるのであれば、精度こそが練習すべき課題である。こうした場合を除き、飛距離は何よりも重要であると結果からわかる。

　ジュニアゴルファーがボールを遠くまで飛ばせるようになれば、あとから真っすぐ打てるようになることが多い。飛距離に限界のあるゴルファーは間違いなくスコアにも限界がある。アーノルド・パーマーの父ディーコンはラトローブカントリークラブのクラブプロ兼グリーンキーパーだった。彼はスイングに関して幼いアーノルドにシンプルで率直なアドバイスを贈った。「強く打て。次のショットもまた強く打て」この言葉は当時も、そしていまでも素晴らしいアドバイスである。

表 6.1　飛距離と精度がスコアに与える影響。ドライビングディスタンスが20ヤード伸びると、平均的な100プレーヤーはスコアが1ラウンドあたり平均2.3打縮まる。精度が1°良くなると、平均的な100プレーヤーはスコアが1ラウンドあたり平均1打縮まる。ドライビングディスタンスが伸びた影響は初心者のほうが上級者より大きい。結果はブローディとコが執筆した2013年のコロンビアビジネススクール研究成果報告書におけるシミュレーション分析に基づく。

	PGAツアー選手	80プレーヤー	90プレーヤー	100プレーヤー	115プレーヤー
20ヤードで縮まる打数	0.8	1.3	1.6	2.3	2.7
1°で縮まる打数	0.8	0.9	0.9	1.0	1.1

　ゴルフ界では長年にわたりボールがあまり飛ばないようにルールを改正しようという「ボールのグレードダウン」が盛んに議論されているというのだ。稼いだ打数とシミュレーションに基づき、飛距離の出ないボールを使うとスコアがどうなるか分析できる。スコアへの影響はボールの特性によって変わると思われるが、あまり飛ばない選手のほうがよく飛ぶ選手よりも大きな影響を受ける可能性がかなり高い。

よく飛ぶゴルファーは精度が悪いのか

　115 プレーヤーからツアー選手まで、さまざまなゴルファーを見ると、よく飛ぶゴルファーとあまり飛ばないゴルファーではどちらがより真っすぐボールを飛ばすだろうか。図6.2 を見ると、ジョン・デイリーの平均飛距離はジム・フューリクを 20 ヤード上回る。ジム・フューリクと比べると、デイリーはフェアウェイキープ率が低く、方向誤差が約 1°大きい。2 人の精度はかなり違う。直感的にはよく飛ぶゴルファーほどボールを左右に曲げると思えるかもしれない。だがブー・ウィークリーと丸山茂樹を比べてみよう。ウィークリーの平均飛距離は丸山を 15 ヤード上回り、フェアウェイキープ率も高く、方向誤差は 1°小さい。ウィークリーは丸山よりよく飛び、真っすぐ打てるのだ。よく飛ぶが大きく曲げる選手もいればあまり飛ばずに真っすぐ打てる選手がいるのと同じように、よく飛んで真っすぐ打てる選手がいればあまり飛ばずに左右に大きく曲げる選手もいる。ツアー選手の場合は飛距離と精度にはあまり関連性がない。アマチュアからプロまで、さまざまなゴルファーを見ると、よく飛ぶゴルファーほど真っすぐ打てるという明らかな傾向が浮かび上がる。

よく飛ぶゴルファーほど真っすぐ打てる。

　図6.3 は、さまざまなゴルファーの飛距離と精度のパターンを示している。よく飛ぶゴルファーほど真っすぐ打てる理由はシンプルだ。上手なゴルファーほどスコアが良いのはショットが良いからであり、良いドライバーショットとはよく飛んで曲がらないショットだからである。ツアー選手はとりわけよく飛んで曲がらない。

　図6.3 の基準値曲線を使えば、アマチュアの平均的な傾向と比べて飛距離と精度のどちらに問題があるかを各自で判断できる。ティーショットが基準値を大幅に上回るのであれば、精度を高めることに集中しよう。

図 6.3 よく飛ぶゴルファーほど真っすぐ打てる。飛距離と精度は腕前に比例する。中央の曲線はゴルファーの平均的な傾向。75パーセンタイル飛距離とはよく飛んだティーショットを測定したもの。4回のうち1回が75パーセンタイル飛距離を上回る。精度は角度で測定。

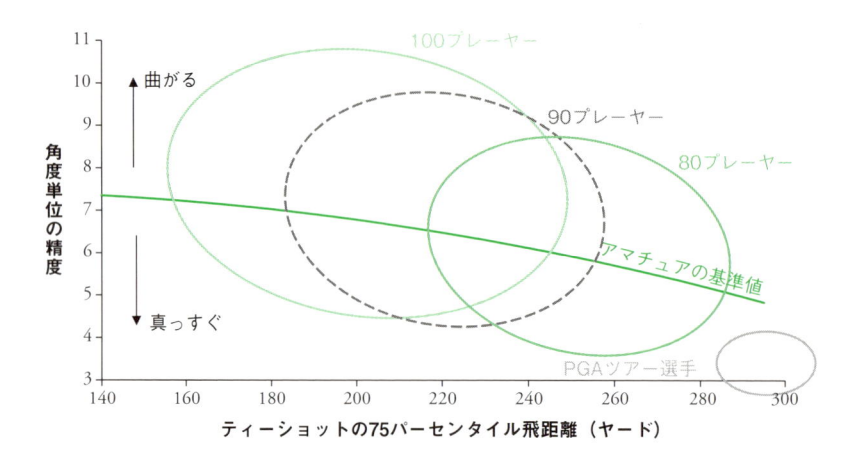

基準値を大幅に下回るのであれば、飛距離を伸ばすことに集中しよう。

あまり飛ばないゴルファーや左右に曲がるゴルファーは絶対にツアーに参戦できない。PGAツアーで戦うには、ドライバーでボールを280ヤード以上飛ばさなければならない。よく飛んだときでも220ヤードに届かないアマチュアには、6,500ヤード以上のコースで平均スコアを80に近づけることさえほとんど不可能である。

最もよく飛ぶツアー選手はうまくいけば約320ヤード飛ばすが、最も飛ばないツアー選手は飛距離がそれより約40ヤード下回る。最も飛ばないツアー選手でもアマチュアの上級者（240ヤード）を約40ヤード上回り、アマチュアの上級者は平均的なアマチュア（200ヤード）を40ヤード上回り、平均的なアマチュアは最も飛ばないアマチュア（160ヤード）を40ヤード上回る。最もよく飛ぶプロは最も飛ばないアマチュアの約2倍遠くまでドライバーショットを飛ばすのだ。ドライビングディスタンスがこれだけ違うのだから、プロとアマチュアのスコアの差に飛距離がこれだけ大きな影響を与えているのもうなずけるはずだ。

ドライビングディスタンスでスコアが大きく変わることからも、全米プロゴルフ協会と全米ゴルフ協会が提唱する"Tee it Forward"（前から

プレーしよう）キャンペーンは実に筋が通っていると言える。これは自分の実力に合った距離のティーからプレーしようというキャンペーンだ。ラウンド時間が短くなり、多くのショットをいつもよりグリーンの近くから打てて、パーやバーディがたくさん取れるため実に楽しい。

SGA を使ってアイアンショットを測定する

　ここで言う「アプローチ」にはミドルホールとロングホールのティーショットを除き、カップまで 100 ヤード以上の地点から打つすべてのショットが含まれる（*9）。プロはこうしたショットを 1 ラウンドあたり平均で 18 回打つ。これに対してミドルホールとロングホールのティーショットは 1 ラウンドあたり 14 回弱、ショートゲームは 10 回、パットは 29 回である。アプローチの成績に基づいてプロをランクづけするとしよう。

　手はじめに、190 ヤードのショートホールにおける 2 日間の Mr. ステディプロと Mr. ワイルドプロのプレーを考えてみる。Mr. ステディプロは 2 日ともグリーンをとらえ、カップまでの平均距離は 30 フィート。Mr. ワイルドプロがグリーンをとらえたのは 1 日だけで、カップまでの平均距離は 40 フィート。2 人のうちどちらのショットが良いだろうか。

　グリーンに乗せるほうが外すより良い。たいていはカップまでの距離が近いほうが遠いより良い。Mr. ステディプロのティーショットのほうが Mr. ワイルドプロより良いと思えるはずだ。だがちょっと待った。Mr. ステディプロは 2 回とも 30 フィートの距離を残した。プロがその距離から 2 回ホールアウトするまでの平均打数は合計 4 打である。Mr. ワイルドプロは一方のティーショットをカップまで 2 フィートにつけ、もう一方をカップまで 26 ヤードのバンカーに打ち込んだ。プロがグリーン上で 2 フィートからホールアウトするまでの平均打数は 1 打である。26 ヤードのバンカーからプロがホールアウトするまでの平均

---

*9　便宜上、簡潔にするために「アプローチ」と呼んでいる。これらにはティーショット後にグリーンに届かない場合のレイアップショット、さらにリカバリーショットやトラブルを回避するためのショットも含まれる。

打数は2.6打である（約40％の確率で寄せワンを決める）。Mr. ワイルドプロのボールの位置からプロが2回ホールアウトするまでの平均打数は合計3.6打である。稼いだ打数で計算すると、Mr. ワイルドプロは1オンの回数も少なくカップまでの平均距離も遠いにもかかわらず、2回のティーショットで Mr. ステディプロに対して0.4打を稼いでいるのだ。

　1オンが少なく、カップまでの距離も遠かったにもかかわらず Mr. ワイルドプロのプレーのほうが良いということがあり得るのだろうか。これもヨハン・イェンゼンとイェンゼンの不等式から学んだ非線形性の重要性を示す一例である。この場合、1回のナイスショットと1回のミスショットのほうが、2回のまずまずのショットより良いことが計算から求められる。

　こうした非線形性の問題があるため、パーオン率やカップまでの残り距離に基づいてアプローチの成績をランクづけしても正確さに欠く。パーセント単位のパーオン率とフィート単位のカップまでの残り距離を組み合わせて考えるのは難しい。パーオン率の順位が高くてカップまでの残り距離の順位が低い選手、あるいはパーオン率の順位が低くてカップまでの残り距離の順位が高い選手の実際プレーを把握するのは困難だ。稼いだ打数という手法ではそれぞれのアプローチの質を打数という共通の単位で測定してから結果を平均化するため、このような問題が起こらない。各アプローチで稼いだ打数では、カップまでの残り距離やボールがフェアウェイ、ラフ、バンカー、グリーンのどの場所に止まったかを考慮する。

　表6.2は、1ラウンドあたりのアプローチで稼いだ打数（strokes gained approach：SGA）でランクづけした2004〜2012年のPGAツアーの上位40選手である。SGAの最上位はタイガー・ウッズで、彼はツアー全体の平均に対して1ラウンドあたり1.3打稼いでいた。2位のロバート・アレンビーがタイガーを0.4打下回り、上位40選手の平均が1ラウンドあたり0.55打であることを考えると、この数字は驚異的だ。タイガー・ウッズは史上最高とまでは言わなくとも、《ショットリンク》時代の最高の選手である。彼はどのショットもうまいが、とりわけ他を圧倒し、彼を最強のゴルファーにしているのはアプローチなのである。

表 6.2 1 ラウンドあたりの SGA。2004 〜 2012 年の PGA ツアーでの SGA の上位 40 選手。アプローチとはミドルホールとロングホールのティーショットを除く、カップまで 100 ヤード以上の地点から打つすべてのショット。順位は 2004 〜 2012 年に 100 ラウンド以上プレーした 240 選手が対象で、例外的に 120 ラウンドのみのロリー・マキロイも含む（したがって彼の名前には * をつけた）。中央残り距離とは、半分のショットがその距離以内に収まるという距離。

順位	選手名	SGA	100 〜 150 ヤードからの中央残り距離	150 〜 200 ヤードからの中央残り距離	200 〜 250 ヤードからの中央残り距離	100 〜 150 ヤードからのグリーンオン率（グリーンエッジを含む）	150 から 200 ヤードからのグリーンオン率（グリーンエッジを含む）
1 位	タイガー・ウッズ	1.28	4.9%	5.2%	6.2%	80%	75%
2 位	ロバート・アレンビー	0.88	5.2%	5.5%	6.4%	83%	72%
3 位	ジム・フューリク	0.78	5.1%	5.4%	6.6%	84%	73%
4 位	アーニー・エルス	0.77	5.6%	5.5%	6.5%	80%	69%
5 位	セルヒオ・ガルシア	0.75	5.5%	5.7%	6.6%	80%	70%
6 位	ロリー・マキロイ *	0.73	5.5%	5.7%	6.5%	79%	68%
6 位	フィル・ミケルソン	0.72	5.3%	5.7%	6.8%	80%	68%
7 位	アダム・スコット	0.72	5.4%	5.5%	6.9%	82%	69%
8 位	ビジェイ・シン	0.71	5.2%	5.5%	6.7%	80%	70%
9 位	ルーク・ドナルド	0.70	5.1%	5.7%	7.3%	81%	69%
10 位	チャド・キャンベル	0.65	5.2%	5.4%	6.8%	81%	72%
11 位	トム・レーマン	0.61	5.3%	5.4%	7.1%	84%	73%
12 位	スコット・バープランク	0.60	4.6%	5.3%	7.1%	83%	69%
13 位	ジョーイ・シンデラー	0.58	5.7%	5.4%	7.2%	82%	70%
14 位	ケニー・ペリー	0.57	5.4%	5.4%	6.5%	82%	71%
15 位	リー・ウェストウッド	0.57	5.5%	5.8%	6.4%	79%	70%
16 位	クリス・ブランクス	0.56	5.3%	5.5%	6.5%	82%	70%
17 位	デビッド・トムズ	0.56	5.0%	5.5%	6.7%	84%	70%
18 位	ポール・ケーシー	0.55	5.7%	5.6%	6.9%	79%	70%
19 位	ティム・クラーク	0.53	4.9%	5.3%	6.6%	82%	70%
20 位	ジャスティン・ローズ	0.52	5.4%	5.5%	6.7%	81%	69%
21 位	ジョン・センデン	0.51	5.5%	5.7%	6.9%	82%	73%
22 位	アレックス・チェイカ	0.49	5.0%	5.2%	6.9%	82%	69%
23 位	カミロ・ビレガス	0.47	5.2%	5.8%	7.0%	83%	69%
24 位	ブレンドン・デ・ヨング	0.47	5.0%	5.5%	7.0%	83%	69%
25 位	デービス・ラブ 3 世	0.46	5.7%	5.8%	6.7%	80%	68%
26 位	スティーブ・ストリッカー	0.46	5.0%	5.8%	7.0%	82%	68%
27 位	スチュワート・シンク	0.45	5.5%	5.8%	7.0%	81%	69%
28 位	リッキー・バーンズ	0.43	5.4%	5.4%	8.0%	78%	66%
29 位	ジョー・デュラント	0.42	5.1%	5.3%	6.9%	83%	72%
30 位	ザック・ジョンソン	0.42	5.1%	5.6%	6.9%	82%	70%
31 位	ヒース・スローカム	0.41	5.2%	5.4%	6.7%	82%	71%
32 位	トレバー・イメルマン	0.40	5.4%	5.8%	7.2%	81%	69%
33 位	レティーフ・グーセン	0.40	5.7%	5.7%	6.6%	80%	67%
34 位	ブー・ウィークリー	0.39	5.3%	5.7%	6.5%	81%	69%
35 位	ジェフ・スルーマン	0.38	5.0%	5.5%	7.1%	86%	70%
36 位	ブライニー・ベアード	0.38	5.5%	5.9%	7.2%	81%	71%
37 位	ジェイソン・ボーン	0.38	5.2%	5.7%	6.8%	81%	70%
38 位	スティーブン・エイムス	0.37	5.4%	5.6%	7.3%	82%	70%
39 位	K. J. チョイ	0.37	5.3%	5.7%	7.0%	81%	70%
40 位	ダドリー・ハート	0.36	5.3%	6.1%	7.9%	77%	65%
	上位 40 選手の平均	0.55	5.3%	5.6%	6.9%	82%	70%
	PGA ツアーの平均	0.00	5.5%	5.9%	7.3%	80%	67%

トップ10にはフューリク、エルス、ガルシア、マキロイ、ミケルソン、スコット、シン、ドナルド、キャンベルといった指折りのショットメーカーが名を連ねる。

カップに寄せるのがいかに重要か

　すでに見たように、パーオン率とカップまでの残り距離はアプローチの尺度としては問題がある。とはいうものの、ほとんどの場合はボールをグリーンに乗せてカップに寄せたほうが、グリーンを外してカップまでの距離を残すより良いのは確かだ。

　SGAをより意味のある尺度と結びつけるために、アプローチの精度を測定する尺度として「中央残り距離」を使っている。カップまで100ヤードの地点から打ってカップまで5ヤードに寄せれば、残り距離は5%である（打つ前のカップまでの距離に対する打った後のカップまでの距離の比率）。カップまで200ヤードの地点から打ってカップまで10ヤードに寄せた場合も、残り距離は5%である。5回アプローチを打ち、その残り距離が2%、3%、6%、7%、25%だったとすると、この場合は中央値の6%が中央残り距離となる。中央残り距離とは、打つ前のカップまでの距離に対する打った後のカップまでの距離の比率として距離を測定した場合に、半分のショットがその距離以内に収まり、半分のショットが外側に外れるという距離である。

　中央残り距離を使うのは、パーオン率やカップまでの残り距離といった尺度よりスコアとの関連性が高いからである。中央値はたまに出るミスショットに左右されないため、平均値より優れている。ほとんどのゴルファーは、カップまで150ヤードの地点から打つショットがカップまで100ヤードの地点から打つショットより約50%カップから離れた地点に止まる。中央残り距離を打つ前の距離に対する比率として計算すれば、打つ前の距離が違うショット同士を比較しやすくなる。平均スコア以外にひとつの数字でゴルファーの実力を把握できる数字を探しているのであれば、中央残り距離がその有力候補となる。アマチュアの場合はカップまで100～150ヤードの地点から打つショットの中央残り距

離を見ればそのゴルファーの実力がよくわかる。プロの場合は、150～200ヤードの地点から打つショットの中央残り距離がスコアと最も関連性が高いため、こちらのほうが重要である。

コロンビアのメデリン出身のカミロ・ビレガスは、2006年からPGAツアーに参戦して3勝を挙げている。2012年まで、カミロはカップまで150～200ヤードの地点からのショットを半分の確率で打つ前の距離の5.8%以内に寄せていた。打つ前の距離が175ヤードであれば30フィートである。カミロはこの指標で120位だった。もうひとりの選手は、カップまで175ヤードの地点から半分の確率でそれより3フィート近い27フィート以内に寄せていた。この選手はこの指標で何位だと思うだろうか。

この選手の名前が1位のタイガー・ウッズだと聞けば驚くかもしれない。グリーンで27フィートからホールアウトまでのPGAツアー平均打数は30フィートからと比べて0.025打少ないだけである。カップに3フィート寄せることが大きな意味を持つとは思えないが、実際にはきわめて大きい。まず、各アプローチで稼いだ打数が1ラウンドあたり平均で18回積み重なることになる。何より、この3フィートの差が大きな意味を持つのはショットがラフやバンカーではなくグリーンに止まるという点である。そのため、タイガーがカップまで150～200ヤードの地点から打つ場合のグリーンオン率は、ツアー平均の67%に対して75%である。加えて5フィートのパットが2フィートに、8フィートのパットが5フィートになるのだから3フィートの差は大きい。こうした差が実際に積み重なっていくのだ。タイガーは残り175ヤードからカミロより3フィート寄せられるおかげで、1ラウンド中のすべてのアプローチを合わせると1ラウンドあたり1.3打、4日間の大会では5打縮めることができる。計り知れないほど有利になっているのだ。

SGAを見れば、パーオン率やカップまでの距離、中央残り距離を見るよりアプローチのプレーがよくわかる。パーオン率やカップまでの距離といった指標には問題があるが、パーオン率は高いほうが低いより、カップまでの残り距離は短いほうが長いより良いのは確かである。では、

第6章　タイガー・ウッズの秘密　145

中央残り距離は稼いだ打数とどう関連しているだろうか。アプローチを寄せるとどれだけスコアが縮まるのだろうか。

タイガーの 150 〜 200 ヤードからの中央残り距離は、ツアー平均の 5.9% に対して 5.2% である (*10)。アプローチを寄せることで、タイガーはツアー全体の平均に対して 1.3 打稼いでいる。図 6.4 で、150 〜 200 ヤードからの中央残り距離、200 〜 250 ヤードからの中央残り距離、稼いだ打数をひとつのグラフにまとめ、PGA ツアー選手がアプローチを寄せるとどれだけスコアが縮まるかを示した。タイガー・ウッズは抜きん出ている。アプローチで打数を稼げることこそが、圧倒的な強さの最大の要因のひとつなのだ。

PGA ツアー選手は、カップまで 100 〜 150 ヤードの地点から半分の確率で打つ前の距離の 5.5% 以内に寄せている (*11)。多くの人は、プロがこの距離からその程度にしか寄せていないことに驚く。だがプロの結果はグリーンが硬くて速く、フェアウェイが狭くてラフが深い難しいコースでプレーしたものだ。平均的な 90 プレーヤーはカップまで 100 〜 150 ヤードの地点から半分の確率で 12% 以内に寄せているが、プロと比べると倍以上の距離を残している。具体的な数字を使うと、カップまで 125 ヤードの地点から PGA ツアー選手は半分の確率で 21 フィート以内に寄せ、平均的な 90 プレーヤーは半分の確率で 45 フィート以内に寄せている。プロとアマチュアの技量の差は大きいのだ。

PGA ツアー選手がカップまで 100 〜 150 ヤードの地点からショットすると 80% の確率でグリーンに乗せるかグリーンエッジまで運ぶ。平均的な 90 プレーヤーがグリーンに乗せるかグリーンエッジまで運ぶ確率はわずか 46% だ。この結果から指標をコースマネジメントに生かすヒントが得られる。ほとんどの 90 プレーヤーはカップまで 100 〜 150 ヤードの地点から打つときにはグリーンセンターを狙ったほうが良いということだ（アマチュアのプレーに関する追加情報については付録を参照）。

*10　5.9% という数字にはラフ、フェアウェイ、ティーからのショットが含まれるが、バンカーショットとリカバリーショットは含まれない。カップまで 150 〜 200 ヤードのフェアウェイからの PGA ツアー選手の中央残り距離は 5.6%、ラフからは 8.9% である。

*11　5.5% という数字にはラフ、フェアウェイ、ティーからのショットが含まれるが、バンカーショットとリカバリーショットは含まれない。カップまで 100 〜 150 ヤードのフェアウェイからの PGA ツアー選手の中央残り距離は 5.0%、ラフからは 8.2% である。

図 6.4 PGA ツアーの 150 〜 250 ヤードからのアプローチ。2004 〜 2012 年に 200 ラウンド以上のデータが《ショットリンク》に記録された約 240 選手の結果(120 ラウンドのみのロリー・マキロイも含む)。菱形は SGA の上位 40 選手。その平均 SGA は 1 ラウンドあたり 0.55 打。丸は SGA の下位 40 選手で、その平均 SGA は 1 ラウンドあたり−0.4 打。三角は残りの SGA が平均的な選手。カップまで 100 ヤードの地点からのショットがカップまで 5 ヤードの地点に止まると残り距離は 5% となる。つまり打つ前の距離に対する打った後の距離の比率である。中央残り距離とは、半分のショットがその距離以内に収まるという距離。点線は SGA がほぼ同じになる中央残り距離。150 〜 250 ヤードからのアプローチが最もうまい選手たちはグラフの右下近くにいる。タイガー・ウッズが SGA の最上位で 1 ラウンドあたり 1.3 打稼いでいる。タイガー・ウッズはカップまで 150 〜 200 ヤードの地点からのショットを半分の確率で打つ前の距離の 5.2% 以内に寄せている (たとえば 175 ヤードからの場合は 9 ヤード以内に寄せる)。カップまで 200 〜 250 ヤードの地点からのショットを半分の確率で打つ前の距離の 6.2% 以内に寄せている(たとえば 225 ヤードからの場合は 14 ヤード以内に寄せる)。

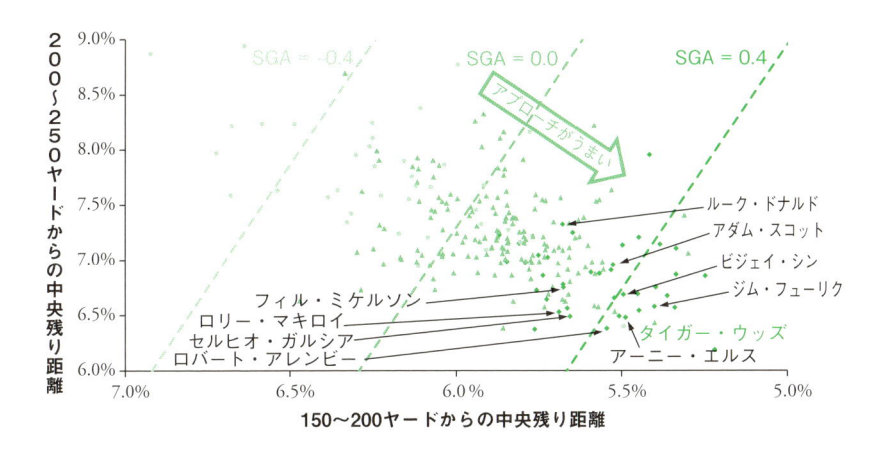

SGS を使ってウェッジショットを測定する

　ショートゲームの指標でも、他の標準的な指標と同じく重要なポイントが見落とされることが多い。ショートゲームとはカップまで 100 ヤード以内の地点から打つショットで、バンカーショットは含まれるがグリーンでのパットは含まれない。プロは平均で 1 ラウンドあたり 10 回こうしたショットを打つ。ショートゲームに関する標準的な統計のひとつに、ガードバンカーから寄せワンを決める(チップインするか 1 パットでホールアウトする)確率を測定するサンドセーブ率がある。この指標には、バンカーの技量とパッティングの技量をごちゃ混ぜにしているという問題がある。サンドセーブ率が低い場合、バンカーショットが苦手

なのかパッティングが苦手なのかを判断できない。

　もうひとつのショートゲームの指標にスクランブル率がある。スクランブル率とはパーオンを逃したときにパーをセーブする確率を測定する指標だ。この指標も同じくショートゲームの技量とパッティングの技量をごちゃ混ぜにしている。サンドセーブ率もスクランブル率も、ショートゲームの技量がスコアに与える影響を正確に表しているとは言えない。

　ショートゲームで稼いだ打数（strokes gained short game：SGS）は、稼いだ打数という手法を用いてプロがショートゲームで出場選手全体に対して稼ぐ1ラウンドあたりの打数を計算したものだ。表6.3は、2004～2012年の1ラウンドあたりのSGSでランクづけしたPGAツアーの上位40選手を示している。SGSの最上位はスティーブ・ストリッカーで、ツアー全体の平均に対して0.6打稼いでいる。スティーブ・ストリッカーはグリーンの外のカップまで0～100ヤードの地点からのショットを半分の確率で打つ前の距離の7.8%以内に寄せていて、ツアー平均は10.2%である。同じくトップ10に入るルーク・ドナルドとフィル・ミケルソンもショートゲームの達人としてよく知られている。ティーショットとアプローチでトップ10に入っているビジェイ・シンがショートゲームでもトップ10に入っていることに驚くかもしれない。

　当然のことだが、ショートゲームがうまい選手は他の選手よりショートゲームショットをカップに寄せている。図6.5は、0～100ヤードからの中央残り距離、ガードバンカーからの中央残り距離、稼いだ打数をひとつのグラフにまとめて、PGAツアー選手がショートゲームショットをカップに寄せるとどれだけスコアが縮まるかを示している（アマチュアのショートゲームの結果については付録を参照）。

表 6.3 1 ラウンドあたりの SGS。2004 〜 2012 年の PGA ツアーで SGS の上位 40 選手。ショートゲームとはグリーンでのパットを除いてカップまで 100 ヤード以内の地点からのすべてのショットを指す。順位は 2004 〜 2012 年に 200 ラウンド以上をプレーした 240 人の選手が対象。中央残り距離とは半分がその距離以内に収まるという距離。0 〜 100 ヤード、0 〜 20 ヤード、20 〜 60 ヤード、60 〜 100 ヤードのショートゲームにはバンカーショットとパットは含まれない。ガードバンカーのショットとはカップまで 50 ヤード以内のバンカーから打つショット。

順位	選手名	SGS	0〜100ヤードからの中央残り距離	0〜20ヤードからの中央残り距離	20〜60ヤードからの中央残り距離	60〜100ヤードからの中央残り距離	ガードバンカーからの中央残り距離
1 位	スティーブ・ストリッカー	0.63	7.8%	11.7%	8.2%	4.8%	14.3%
2 位	コリー・ペイビン	0.54	8.4%	11.5%	9.1%	5.4%	13.2%
3 位	クリス・ライリー	0.52	9.1%	11.7%	9.5%	5.8%	12.4%
4 位	ルーク・ドナルド	0.51	9.4%	12.6%	9.9%	5.7%	12.6%
5 位	マイク・ウェア	0.50	9.3%	12.9%	9.5%	5.8%	11.8%
6 位	パドレイグ・ハリントン	0.50	9.1%	11.6%	9.6%	5.3%	13.9%
7 位	フィル・ミケルソン	0.46	9.2%	12.5%	9.0%	6.2%	13.9%
8 位	ビジェイ・シン	0.42	9.5%	12.9%	9.7%	6.4%	13.6%
9 位	ジャスティン・レナード	0.41	8.6%	11.8%	9.1%	5.4%	15.3%
10 位	ブライアン・ゲイ	0.39	8.6%	12.1%	9.9%	5.3%	14.3%
11 位	今田竜二	0.39	9.3%	12.1%	9.7%	5.8%	13.0%
12 位	ジム・フューリク	0.39	8.5%	11.4%	9.3%	5.5%	14.8%
13 位	ニック・オハーン	0.38	9.0%	12.2%	9.9%	5.7%	13.5%
14 位	ケビン・ナ	0.38	9.7%	12.7%	9.4%	6.0%	14.2%
15 位	丸山茂樹	0.37	10.2%	12.9%	10.3%	6.8%	12.6%
16 位	ジャスティン・ローズ	0.36	9.5%	13.1%	9.5%	5.7%	13.2%
17 位	スチュアート・アップルビー	0.36	9.3%	12.6%	9.3%	5.8%	14.4%
18 位	トッド・フィッシャー	0.35	9.1%	11.5%	9.6%	6.6%	18.4%
19 位	ロリー・サバティーニ	0.34	9.5%	13.1%	9.7%	5.9%	13.1%
20 位	イアン・ポールター	0.33	10.2%	12.7%	11.0%	6.3%	14.5%
21 位	アーニー・エルス	0.32	9.6%	12.8%	9.9%	5.5%	15.3%
22 位	アーロン・バデリー	0.30	10.2%	13.0%	10.4%	6.9%	14.4%
23 位	K. J. チョイ	0.30	9.8%	13.2%	10.8%	6.1%	13.3%
24 位	タイガー・ウッズ	0.30	9.8%	13.5%	9.5%	6.2%	14.9%
25 位	ロッド・パンプリング	0.30	9.9%	12.5%	11.1%	6.3%	13.4%
26 位	カーク・トリプレット	0.29	8.3%	11.0%	10.6%	5.6%	16.9%
27 位	アーロン・オーバーホルザー	0.28	9.5%	11.9%	9.5%	6.5%	14.2%
28 位	レティーフ・グーセン	0.28	9.8%	12.7%	10.5%	6.2%	14.7%
29 位	ケビン・サザーランド	0.28	9.9%	12.1%	10.8%	6.4%	13.9%
30 位	マット・クーチャー	0.28	9.4%	12.7%	9.5%	5.9%	14.6%
31 位	ボブ・ハインツ	0.27	8.9%	12.6%	10.0%	5.6%	17.5%
32 位	ブラント・スネデカー	0.27	9.6%	13.2%	10.3%	6.1%	15.1%
33 位	ブライス・モルダー	0.27	9.2%	12.7%	10.6%	5.7%	16.4%
34 位	ジョナサン・バード	0.27	9.5%	12.3%	9.7%	5.9%	14.3%
35 位	ウェブ・シンプソン	0.27	10.2%	14.4%	10.5%	6.7%	13.5%
36 位	ジェフ・オギルビー	0.26	10.0%	13.5%	11.1%	6.2%	13.4%
37 位	オマー・ユレスティ	0.26	9.1%	12.7%	9.8%	6.0%	19.3%
38 位	グレン・デイ	0.26	8.8%	12.7%	9.3%	5.4%	15.6%
39 位	トム・パーニス Jr.	0.26	9.8%	12.8%	10.3%	5.9%	15.0%
40 位	ティム・ペトロビック	0.25	9.6%	12.2%	10.2%	6.2%	16.8%
	上位 40 選手の平均	0.35	9.4%	12.5%	9.9%	5.9%	14.5%
	PGA ツアーの平均	0.00	10.2%	13.6%	10.9%	6.3%	16.1%

第 6 章 タイガー・ウッズの秘密 149

図 6.5 PGA ツアーのショートゲーム。2004 ～ 2012 年に 200 ラウンド以上のデータが《ショットリンク》に記録された約 240 選手の結果。菱形は SGS の上位 40 選手。その平均 SGS は 1 ラウンドあたり 0.35 打。丸は SGS の下位 40 選手で、その平均 SGS は 1 ラウンドあたり−0.3 打。三角は残りの SGS が平均的な選手。点線は SGS がほぼ同じになる中央残り距離。ショートゲームが最もうまい選手たちはグラフの右下近くにいる。SGS で最上位のスティーブ・ストリッカーは 1 ラウンドあたり 0.6 打稼いでいる。ストリッカーはカップまで 0 ～ 100 ヤードの地点からのショット（バンカーショットとグリーンでのパットを除く）を半分の確率で打つ前の距離の 7.8% 以内に寄せている。カップまで 0 ～ 50 ヤードのバンカーからのショットは半分の確率で打つ前の距離の 14% 以内に寄せている。

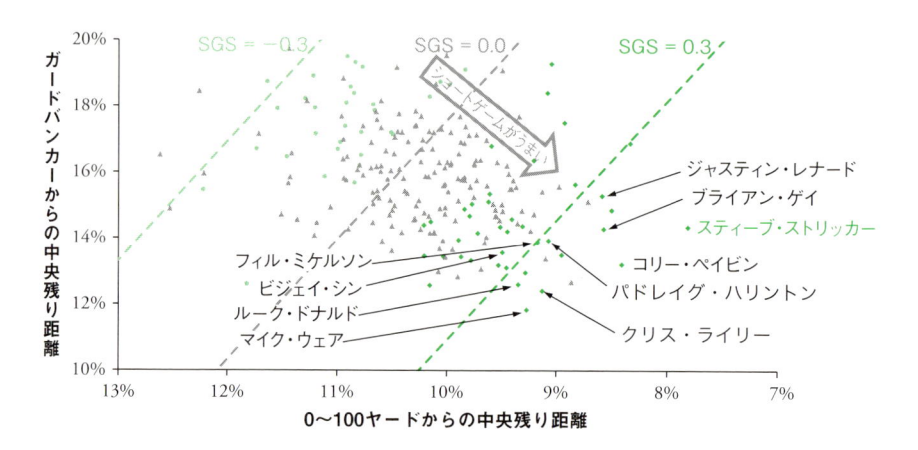

タイガーの知られざる武器

　第 2 章ではパッティングがスコアメイクのカギという考え方に対して疑問を呈した。伝説のゴルファー、ベン・ホーガンはスコアメイクに重要なクラブを順に 3 本挙げるとという質問に「ドライバー、パター、ウェッジ」と答えた。ホーガンの時代の細かなショットデータは残っていないが、「稼いだ打数」という手法と現代のデータを使えば、どのショットが現在のゴルファーの成績に最も大きな影響を与えているのか知ることができる。そうすれば各クラブの重要性を推測できる。

　1 ラウンドあたりの稼いだ合計打数を見れば、選手が出場選手全体に対して何打稼いでいるのか失っているのかがわかる (*12)。「稼いだ打数」の真価は、合計打数を細かく分ければ各ショットで稼いだ打数がわかるという点にある。第 5 章で紹介したジェイソン・デイの場合、彼

が例のホールで稼いだ合計打数は0打だったが、平均以上のショットもあれば平均以下のショットもあった。全選手のショットで同じ作業を繰り返せば、それぞれの種類のショットが稼いだ合計打数に与えた影響がわかる。つまり、稼いだ合計打数を細かく分けて、ティーショット、アプローチ、ショートゲーム、パッティングによるのがどれだけなのかわかるのだ。

表6.4は、2004～2012年のPGAツアーの稼いだ合計打数の上位40選手を示している。彼らは現在のゴルフ界を代表する選手たちだ。最上位はタイガー・ウッズで、彼はPGAツアー全体の平均に対して1ラウンドあたり2.8打稼いだ。つまり4日間の大会に出場するたびに世界の一流選手が集まるPGAツアー全体の平均に対して11打以上を稼いだのだ。2位のジム・フューリクと3位のルーク・ドナルドが稼いだ1ラウンドあたり1.8打というのも信じられないほど素晴らしい数字だが、タイガーには1打近く差をつけられている。以下、フィル、ロリー、ビジェイ、アーニー、セルヒオというゴルフファンならばファーストネームだけでピンとくるおなじみの名前が並ぶ。

稼いだ合計打数で選手をランクづけすると、完璧に納得のいく結果が得られる。だがこの指標の真価は、どのショットで打数を稼いだかがわかる点にある。タイガーの知られざる武器はアプローチである。タイガーが稼いだ打数のうち、アプローチによるものが一番多く、実に46％（2.8打のうち1.3打）を占めている。タイガーは4つのすべてのショットで上位で、稼いだ合計打数が圧倒的に多いのはそのためだが、稼いだ打数の計算により、アプローチが彼の強さの秘密であるとわかった。

タイガー・ウッズの知られざる武器とはアプローチだった。アプローチはタイガーが稼いだスコアのうち最も多い46％を占める。

*12　1ラウンドあたりの稼いだ合計打数とは単にラウンド中の全ショットの稼いだ打数の合計である。稼いだ合計打数を使った場合の結果は、各ラウンドの出場選手全体の平均スコアを考慮して調整した選手の平均スコアである調整済み平均スコアを使った場合とほとんど変わらない。

表 6.4 1ラウンドあたりの稼いだ合計打数をショット別に分けたもの。2004 〜 2012 年の PGA ツアーの稼いだ合計打数の上位 40 選手。順位は、2004 〜 2012 年に 200 ラウンド以上プレーした 240 選手が対象（120 ラウンドのみのロリー・マキロイも含む）。

選手名	順位 合計	ティーショット	アプローチ	ショートゲーム	パット	1ラウンドあたりの稼いだ打数 合計	ティーショット	アプローチ	ショートゲーム	パット
タイガー・ウッズ	1 位	13 位	1 位	24 位	3 位	2.79	0.58	1.28	0.30	0.63
ジム・フューリク	2 位	9 位	3 位	12 位	19 位	1.84	0.27	0.78	0.39	0.40
ルーク・ドナルド	3 位	29 位	10 位	4 位	1 位	1.82	−0.09	0.70	0.51	0.71
フィル・ミケルソン	4 位	14 位	7 位	7 位	86 位	1.70	0.39	0.72	0.46	0.14
ロリー・マキロイ*	5 位	1 位	6 位	124 位	153 位	1.66	0.98	0.73	0.02	−0.07
ビジェイ・シン	5 位	19 位	9 位	8 位	193 位	1.58	0.64	0.71	0.42	−0.18
アーニー・エルス	6 位	6 位	4 位	21 位	164 位	1.43	0.43	0.77	0.32	−0.18
セルヒオ・ガルシア	7 位	3 位	5 位	47 位	156 位	1.43	0.52	0.75	0.23	−0.07
スティーブ・ストリッカー	8 位	32 位	27 位	1 位	13 位	1.34	−0.23	0.46	0.63	0.49
アダム・スコット	9 位	10 位	8 位	68 位	178 位	1.33	0.56	0.72	0.17	−0.12
ザック・ジョンソン	10 位	40 位	32 位	101 位	16 位	1.24	0.29	0.42	0.08	0.45
パドレイグ・ハリントン	11 位	1 位	44 位	6 位	50 位	1.17	0.09	0.35	0.50	0.23
デビッド・トムズ	12 位	59 位	18 位	67 位	62 位	1.15	0.22	0.56	0.17	0.20
ジャスティン・ローズ	13 位	11 位	21 位	16 位	140 位	1.15	0.30	0.52	0.36	−0.03
レティーフ・グーセン	14 位	4 位	35 位	28 位	45 位	1.13	0.20	0.40	0.28	0.26
スチュワート・シンク	15 位	28 位	28 位	71 位	12 位	1.09	−0.02	0.45	0.16	0.50
ジェフ・オギルビー	16 位	7 位	96 位	36 位	34 位	1.05	0.27	0.17	0.26	0.34
K. J. チョイ	17 位	31 位	42 位	23 位	64 位	1.02	0.15	0.37	0.30	0.20
リッキー・ファウラー	18 位	41 位	71 位	102 位	77 位	1.02	0.54	0.24	0.08	0.17
ロバート・アレンビー	19 位	23 位	2 位	189 位	191 位	1.00	0.44	0.88	−0.15	−0.18
ティム・クラーク	20 位	48 位	20 位	56 位	60 位	0.99	0.05	0.53	0.21	0.21
ケニー・ペリー	21 位	5 位	15 位	173 位	180 位	0.98	0.64	0.57	−0.10	−0.12
ボー・バンペルト	22 位	15 位	49 位	125 位	79 位	0.95	0.45	0.33	0.01	0.17
スコット・バープランク	23 位	16 位	13 位	54 位	130 位	0.94	0.13	0.60	0.21	0.00
リー・ウェストウッド	24 位	72 位	16 位	202 位	160 位	0.92	0.62	0.57	−0.19	−0.08
ダスティン・ジョンソン	25 位	27 位	76 位	137 位	165 位	0.92	0.81	0.22	−0.02	−0.09
ウェブ・シンプソン	26 位	17 位	99 位	35 位	22 位	0.90	0.08	0.16	0.27	0.39
ポール・ケーシー	27 位	25 位	19 位	181 位	42 位	0.88	0.17	0.55	−0.12	0.29
バッバ・ワトソン	28 位	8 位	92 位	169 位	176 位	0.88	0.91	0.18	−0.09	−0.12
ジェイソン・デイ	29 位	89 位	132 位	90 位	24 位	0.87	0.30	0.07	0.12	0.39
ブラント・スネデカー	30 位	2 位	98 位	32 位	10 位	0.87	−0.13	0.17	0.27	0.56
ロリー・サバティーニ	31 位	97 位	60 位	19 位	146 位	0.85	0.28	0.28	0.34	−0.04
マット・クーチャー	32 位	116 位	78 位	30 位	38 位	0.85	0.02	0.22	0.28	0.33
ジョン・センデン	33 位	26 位	22 位	151 位	152 位	0.83	0.44	0.51	−0.06	−0.07
チャールズ・ハウェル 3 世	34 位	83 位	73 位	44 位	78 位	0.81	0.16	0.23	0.24	0.17
ベン・クレーン	35 位	22 位	159 位	66 位	9 位	0.80	0.10	−0.04	0.17	0.56
アンソニー・キム	36 位	51 位	85 位	74 位	58 位	0.80	0.24	0.19	0.16	0.21
ニック・ワトニー	37 位	37 位	70 位	144 位	91 位	0.79	0.48	0.24	−0.04	0.11
デービス・ラブ 3 世	38 位	101 位	26 位	143 位	159 位	0.78	0.43	0.46	−0.04	−0.07
アーロン・オーバーホルザー	39 位	38 位	67 位	27 位	88 位	0.78	0.13	0.25	0.28	0.12
イアン・ポールター	40 位	36 位	127 位	20 位	59 位	0.78	0.15	0.09	0.33	0.21
上位 40 選手の平均	20 位	32 位	44 位	71 位	87 位	1.13	0.32	0.45	0.19	0.17
			上位 40 選手の平均（内訳）			100%	28%	40%	17%	15%

世界の一流選手といってもその強みはさまざまだ。稼いだ合計打数のトップ10でタイガーはアプローチが1位、ルーク・ドナルドはパッティングが1位、ロリー・マキロイはティーショットが1位、スティーブ・ストリッカーはショートゲームが1位である。この4つのショットはすべて重要である。

　世界トップ10の選手になるには、10位の選手よりうまくなければならない。表6.4によればザック・ジョンソンである。ジョンソンの稼いだ合計打数は1.2打なので、合計1.2打以上を稼ぐ必要がある。この1.2打を稼ぐにはさまざまな方法があり、ティーショット、アプローチ、ショートゲーム、パッティングのどこで稼いでもいい。セルヒオ・ガルシアはティーショットとアプローチで稼いだ打数だけでトップ10に入れる。実際、パッティングは全体の平均を下回っている。タイガー・ウッズはアプローチで稼いだ打数だけでトップ10に入れるほどだ。彼は、表6.4で示しているようにアプローチで1.28打を稼いでいる。

　表6.4を見ると、ひとつのショットがツアー選手としては苦手な部類でも稼いだ合計打数ではトップ10に入れることがわかる（ロリー・マキロイも含めるとトップ11）。稼いだ合計打数の上位11選手のうち、2人はティーショットが、2人はショートゲームが、5人はパッティングが100位を下回っている。一方、稼いだ合計打数の上位11選手のうち、アプローチが30位を下回っている選手はほぼいない。範囲を広げて上位40選手の結果を平均すると明らかな傾向がくっきりと浮かび上がる。スコアメイクに最も大きな影響を与えるのは稼いだ合計打数の40%を占めるアプローチなのだ。

PGAツアーの上位40選手で、アプローチは稼いだスコアの40%を占める最も重要なショットである。

　表6.5はタイガー・ウッズの10年間の稼いだ打数。それぞれの種類のショットの成績は年によって大きく違う。だがこの10年間で、アプ

表 6.5 年別のタイガー・ウッズの稼いだ打数。2003～2012 年に稼いだ合計打数をショットの種類別に分けたもの。各年の順位はその年に PGA ツアーの《ショットリンク》に 30 ラウンド以上のデータが記録された約 200 選手が対象。

年	順位 合計	ティーショット	アプローチ	ショートゲーム	パット	1ラウンドあたりの稼いだ打数 合計	ティーショット	アプローチ	ショートゲーム	パット	ラウンド数
2012 年	2 位	9 位	1 位	37 位	27 位	2.80	0.74	1.39	0.26	0.42	49
2011 年	29 位	136 位	4 位	89 位	49 位	1.09	-0.15	0.88	0.09	0.28	19
2010 年	48 位	123 位	4 位	160 位	91 位	0.71	-0.08	0.91	-0.20	0.08	29
2009 年	1 位	15 位	1 位	4 位	2 位	3.71	0.53	1.48	0.71	0.99	48
2008 年	1 位	8 位	1 位	3 位	4 位	4.14	0.61	2.01	0.67	0.85	11
2007 年	1 位	4 位	1 位	35 位	2 位	3.68	0.81	1.77	0.30	0.80	43
2006 年	1 位	4 位	1 位	23 位	21 位	3.78	0.92	1.98	0.39	0.49	37
2005 年	1 位	2 位	3 位	89 位	4 位	2.82	1.09	0.89	0.10	0.75	55
2004 年	1 位	21 位	5 位	9 位	3 位	3.06	0.48	1.12	0.51	0.95	54
2003 年	1 位	6 位	1 位	1 位	18 位	3.71	0.87	1.60	0.70	0.54	46

ローチの順位が 5 位を下回ったことはない。表内の 10 年のうち 6 年はアプローチで 1 位になっている。

　表 6.4 から、アプローチの次に重要なのは上位 40 選手の稼いだ合計打数のうち 28% を占めるティーショットであるとわかる。ショートゲームが占めるのは 17%、パッティングは 15% である。ティーショットとアプローチを合わせたロングゲームは、稼いだ合計打数の 68% を占めている。ショートゲームとパッティングを合わせても 32% だ。上位 10 選手または上位 20 選手を平均した場合もほぼ同じ結果になる。年別の結果を見ても結果は変わらない。PGA ツアーの《ショットリンク》データベースに集められた数百万回のショットに基づいた計算結果から、ロングゲームはショートゲームとパッティングを合わせたものより重要であるとわかった。

> PGA ツアーの上位 40 選手で、アプローチは稼いだスコアのうち 40%、ティーショットは 28%、ショートゲームは 17%、パッティングは 15% を占める。

いくつか見過ごせない点がある。まず、これらの結果は平均値であり、実際の数値には選手ごとにばらつきがある。スティーブ・ストリッカーはショートゲームとパッティングが稼いだスコアのうち80％以上を占めているが、セルヒオ・ガルシアにとってはわずか11％である。各選手の結果はさまざまだが、多くの選手の平均を見れば、ロングゲームの重要性は明らかである。

　次に、各試合の優勝者を調べると結果は少し違ってくる。第2章で見たように、PGAツアーでの優勝へのパッティングの貢献度は35％だが、稼いだ合計打数へのパッティングの貢献度はわずか15％である。この2つの結果は矛盾している。パッティングは超一流選手の全試合でのプレーより優勝時にはかなり貢献度が高くなるのだ（*13）。

　3つ目、そして最も重要なことは、ロングゲームがスコアの差に最も大きな影響を与えているからといって、ショートゲームやパッティングを軽く考えてもいいわけではないという点だ。むしろ、世界の一流選手たちはアプローチとティーショットよりパッティングとショートゲームが総じて優れているのだ。世界一の舞台に立つにはすべてのショットがうまくなければならない。一旦その舞台に上がると、ロングゲームに比べてパッティングとショートゲームで他の選手に差をつけるのが難しくなるのである。

　そのショットがどれだけ難しいかではなく、選手ごとに技量に差があることが各ショットの重要性を測定する足掛かりとなる。この点を物語るたとえ話をしよう。ある教師が中間試験の成績が40％、最終試験の成績が60％の配分で生徒たちの成績をつけるとしよう。中間試験と最終試験の加重平均に基づき、上位20％の生徒にA、次の30％の生徒にB、といった具合に成績をつける。つまり相対評価で成績をつける。この教師の作る中間試験は簡単だ。あまりに簡単すぎて全員が満点を取る。最終試験は難しく、成績にばらつきが出る。

---

*13　試合で優勝するには出場選手全体の平均スコアに対して1ラウンドあたり約3.7打稼ぐ必要がある。タイガーが優勝するには、普段のプレーより1ラウンドあたり0.9打多く稼がなければならない。ジム・フューリクは普段のプレーより1ラウンドあたり1.9打多く稼ぐ必要がある。試合で普段以上に打数を稼ぐ場合、他のショットよりパッティングで稼ぐことが多い。通常は優勝した週でもティーショットが普段より20ヤード飛ぶことはないが、パッティングが「絶好調」で普段よりカップインの確率が高いことはある。

教師は最終試験を60%の配分にしているが、実際には最終試験だけで相対的な成績が決まる。理由は、中間試験の点数が全員同じため、最終試験の点数しか生徒同士に差がつかないからだ。ゴルフの場合も同じことが言える。ロングゲームとショートゲームのショット回数は、2つの試験の配分に相当する。ゴルフで最も重要なショットとは最も回数が多いショットではなく技量の差が最も大きいショットである。全選手がパッティング試験で満点を取るとしたら、グリーン以外のショットでしか優勝選手が決まらない。選手ごとに技量に差があることがカギなのだ。ショットの重要性を決めるのは選手ごとの技量の「差」である。
　プロの多くはロングゲームが最も重要だと考えている。ロリー・マキロイは「よくショートゲームが得意じゃないと試合に優勝できないと言われるけど、全然違う」とコメントしている。ジャック・ニクラスもその考えを支持して「わたしもロリーと同じ意見だ。1ラウンドで15回パーオン、ロングホールで2回2オンして、10フィート以内のパットをすべて決めればいいのだから、ショートゲームの練習などわたしはしない。チップショットなどどうでもいい」と話した。
　アマチュアがプロの域に達するにはどうすればいいだろうか。
　指標という観点から見て、平均的な90プレーヤーは平均的なPGAツアー選手とどう違うだろうか。表6.6はこの両者の主な違いをまとめたものだ。プロとアマチュアのスコアは、ロングホールのほうがミドルホールやショートホールより大きな差がつく。人によって違いはあるが、プロはティーショットをアマチュアより約70ヤード遠くまで2倍の精度で飛ばす。あらゆるショットのなかでも、プロは特にアプローチをアマチュアよりカップに寄せている。
　《ゴルフメトリクス》のアマチュアのデータを使うと、何が90プレーヤーと80プレーヤーを、100プレーヤーと90プレーヤーを分けるのか判断できる。プロの場合と同じように、人によってばらつきがあるため、表6.7では平均的なアマチュアの結果を示している。平均的な90プレーヤーと80プレーヤーの10打差は、次のように細かく分けられる。平均的な80プレーヤーは平均的な90プレーヤーよりティーショットを遠くまで真っすぐ飛ばし、その影響は10打差のうち2.5打

表 6.6 平均的な 90 プレーヤーと平均的な PGA ツアー選手の比較。「グリーンオン」にはグリーンエッジに止まった場合も含む。

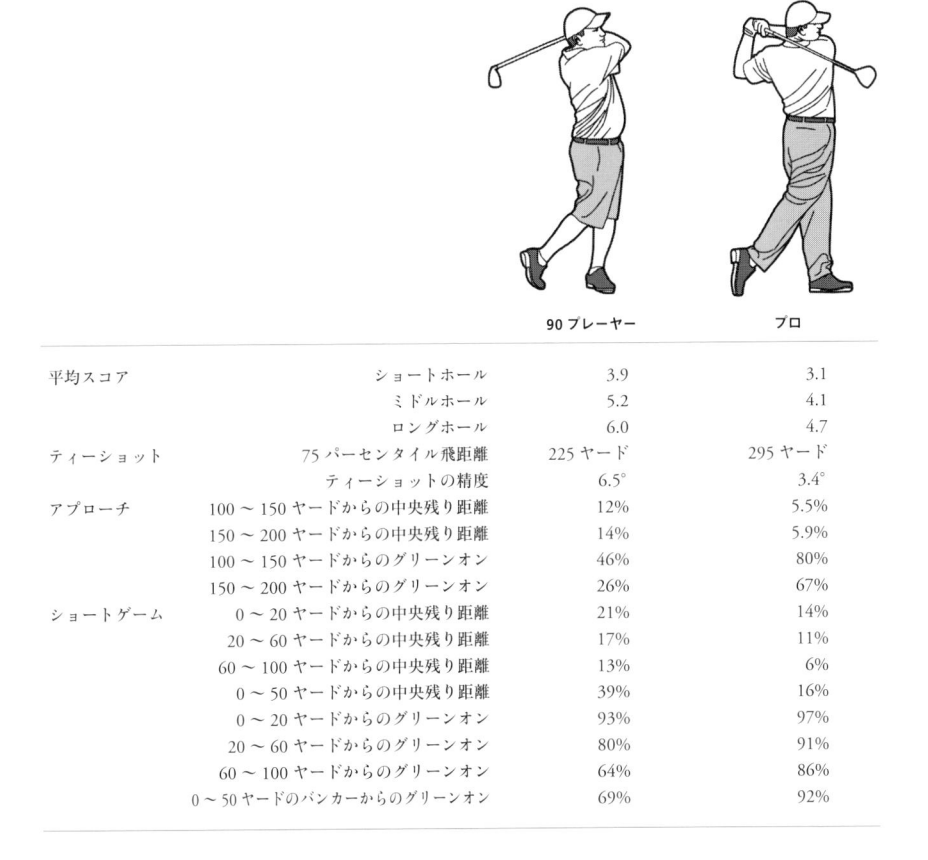

		90 プレーヤー	プロ
平均スコア	ショートホール	3.9	3.1
	ミドルホール	5.2	4.1
	ロングホール	6.0	4.7
ティーショット	75 パーセンタイル飛距離	225 ヤード	295 ヤード
	ティーショットの精度	6.5°	3.4°
アプローチ	100 〜 150 ヤードからの中央残り距離	12%	5.5%
	150 〜 200 ヤードからの中央残り距離	14%	5.9%
	100 〜 150 ヤードからのグリーンオン	46%	80%
	150 〜 200 ヤードからのグリーンオン	26%	67%
ショートゲーム	0 〜 20 ヤードからの中央残り距離	21%	14%
	20 〜 60 ヤードからの中央残り距離	17%	11%
	60 〜 100 ヤードからの中央残り距離	13%	6%
	0 〜 50 ヤードからの中央残り距離	39%	16%
	0 〜 20 ヤードからのグリーンオン	93%	97%
	20 〜 60 ヤードからのグリーンオン	80%	91%
	60 〜 100 ヤードからのグリーンオン	64%	86%
	0 〜 50 ヤードのバンカーからのグリーンオン	69%	92%

である。アプローチでは 80 プレーヤーのほうがダフリやトップが少なく、通常こうしたショットを 90 プレーヤーよりカップに寄せている（*14）。アプローチの影響は 10 打差のうち実に 4.0 打を占める。ショートゲームの影響は 2.1 打、パッティングの影響は 1.4 打である（*15）。

この章で述べた稼いだ打数という手法と第 4 章で述べたシミュレーションという手法のどちらを使った分析でも結果は同じで、ロングゲームは 2 つの平均的なアマチュア同士のスコアの差の 2/3 を占める。

表 6.7 アマチュアの成績。実力に差がある平均的なアマチュア同士のスコアの差。平均的なアマチュアがスコアを 10 打縮めるには、平均するとティーショットで 2.8 打、アプローチで 3.9 打、ショートゲームで 1.9 打、パッティングで 1.3 打を縮める必要がある。ティーショットとアプローチを合わせたロングゲームは、平均的な 100 プレーヤーと 90 プレーヤーのスコアの差のうち 67% を占める。残りの 33% がショートゲームとパッティングによるもの。結果はブローディとコによるシミュレーション分析 (2013 年) に基づく。

現在のスコア	目標スコア	ティーショット	アプローチ	ショートゲーム	パット
90	80	2.5	4.0	2.1	1.4
100	90	2.6	4.0	2.0	1.4
110	100	3.4	3.7	1.7	1.2
平均		2.8	3.9	1.9	1.3
割合		28%	39%	19%	14%

ロングゲームは平均的なアマチュア同士のスコアの差の 2/3 を占める。ショートゲームとパッティングは残りの 1/3。

ショートゲームとパッティングが残りの 1/3 だ。ショートゲームとパッティングを練習してスコアがすぐに縮まることもあるだろうが、アマチュアはフルスイングのレッスンを受けてアプローチ（一般に「ボールストライキング」と呼ばれる）を練習しようとはしないものだ。

通説とは異なり、初心者と上級者、アマチュアとプロ、平均的なプロと一流プロのスコアの差の 2/3 をロングゲームが占めることがこの研究

---

*14　繰り返しになるが、アプローチとはミドルホールとロングホールのティーショットを除く、カップまで 100 ヤード以上の地点からのすべてのショットである。レイアップショットやリカバリーショットも含まれる。
*15　表 6.7 の結果はシミュレーション分析に基づく。稼いだ打数の分析でも同様の結果となるため、個々の結果を確認できる。シミュレーション分析の手順を説明しておこう。90 プレーヤーのショットデータから 90 プレーヤーのモデルを作り、データと比較して検証する。同じことを 80 プレーヤーについておこなう。続いて 90 プレーヤーのモデルをシミュレートするが、ティーショットについては 80 プレーヤーのデータを使う。スコアがどれだけ縮まったかを記録して、ティーショットがスコアに与える影響を評価する。次に 80 プレーヤーのアプローチのデータを使って 90 プレーヤーのモデルをシミュレートし、アプローチがスコアに与える影響を評価する。このシミュレーション手法を使えば、90 プレーヤーと 80 プレーヤーの 10 打差のうち、各ショットがどれだけ影響しているか簡単に計算できる。詳細は、ブローディとコが執筆した 2013 年のコロンビアビジネススクール研究成果報告書を参照。

で証明された。実力に差があるどんなゴルファー同士にも当てはまるため、ゴルフにおける普遍の真理に限りなく近い。

　一部の人々は、こうした結果を異端であり冒瀆である言ってきた。だが数百万回のショットを分析したところ、通説が誤りだと証明された。チップショットやパッティングが重要であることは否定のしようがないが、ロングゲームが良くてはじめてスコアメイクのお膳立てができるのだ。だれの言葉かは知らないが「パットがまずいとスコアにならないが、ドライバーがまずいとプレーにならない」とは言い得て妙である。

パットがまずいとスコアにならないが、ドライバーがまずいとプレーにならない。

「稼いだ打数」で自分の得意・不得意を見きわめる

　スコアを縮める方法とは、得意を保って不得意を克服することとほぼ同じである。「われわれゴルファーは、実は自分の実力を見きわめるのが苦手なのだ」とゴルフ記者のジョン・ポール・ニューポートは書いている。「稼いだ打数」を使えば自分の得意なショットや不得意なショットをかなり正確に見きわめられる。いくつか実例を紹介しよう。

　2010年、ルーク・ドナルドは稼いだ合計打数が5位だったにもかかわらずSGD（ティーショットで稼いだ打数）が175位だった。2011年にはPGAツアーとヨーロッパツアーの両方で賞金王となり、世界ランク1位でその年を終えた。あるゴルフライターによるとルーク・ドナルドが世界一になれたのはパッティングのおかげだそうだが、本当だろうか。彼は2009年、2010年、2011年にSGPが1位だった。パッティングはルークを一流選手にした大きな要因のひとつだが、1位に上り詰めた理由としては説明できない。2010年から2011年にかけて、彼の稼いだ合計打数は約0.75打伸びているが、増加分のほとんどはSGDが0.5

打近く伸びた分によるものだった。PGA ツアーの最終戦を優勝で飾った後で、ルークはマスコミに「今年はロングゲームが本当に良くなった」と話した。彼の言う通りだったのだ（ルークの稼いだ打数の詳細については付録の表 A-12 を参照）。

2011 年、ボー・バンペルトは稼いだ合計打数が 22 位だったにもかかわらず SGP（パッティングで稼いだ打数）が 136 位だった。2012 年には稼いだ合計打数が 9 位になり、トップ 10 フィニッシュの回数はロリー・マキロイと並んで 10 回で最多タイだった。2011 年から 2012 年にかけて、彼の稼いだ合計打数は 0.6 打伸びて、SGP は 0.7 打伸びた。ボーにパッティングがそれほど良くなった理由を尋ねると、パターのフィッティングを依頼するときにそれまで使っていたブレード型（ピン型）パターよりマレット型（カマボコ型）パターのほうがずっと自分に合っていたと気づいたと話していた。このパター交換によってアライメントとヘッドの軌道が良くなり、フェースローテーションが減った。さらに 1 日または 1 試合パッティングの調子が悪かったとしてもパターを取り換えずに 1 本のパターを使い続けるようにもした。

ときには選手自身が気づかないうちに、「稼いだ打数」によってその選手の得意なショットが浮き彫りになることもある。ジャスティン・ローズは 2012 年に稼いだ合計打数が 4 位だった。2013 年 1 月、タイガー・ウッズ、ハンター・メイハン、ジャスティン・ローズのコーチを務めるショーン・フォーリーは前年と比べてショートゲームの調子はどうだとジャスティンに尋ねた。ジャスティンは練習が必要だと答えた。わたしが書いた「稼いだ打数」のレポートを見ていたショーンは「君は 2012 年のショートゲームが 1 位だよ。まるで太り気味だと思っているミスキャンパスみたいだね」と話した。

平均的な 90 プレーヤーにとってはどんな意味があるだろうか。スコアを 10 打縮めようとすれば、ティーショットであれアプローチであれショートゲームであれパッティングであれ、ひとつのショットを磨くだけでは不可能だ。たとえばロングゲームがスクラッチプレーヤー並みでパッティングが大の苦手という型破りな 90 プレーヤーであれば、パッティングを練習したほうがロングゲームを練習するよりスコアが縮まる

のは間違いない。「稼いだ打数」で分析すれば、各自の得意・不得意を正確に見きわめ、最も練習が必要なショットに専念できる。さらにドライビングディスタンスと精度を測定し、アマチュアの基準値と比較もできる。さまざまな距離からの中央残り距離やグリーンオン率を測定すれば、この章で紹介したアマチュアの基準値と比較できる（第9章では稼いだ打数に基づいたゲームもいくつか紹介する。これらのゲームで自分のボールストライキング、ショートゲーム、パッティングを分析して練習に取り組むことができる）。

　ポイントをまとめると、ゴルフで最も重要なショットはパター、ドライバー、ウェッジで打つショットではない。人によって得意・不得意は異なるが、数百万回のショットを分析したところ、平均すると、アプローチがスコアメイクに最も大きな影響を与えることがわかった。ベン・ホーガンがこれを聞けば、驚いて墓のなかでひっくり返るかもしれない。

この章のまとめ

- 角度単位の精度はショットの距離に左右されず、あまり飛ばないゴルファーとよく飛ぶゴルファーの精度を比較しやすい。
- PGAツアー選手の平均精度はターゲットラインから3.4°のずれである。平均的な90プレーヤーの精度は約6.5°のずれ。
- ティーショットの精度が1°良くなると、300ヤードのドライバーショットではターゲットラインに約5ヤード近づく。ティーショットの精度が1°良くなると、プロの場合は約0.75打スコアが縮まり、平均的な90プレーヤーの場合は約0.9打スコアが縮まる。
- ドライビングディスタンスが20ヤード伸びると、プロの場合は約0.75打スコアが縮まり、平均的な90プレーヤーの場合は約1.6打スコアが縮まる。
- 飛距離のほうが精度より重要である。
- アマチュアからプロまで、よく飛ぶゴルファーほど真っすぐ打てる。
- PGAツアー選手はカップまで100〜150ヤードの地点からのショットを半分の確率で打つ前の距離の5.5%以内に寄せている。平均的な90プレーヤーは半分の確率で打つ前の距離の12%以内に寄せている。言い方を変えると、125ヤードからのショットをPGAツアー選手は半分の確率でカップまで21フィート以内に寄せ、平均的な90プレーヤーは半分の確率でカップまで45フィート以内に寄せている。
- PGAツアーの上位40選手で、アプローチは稼いだスコアの40%、ティーショットは28%、ショートゲームは17%、パッティングは15%を占める。
- ティーショットとアプローチを合わせたものがロングゲームで、カップまで100ヤード以上の地点から打つすべてのショットを指す。ロングゲームは一流のPGAツアー選手と平均的なツアー選手のスコアの差の2/3を占める。ショートゲームとパッティングを合わせたものがスコアの差の残りの1/3を占める。ロングゲームの相対的な重要性は、平均的な初心者と平均的な上級者の場合も同じである。

第 2 部

Golf Strategy

コースマネジメントの分析

第7章

パッティングのマネジメント
データと物理学でパッティングがうまくなる

　　均的な100プレーヤーと平均的な90プレーヤーのスコアの差のうちパッティングが占めるのはわずか1〜2打であるとはいえ、パッティングを磨くのがスコアを縮めるには最も簡単かもしれない。グリーンの傾斜やパットの角度といった要素によって距離感やパットの切れ方がどう変わるかは、物理学的に理解できる。パットの散乱パターンを調べれば、世界のパットの名手がどのようにマネジメントしているか把握できる。動的計画法からは、パッティングをきわめるにはファーストパットを沈めることだけでなく、外した場合にボールをどこに止めるかを考えることも忘れてはならないとわかる。

　パットを沈めるための要素は次の3つである。
　第1にグリーンの読み。グリーンの起伏、傾斜、速さを判断する。
　第2に距離感。グリーンに合った強さでパットを打つ。
　第3に方向性。パットの強さに合った正しいラインにボールを転がす。
　この3つの要素は互いに関連している。グリーンの速さと傾斜によってボールがどれだけ転がってどこで止まるかが変わってくる。カップインが可能な選択肢はいくつもあるが、正しくマネジメントすればカップイン率が最も高い選択肢を選ぶことができる。

　ある選手は、キャディにはグリーンの読みを任せないと話していた。こちらがどのくらいの強さでパットを打とうとしているか知らないからだ。グリーンの読み、強さ、ラインは切り離すことができない。パッティングする際には、弱く打ってボールを大きく曲げたとしても、強く打ってボールをあまり曲げなかったとしても、カップインが可能という状況があるだろう。最後のひと転がりでボールをカップに沈めるのと、

勢いをつけてカップの向こう側に当てて沈めるのとではどちらが良いのだろうか。しっかり打てばボールがあまり切れず、カップイン率が高くなるかもしれない。だがそれと引き換えに、パットを外した場合に距離が残り、返しのパットを外す確率が高くなる。

　ジグソーパズルのピースのように、グリーンの読み、距離感、方向性の3つがぴたりと組み合わさってはじめて素晴らしいパッティングが生まれる。この章では、それぞれのピースについて検証してから、すべてのピースを組み合わせてパッティングのマネジメントについて考えていく。

パッティングの大事な要素であるグリーンの傾斜

　手首のつけ根に鉛がついているようにぎこちなくパッティングするために"鉛の手"と呼ばれている友人がいる。彼はたいてい下りのパットが強すぎ、上りのパットが弱すぎる。20フィートのパットを打つときには緩やかに下っていることに気づかずに「前のホールで同じような距離をショートしたから今度はもう少し強く打ったほうがいいな」と考える。強めに打ってボールは6フィートもカップをオーバー。「ちぇっ、軽く打っただけなのに」と彼はつぶやいて、返しのパットをショートし、このホールもまた3パットに終わる。

　アマチュアはよくキャディに「どのくらい切れると思う？」と尋ねる。「このパットの上り傾斜はどのくらい？」と尋ねることはめったにない。だがパットではほとんどの場合、どんな距離であっても、最も大事なのはグリーンの傾斜を判断することである。傾斜によってパットの強さと切れ方が変わるからだ。グリーンの読みをマスターすればパッティングの距離感のずれが少なくなる。

　傾斜が1°であれば60フィート進む間に1フィート高くなる（*16）。傾斜が2°であれば60フィート進む間に2フィート高くなる。二段グリーンの段と段の間は傾斜がきつくなりやすいが、不公平が生じるため

---

*16　より正確に言えば、傾斜が1°であれば60フィート進む間に1.05フィート高くなり、勾配は1.75%（1.05/60）である。

第7章　パッティングのマネジメント　165

そういった場所にカップが切られることはない。PGAツアーの試合でカップ周りの傾斜の平均は1.1°である。排水のためにたいていのグリーンには傾斜があるため、カップ周りの傾斜が0.5°未満になることはめったにない。傾斜が2.0°以上のグリーンは約5%である。

あいにく"鉛の手"氏がプレーしているグリーンには2°の傾斜がついている。彼の場合、仮に傾斜をしっかり考慮したとしてもその影響を軽く考えがちだ。アマチュアはきつい傾斜があっても、どちらかと言えばその影響を軽視する傾向が強い。このような偏った行動は1968年にワード・エドワーズが見つけたものであり、彼はこうした傾向を「保守主義」と呼んだ。彼の言う保守主義とは、大きなことを軽く見積もり、小さなことを重く見積もる傾向のことである。これを"鉛の手"氏に当てはめると、ファーストパットは下りのパットだとわかっているが、ご多分に漏れず本能的にその影響を軽く考えてしまっているため、重大な結果がもたらされることに気づいていないということになる。

グリーンの傾斜を測定するために市販されている機械のひとつに《ブレークマスター》がある。
提供：ロン・ウィルカーソン

もうひとつの大事な要素はグリーンの速さ

グリーンの速さとは、秒速およそ1.8メートルの速度で転がされたボールが水平のグリーンで転がる距離をフィート単位で示したものである。芝を短く刈ったグリーンや硬いグリーン、乾ききったグリーンは、摩擦が小さくボールがよく転がるため、速い。芝が伸びたグリーンやでこぼこのグリーン、湿ったグリーンは、摩擦が大きくボールがあまり転がらないため遅い。

1935年、オークモントで開催された全米オープンでグリーンが速すぎてジーン・サラゼンがパッティングしたボールがグリーンから出てしまったのを見たエドワード・スティンプソンSr.は、グリーンの速さを測定する木製の器具を考案した。この器具から転がしたボールが転がる距離をフィート単位で測定したものを、現在はスティンプメーターと呼ぶ。1976年、全米ゴルフ協会のテクニカルディレクターだったフラン

ク・トーマスはこの器具をアルミニウムで作り直し、アトランタアスレチッククラブでおこなわれた全米オープンで使った。全米ゴルフ協会は1978年から、ゴルフ場の管理者がスティンプメーター（グリーン速度測定器）を使えるようにした。

　グリーンはここ数十年でかなり速くなっている。現在でも多くの市民ゴルフ場ではグリーンの速さが7前後である（グリーンの水平な場所でボールを秒速およそ1.8メートルの速度で転がすと7フィート転がる）。このグリーンの速さはゴルフが誕生してからつい最近まで一般的だったが、いまのトーナメントの基準と比べると著しく遅い。天候やコース整備、芝の種類に大きく左右されるものの、それなりのパブリックコースやプライベートコースの多くではスティンプメーターが9になっている。PGAツアーのコースはもっと速い。PGAツアーの試合で使われるグリーンのスティンプメーターの平均は11である。一部のメジャー大会ではスティンプメーターが13、あるいは14になることさえある。

　高速グリーンでカップ周りの傾斜がきつすぎると、大変なことが起こる場合もある。上りのパットでカップに届かせようとボールを打ち、少しでも外れてしまうとボールが自分の足元に戻ってくるのだ。全米ゴルフ協会は、オリンピッククラブでおこなわれた1998年の全米オープンでこれを思い知った。2日目の18番ホール、首位を走るペイン・スチュワートは8フィートのバーディパットを迎えた。パットは惜しくも外れ、普通のグリーンならばカップから1～2フィートの地点に止まるはずだった。ところが彼のボールはゆっくりカップから離れていき、重苦しい時間が過ぎ、33秒後にボールはカップから25フィート離れて止まった。日差しと風という要因が重なり、ボールが止まらないほどグリーンが速くなりすぎていたのだ。スチュアートはこのホールをボギーとして、最終的に1打差で優勝を逃した。

どれくらいの強さで打てばいいのか

　スティンプメーターが11、傾斜2°のグリーンで、20フィートの下りのパットはどれくらいの強さで打てばいいのだろうか。スティンプ

メーターが同じで水平（傾斜が0°）なグリーンであればボールがどれだけ転がるかを考えるのが効果的だ。この距離を「水平グリーン距離」と呼ぶことにする。このパットをジャストタッチで沈めようと軽く打ったとしよう。スティンプメーターが同じ11で完全に水平なグリーンであれば、ボールはどれだけ転がるだろうか。20フィートより短くなるのは確かだが、どれだけ短くなるだろうか。ちょっとした物理学により、答えが10フィートだとわかる。この速さと傾斜のグリーンで、20フィートの下りのパットを沈めるには、水平なグリーンの10フィートのパットと同じ強さで打たなければならない。カップまでの距離を歩測するだけでは不十分だ。どれくらいの強さでパットを打てばいいか決めるには、グリーンの傾斜も見きわめる必要がある。

　"鉛の手"氏は返しの6フィートのパットを打つときに、直前のパットを強く打ちすぎたと考えていた。むしろ「おっと、下りの傾斜は思ったよりきつかったな。これだけ傾斜がきついグリーンなのだから、この上りのパットはいつもより少し強めに打つべきだ」と考えなければならなかったのだ。この上りの6フィートのパットはどれだけの強さで打てばよかったのだろうか。水平なグリーンであれば9フィート転がる強さである。そう、6フィートの上りのパットと20フィートの下りのパットは、ボールをカップに届かせるためにほとんど同じ強さで打つ必要がある（傾斜が2°、スティンプメーターが11のグリーンの場合）。

　アマチュアはロングパットを左右に5フィート外すより5フィートショートすることが多い。ラインを読むときに、ボールをカップインさせるかカップにできるだけ寄せるには、グリーンの傾斜に意識を集中させることが重要である。「左右どちらに曲がる？」と尋ねるのであれば「この傾斜はどれだけきつい？」と尋ねる必要もある。

> 下りのパットが強すぎて上りのパットが弱すぎるのはアマチュアに多いパッティングのミスである。こうしたミスを減らすには、グリーンの傾斜を読み、グリーンの傾斜がパットの速さに与える影響を理解することに意識を集中させること。

　表7.1では、グリーンの傾斜とグリーンの速さ別に水平グリーン距離をまとめた。この表から、速いグリーンのほうが遅いグリーンよりはるかに難しい理由がわかる。スティンプメーターが7で傾斜が2.0°のグリーンでの20フィートのパットは、上りならば26フィートのつもりで打つ必要があり、下りならば14フィートのつもりで打つ必要がある。言い換えると、この条件では上りと下りの比がおよそ2対1になる。対照的に、速くて傾斜がきついグリーン（スティンプメーターが13で傾斜が2.0°）での20フィートのパットは、上りと下りの比が4対1になる。速いグリーンでは遅いグリーンよりはるかに繊細なタッチが要求されるのにはこうした理由が大きい。もうひとつの理由は、速いグリーンでは

表7.1 水平グリーン距離。左の表はグリーンの傾斜（角度で測定）別の20フィートのパットの水平グリーン距離とグリーンの速さ（スティンプメーターで測定）。パットはすべて真っすぐの上りまたは下りである。傾斜がプラスの場合は上りで傾斜がマイナスの場合は下り。右の表は、それぞれの傾斜およびスティンプメーターのグリーンでボールを20フィート転がすための初速をm/秒単位で示したもの。こうした初速から、上りのパットは下りのパットより強く打たなければならないことがわかる。遅いグリーンでは速いグリーンよりボールを強く打つ必要がある。

		20フィートのパットの水平グリーン距離				ボールを20フィート転がすための初速（m/秒）			
		スティンプメーター				スティンプメーター			
	傾斜	7	9	11	13	7	9	11	13
上り	2°	26	28	30	32	8.0	7.2	6.7	6.4
	1°	23	24	25	26	7.5	6.7	6.2	5.8
水平	0°	20	20	20	20	6.9	6.1	5.5	5.1
	-1°	17	16	15	14	6.4	5.5	4.8	4.3
下り	-2°	14	12	10	8	5.8	4.7	3.9	4.3
上りと下りの比		1.9	2.3	3.0	4.0				

ボールを柔らかく打たなければならないため、より神経を使いながらプレーしなければならないからだ（半面、芝を短く刈ってローラーをかけたグリーンは、芝の長さがまちまちででこぼこした遅いグリーンより表面が滑らかであるため、ボールが素直に転がりやすい。滑らかなグリーンは速くなりやすいが、パッティングが運に左右されにくくなる）。

ターゲットとカップ

　パットの究極的な目的はボールをカップに入れることだが、ターゲットはたいていカップそのものではない。カップにふたがされていると仮定して、ボールがカップの1フィート先まで転がるように打てば、ボールはカップインするはずだ。ボールをカップに沈めるには、ボールが転がる途中にカップがあるようにターゲットを決める。

　カップをターゲットにする、つまりカップの0フィート先をターゲットにすることを「ジャストタッチで狙う」と言ったりする。似たような言い方で「ぴったり打て」というアドバイスもよく耳にする。ショートパットでこの狙い方をするのは弱気すぎる。半分のパットがショートし、結果としてカップインの確率が低くなる。よって最初に、ショートパットを決める確率をできるだけ高めるにはカップの先をターゲットにする必要がある。では、どれだけカップの先を狙えばいいのだろうか。6インチか、それとも3フィートか。この狙い方とパットの距離、グリーンの速さ、パットの角度はどう関係するのだろうか。

　何回かパッティングしてボールが最終的に止まった位置を示す散乱パターンを分析すれば、その場所からパッティングするときの理想的なターゲットがピンポイントでわかる。PGAツアー選手が外したパットの散乱パターンを見れば、パッティングの狙い方を推定できる。散乱パターンの中心こそが、狙おうとしたターゲットである。ターゲットがカップの5フィート先であれば、何回かパッティングして外れたボールの中心がカップの約5フィート先になると予想される。ジャストタッチで狙っていれば、何回かパッティングして外れたボールの中心がカップに重なると予想される（*17）。

散乱パターンは、ロングパットのほうがショートパットよりばらつきが大きく、アマチュアのほうがプロよりばらつきが大きい。

図7.1は、プロが30フィートの上りのパットを外した場合の散乱パターンのサンプルだ。散乱パターンの中心であるターゲットにX印をつけた。ターゲットはほぼカップに重なっているため、ほとんどのPGAツアー選手は30フィートの上りのパットをジャストタッチで狙っていることがわかる。プロはこのようなパットを半分近くの確率でショートするが、これはターゲットがカップに重なっていることと一致する。ターゲットがカップの1〜2フィート先だとセカンドパットが長くなり、平均するとホールアウトまでのパット数が増える。ターゲットがカップの1〜2フィート手前だとカップインの確率が低くなり、

図7.1 傾斜が1〜2°、平均傾斜が1.4°のグリーンで、PGAツアー選手が30フィートの上りのパットを100回外した場合の散乱パターンのサンプル。散乱パターンの中心であるターゲットにX印をつけた。X印はほぼカップに重なっている。そのため、PGAツアー選手による30フィートの上りのパットの「平均的」な狙いはジャストタッチであるとわかる。

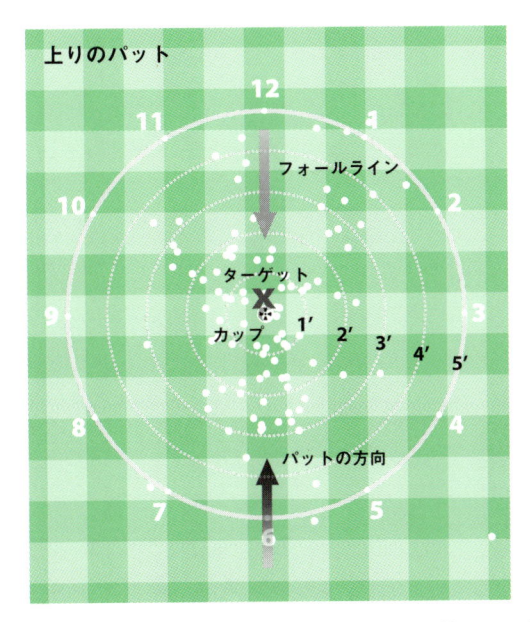

*17 より正確にターゲットを突き止めるには、カップインしたボールが外れていればどこで止まるはずだったかがわかれば、すべてのパットの散乱パターンの中心がターゲットとなる。外れたパットの中心だけだとターゲットの推定に多少の偏りがある。

セカンドパットが長くなる。

　ショートパットは 3 パットの心配があまりなく、カップインが主な目標となる。パットを決めるにはボールをカップに届かせる必要がある。したがって、ほぼすべてのパットでカップインの可能性を残すためにターゲットをカップの先にしなければならない。ターゲットがカップの先になるため、プロがこうしたパットをショートすることはめったにない。4 フィートの上りと 4 フィートの下りという 2 通りのショートパットについて考えよう。この 2 通りのパットで、ターゲットをどれだけカップの先にすればいいだろうか。上りのパットと下りのパットでは、どちらのターゲットをカップから離せばいいだろうか。

　図 7.2 は、傾斜が 1 〜 2°（平均より傾斜がきついがそれほど急傾斜ではない）のグリーンで、PGA ツアー選手が 4 フィートのパットを外した場合の散乱パターンである。散乱パターンは下りのパットのほうが上りのパットよりばらつきが大きいが、その理由のひとつは重力である。上りのパットは止まり際に速度が急に落ちる。ショートパットではどのパットでもボールがカップに届くように散乱パターンの中心をカップの先にする必要があるため、下りのパットでは上りよりターゲットをカップのかなり先にする必要がある。それがプロの狙い方なのだ。

　プロが 4 フィートのパットをショートする確率はわずか約 1% である。この確率を維持するには、下りのパットで上りのパットよりターゲットをカップのかなり先にする必要がある。それぞれの散乱パターンの中心からターゲットを推定すると、プロは上りのパットをカップの 1.2 フィート先まで、下りのパットをカップの 2.2 フィート先まで転がしていることがわかる。当然、ターゲットをカップの 2.2 フィート先にすると、外れたときにカップの 3 〜 4 フィート先、あるいはもっと先までボールが転がってしまうこともある。

下りのパットではターゲットをカップのかなり先にすること。
上りのパットではターゲットをカップの少し先にすること。

図 7.2 傾斜が 1 〜 2°、平均傾斜が 1.4°のグリーンで、PGA ツアー選手が 4 フィートのパットを外した場合の散乱パターン。左のグリーンは下りのパットで、ターゲットがカップの 2.2 フィート先だとわかる。右のグリーンは上りのパットで、ターゲットがカップの 1.2 フィート先だとわかる。PGA ツアー選手が 4 フィートの下りのパットを決める確率は 87% でショートする確率は 1.0%。上りのパットを決める確率は 89% でショートする確率は 1.2%。

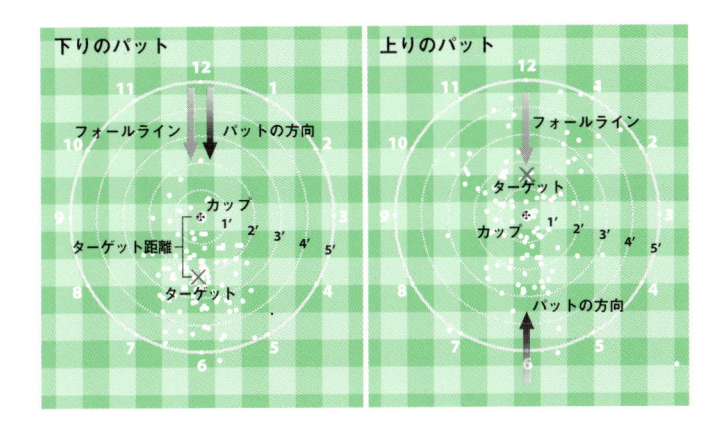

次に、グリーンの傾斜でターゲット距離をどう変えるべきか考えてみよう。4 フィートの下りのパットで、水平に近いグリーン（傾斜 0.7°）、傾斜が緩やかなグリーン（傾斜 1.4°）、傾斜が急なグリーン（傾斜 2.3°）のうち、ターゲットをカップから一番離す必要があるのはどのグリーンだろうか。傾斜がきつくなるほど距離感のコントロールが難しくなり、散乱パターンのばらつきが大きくなるため、ショートしないようにターゲットをカップから離す必要がある。4 フィートの下りのパットでは、PGA ツアー選手の散乱パターンから、水平に近いグリーンではカップの 1.9 フィート先を、傾斜が緩やかなグリーンでは 2.2 フィート先を、傾斜が急なグリーンでは 2.5 フィート先をターゲットにしていることがわかる。

4 フィートの上りのパットではその逆である。グリーンの傾斜がきつくなるほど止まり際でボールの速度が急に落ち、散乱パターンのばらつきが小さくなるため、ターゲットをカップに近づける必要がある。4 フィートの上りのパットでは、PGA ツアー選手の散乱パターンから、水平に近いグリーンではカップの 1.4 フィート先を、傾斜が緩やかなグ

リーンでは 1.2 フィート先を、傾斜が急なグリーンでは 1.0 フィート先をターゲットにしていることがわかる。

- 下りのパットでは傾斜がきつくなるほどターゲットをカップから離す必要がある。
- 上りのパットでは傾斜がきつくなるほどターゲットをカップに近づける必要がある。

　ここでの目的は、できるだけ少ない打数でボールをカップインさせる狙い方を見つけることだ。ロングパットでは、プロはカップそのものかカップのすぐそばをターゲットにしている。これは、カップインの確率を高めて次のパットをできるだけ短くするという目的から理にかなっている。ショートパットでは、プロはどのパットでもカップに届かせてカップインの確率を残すため、カップの先をターゲットにしている。下りのパットのほうが距離感のコントロールが難しいため、同じ距離の上りのパットよりターゲットをカップから離す必要がある。同じ理由で、傾斜がきつく速いグリーンほど、下りのショートパットのターゲットをカップから離す必要がある。

　図 7.3 は、傾斜が PGA ツアーの平均をやや上回る 1.4°のグリーンで、PGA ツアー選手がさまざまな距離、角度のパットで狙うターゲットを示している。このグラフのターゲットとは、さまざまな距離・条件で集められた《ショットリンク》データから得られた散乱パターンの中心から推定したものである。このグラフからわかるように、プロのターゲットはパットの距離が長いほどカップに近い。上りのパットでは、他のどの角度のパットよりターゲットがカップに近い。プロの下りのパットのターゲットはカップのかなり先で、下りのショートパットの場合がカップから一番遠い。傾斜がより水平に近いグリーンと傾斜がよりきついグリーンでのプロのターゲットのグラフは付録に掲載している。

> **パットの距離が長いほどターゲットをカップに近づける必要がある。**

図 7.3 カップ周りの傾斜が 1 ～ 2°、平均傾斜 1.4° のグリーンでの PGA ツアー選手のターゲット距離。下りのパットのほうが上りのパットよりターゲットがカップから遠い。ショートパットのほうがロングパットよりターゲットがカップから遠い。

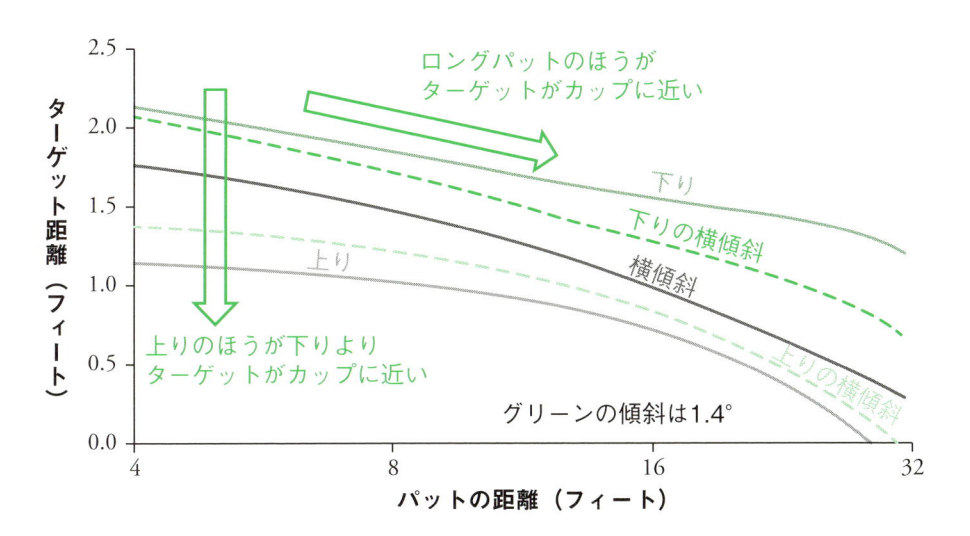

プロがパッティングでどこをターゲットにしているか調べれば、アマチュアにとって参考になる。アマチュアの 20 フィートからの散乱パターンはプロの 30 フィートからの散乱パターンと似ているため、ターゲットも同じようにする必要がある。アマチュアの 5 フィートからのパッティングの腕前は、プロの 8 フィートからの腕前に近い。適切に距離を調整すれば、アマチュアもプロと同じようにターゲットを決めることができる。

ターゲットがカップの 1 フィート先の場合とカップの 2 フィート先の場合の違いを識別するのは容易ではないが、この 1 フィートの差は非常に大きい。グリーンの傾斜やパットの方向に関係なく、プロが 4 フィートのパットをショートする確率はわずか約 1% である。下りの

パットでプロがカップの2フィート先ではなく1フィート先をターゲットにすると、こうしたパットをショートする確率が6〜7%になり、成績に大きく響いてくる。

ゴルフ界ではカップのどれだけ先を狙うのが最適な狙い方なのか、盛んに議論されている。プロのデータと動的計画法から得られた結果を分析し、散乱パターンに基づいて考えると「ターゲットをカップの何フィート先に固定する」というような狙い方ではカップインの確率が高くならないことがわかる。適切なターゲットはグリーンの傾斜、グリーンの速さ、パットの距離によって変わる。したがってできるだけスコアを縮めるには、グリーンの傾斜や速さといった状況に注意を払い、その状況に合った狙い方をすることだ。

どれだけ強気で攻めればいいか

4フィートのパットを10インチショートした場合と6インチオーバーした場合、結果的には同じ2パットなのにショートのほうが悪いのはなぜだろうか。パットをショートする確率が高いのは狙い方がまずいからだ。散乱パターン、つまりターゲットがカップの先になっていないのである。長い目で見ると、この場合はカップインの確率が低くなる。ポーカーから言葉を借りると、テーブルに置かれた現金に手をつけないようなものだ。

強気で攻めればカップインする可能性があるが、その半面、強気で攻めすぎると返しのパットが長くなってしまう。いつでもカップにねじ込もうとして強く打つのは簡単だが、強気に攻めすぎると3パットの確率が高くなるため、良い作戦ではない。3パットを避けようとして5フィートのパットをジャストタッチで狙うのも同じく良い作戦ではない。

ジャストタッチで狙うかねじ込もうとするか。ショートパットの場合はどちらも間違いだ。ジャストタッチで狙えばショートする危険がある。ねじ込もうとすればオーバーしすぎる危険がある。ショートパットではその中間の攻め方が妥当だ。グリーンの傾斜やパットの角度に応じて、カップの1〜2.5フィート先まで転がすつもりで打つこと。パットの距

離が長くなり、特に上りのパットの場合は、ジャストタッチで狙うほうが良い。目的はパット数をできるだけ少なくすること、つまり3パットを避けることであって、ショートする確率をできるだけ低くすることではない。

> ショートパットではジャストタッチで狙う場合とねじ込む場合の中間の攻め方が妥当で、カップの1～2.5フィート先をターゲットにする必要がある。

　データを見ればどれだけ強気で攻めればいいのかある程度わかる。これはショートパットとロングパットで違う。PGAツアー選手が10フィートのパットをショートする確率はどれくらいだろうか。答えは7%である。ツアーでもパッティングの得意な選手は6%しかショートしないのに対して、パッティングの苦手な選手は9%もショートしている。アマチュアはもっとひどい。90プレーヤーは10フィートのパットを16%ショートしている。データは正直だ。パッティングがうまいゴルファーほどショートする確率が低いのである。
　こういうときは「ジャストタッチで狙うかねじ込もうとするか」ではなく「10フィートのパットをショートする確率を7%未満に抑えるにはどれだけの強さで打てばいいか」と考えると良い。10フィートのパットはカップインの可能性が残る強さで打つ必要があるが、何回かに1回は決まって3パットになるような危険が生まれるほど強く打ってはいけない。
　パットの距離が長いほど1パットの確率が低くなり、3パットの確率が高くなる。こうしたリスクのバランスを正しくとるには、まさにデータで明らかになったように、ロングパットはあまり強気で攻めないことだ。PGAツアー選手がショートする確率は、15フィートのパットでは17%、20フィートのパットでは26%、50フィートのパットでは約50%である。ロングパットではジャストタッチで狙うのが正しい攻め

方ということになる。

　図7.4と表7.2からわかるように、15フィート以下のパットで、90プレーヤーはパッティングが得意なプロの2〜4倍の確率でショートする。アマチュアがショートする確率を下げるには、ターゲットをカップのかなり先にして、距離感とパッティングの攻め方を身につける必要がある。

> パッティングがうまいゴルファーほどショートする確率が低い。ちなみに90プレーヤーはパッティングが得意なプロの2〜4倍の確率でショートする。

プロのパッティングに近づく

　ちょっとした習慣を身につければプロのパッティングに近づける。パッティングのターゲットは見えないため直接観察することができず、ターゲットをカップに6インチ近づける、またはカップから6インチ離すといった考え方をするのは難しい。対照的に、パットをショートする確率は簡単に計算できて、プロにとってもアマチュアにとってもパッティングの巧拙が判断しやすい。3〜7フィート、8〜11フィート、12〜15フィートのパットをショートする確率を記録する習慣を身につけよう。その結果を表7.2のプロの結果と比較する。この情報を生かせばパッティングがうまくなる。

プロとアマはロングパットをどれだけ寄せているか

　パッティングで最も大事な目的は決めることだが、ロングパットはカップインしにくい。次に大事な目的はできるだけ短い距離を残すことである。PGAツアー選手は40フィートのパットをどれだけ寄せているだろうか。アマチュアはどうだろうか。

図 7.4 PGA ツアー選手とアマチュアのパッティングをショートする確率。パッティングが苦手なゴルファーは得意なゴルファーよりショートする確率が高い。どのゴルファーも平均的に、パットの距離が長いほどショートする確率が高くなる。SGP が 1 ラウンドあたり 0.5 打以上のツアー選手を「パッティングが得意なツアー選手」としている。毎年ツアーでは約 20 人がここに含まれる。SGP が 1 ラウンドあたり −0.5 打以下のツアー選手を「パッティングが苦手なツアー選手」としている。

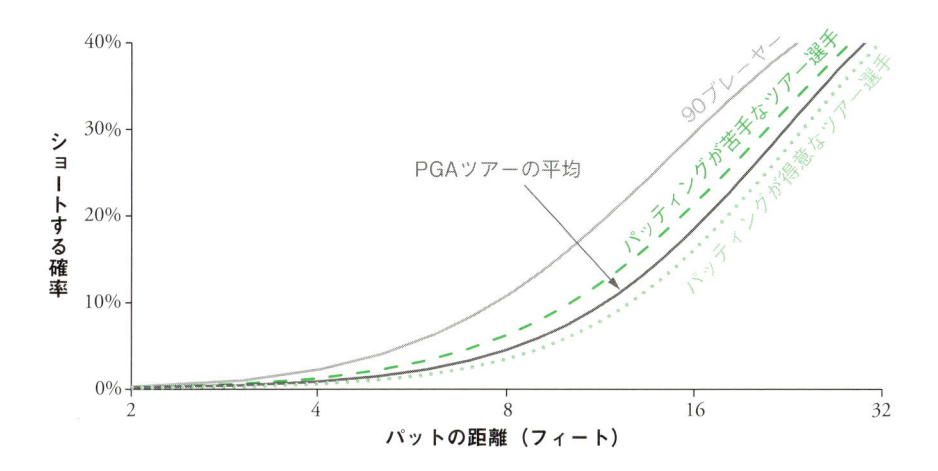

表 7.2 PGA ツアー選手とアマチュアがパッティングをショートする確率。15 フィート以内のパットで、アマチュアはパッティングが得意なプロの 2 ～ 4 倍の確率でショートする。

パットの距離（フィート）	パッティングが得意なプロ	PGA ツアーの平均	パッティングが苦手なプロ	90 プレーヤー
4	1%	1%	1%	2%
5	1%	2%	2%	4%
6	2%	2%	3%	6%
7	3%	3%	4%	8%
8	3%	4%	6%	11%
9	5%	6%	8%	13%
10	6%	7%	9%	16%
11	8%	9%	12%	19%
12	9%	11%	14%	21%
13	11%	13%	15%	23%
15	14%	17%	20%	28%
17	18%	20%	23%	31%
20	23%	26%	28%	36%

第 7 章 パッティングのマネジメント

きっと、アマチュアのほうがプロよりはるかに長い距離を残していると思うはずだ。プロが40フィートのパットを打つと、半分の確率でカップまで3フィート以内に寄せ、その誤差は約7.5%となる。90プレーヤーが40フィートのパットを打つと、半分の確率でカップまで4フィート以内に寄せ、その誤差は約10%となる。アマチュアの距離感は意外なほど良い。確かに、アマチュアがミスをしたときはプロがミスをしたときより大きくカップから外れる。プロが40フィートのパットを打つと、1/4の確率でカップまで4.5フィート以上距離が残る。アマチュアが40フィートのパットを打つと、1/4の確率でカップまで7フィート以上距離が残る。プロがプレーしているグリーンは、アマチュアがプレーしているグリーンより速いが表面が滑らかなのも確かである。

パーセント単位の距離誤差、つまりパットを打つ前の距離に対する残った距離の割合は、ロングパットでは距離誤差を測定するのに適しているが、ショートパットでは意味がない。2フィートのパットを外して2フィートの距離が残れば距離誤差は100%となるが、このパーセント単位の誤差は無意味である。ショートパットではショートする確率に着目したほうがいい。

方向性とパッティング文字盤

図7.5で示しているように、私の友人の"鉛の手"氏は、5フィートの上りのスライスラインを打っている。彼はカップ1個分切れると想定して打ったが、ボールはカップの左側を通過してオーバーし、返しの3フィートのパットが残った。"鉛の手"氏が次のパットをファーストパットとは違って距離感を合わせて打つとして、カップ1個分以上切れると考えるべきか、それともそこまで切れないと考えるべきだろうか。

"鉛の手"氏がファーストパットをもう少し弱く打つか、もう少しカップの近くを狙って打っていたら、カップインしていただろう。返しのパットは5フィートではなく3フィートと距離が短く、ショートパットはロングパットほど切れない。セカンドパットはカップ1個分ほど切れず、せいぜいカップ半分ほど右側を狙うのが正しいと思うかも

図 7.5 5 フィートの上りのスライスラインがカップの左側を通過してオーバーし、3 フィートの距離が残った。カップ 1 個分切れると読んだが、強く打ちすぎたのだ。

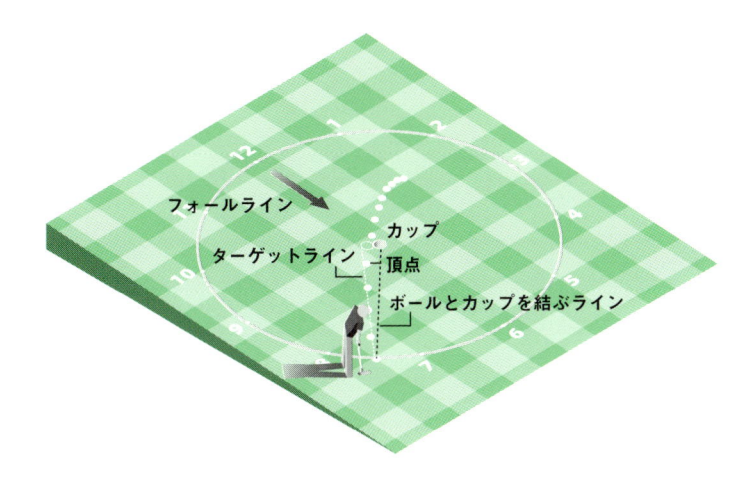

しれない。だが物理学によって、"鉛の手"氏がカップの 1.5 フィート先まで転がる速度で打つには、およそカップ 1.5 個分切れると思って打つべきだとわかる。そう、ファーストパットほど切れないのではなく、ファーストパットより切れると考えて打つのが正しいのだ。図 7.6 で示しているように、その強さでカップ 1 個分も切れないと思って打つと、ボールは左に外れてしまう。ボールの切れ方を深く読みすぎてカップの高い側に外した後に、返しのパットがファーストパットより切れると思って打つのは直感に反しているが、なぜそうなるのだろうか。

グリーンを転がるボールは物理の法則により、下りのパットは上りのパットよりかなり大きく切れる。

下りのパットは上りのパットよりかなり大きく切れる。

図 7.6 3フィートの下りの横傾斜のラインは、カップ1.4個分切れると思って打てば真ん中からカップインする。

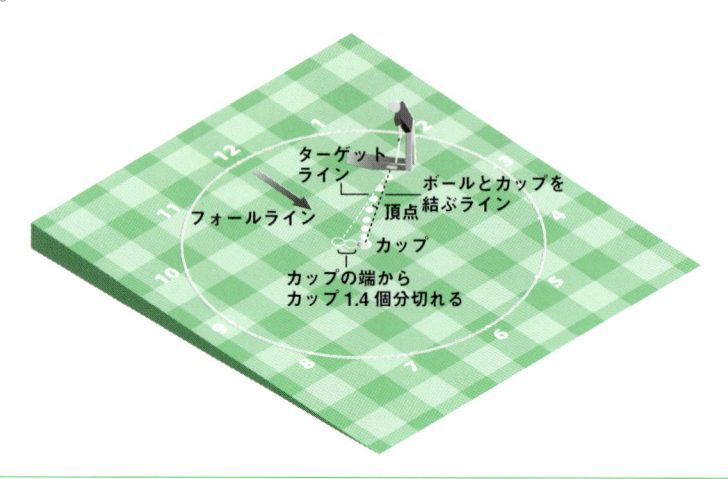

図 7.7 パッティング文字盤。5フィートのパットの軌道を示している。グリーンの左半分は傾斜が1.5°で右半分は傾斜が2.0°。下りのパットは上りより切れる。パットは水平に近いグリーンより傾斜が急なグリーンのほうが切れる。同じように、この図では示していないが、遅いグリーンより速いグリーンのほうが切れる。

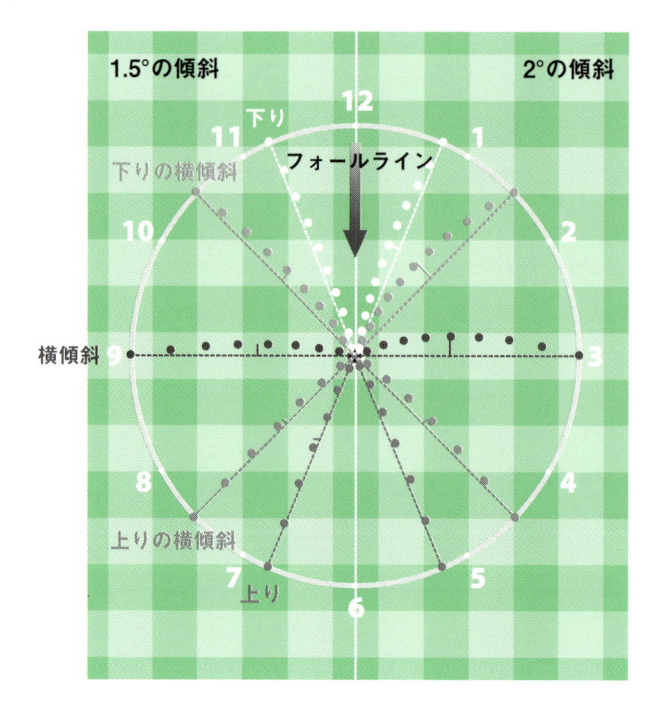

図7.7で示しているパッティング文字盤は、何時の方向からパットを打つかによってパットの切れ方がどう変わるかを示している。文字盤はフォールラインが12:00になる向きになっている。12:01 〜 5:59からのパットはすべて右から左に切れる。6:01 〜 11:59からのパットはすべて左から右に切れる（混乱を避けるために図では示していない）。9:00からのパットは、3:00からのパットが右から左に切れるのと同じ幅だけ左から右に切れる。下りのパットは正反対からの上りのパットより大きく切れる。1:00からのパットは5:00からのパットより大きく切れ、2:00からのパットは4:00からのパットより大きく切れる。図7.7の左半分と右半分を比べると、傾斜が急なグリーンのほうが大きく切れることがわかる。同じく、図では示していないが、速いグリーンのほうが遅いグリーンより大きく切れる。

**傾斜が急なグリーンのほうが水平に近いグリーンより大きく切れる。
速いグリーンのほうが遅いグリーンより大きく切れる。**

　パッティング文字盤を使えば、グリーンが読みやすくなる。まずはグリーンをよく見て、図で12:00の方向になっているフォールラインを見つけること。12:00からボールをカップに向かって転がせば、左右に切れずに真っすぐカップインする。カップの周りを一周すると12:00の地点が最も高く、6:00の地点が最も低い。フォールラインを見つけたら、ボールが文字盤の何時の位置にあるかを見きわめる。5:00からの上りのパットは4:00からの上りのパットほど大きく切れないことがわかるだろう。最後に、12:00から6:00のフォールラインに沿って、グリーンの傾斜を推定する。傾斜はパットを文字盤の何時の位置から打つとしてもその切れ方に影響するからだ。

パッティングの効果的なドリルとして、練習グリーンでカップを中心に、たとえば半径5フィートの円を描くように歩きながらボールをいくつかドロップする方法がある。それからフォールラインを見つけてみよう。フォールラインが見つかったら、文字盤のさまざまな時刻からカップインさせて、ボールの切れ方や軌道を本書で紹介しているパッティング文字盤と比べてみるといい。

切れるパット

　図7.8は、5フィートの下りのフックラインである。"鉛の手"氏はカップ1.5個分切れると考えて打ったが、このグリーンの速さと傾斜では読みが浅すぎ、パットは左に外れ、3フィートの返しのパットが残った。彼は次のパットでカップの左端より内側を狙うべきだろうか、それとも外側を狙うべきだろうか。

　以前ならば"鉛の手"氏は「読みが浅すぎたから低い側に外れた。次のパットはもっと深く読んで打とう」と考えていただろう。その通りに

図7.8　5フィートの下りのフックラインは左に外れ、カップまで3フィートの地点で止まった。

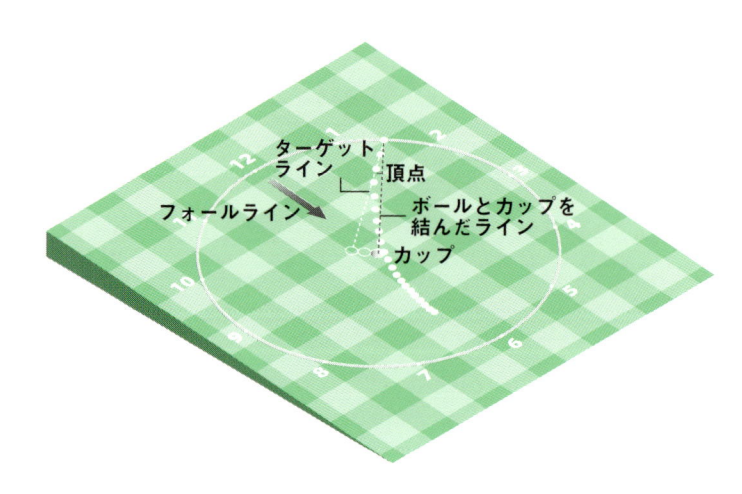

打つと 3 パットになる。パッティング文字盤という知識を得た"鉛の手"氏は「次のパットは上りでフォールラインに近く、距離もさっきより短い。総合すると、このパットはあまり切れない。カップの中心と左端の間を狙って打とう」と考える。この推理は正しく、図 7.9 で示しているようにセカンドパットは見事にカップインする。

図 7.9　6:30 からの 3 フィートのパットは、カップの中心と左端の間を狙って打つと真ん中からカップインする。

なぜか低い側に外す

　カップの「低い」側とは、高さが低い側のことで、フックラインではカップの左側、スライスラインではカップの右側である。データから重要な統計が得られた。アマチュアはショートパットの 70% 近くを低い側に外すのだ。確率的には、低い側に外す確率が 50% になるはずだ。男性が小便を決まって便器の右側にこぼすとしたら、狙いを調整しようとするだろう。ほとんどの男性は、自宅では完璧に調整できている。公衆便所のマナーからは想像できないかもしれないが。

　50% を大きく上回る確率でパットを低い側に外すとしたら、それによって打数を失い、長い目で見るとカップインの確率を下げるミスを犯

第 7 章　パッティングのマネジメント　185

していることになる。切れるパットはカップの「高い」側、つまり「プロ」サイドに外したほうが良いとよく言われるが、それは正しくない。50%を大きく上回る確率でパットを高い側に外すゴルファーも打数を失っている。といっても、そのことで悩んでいるゴルファーはほとんどいない。

　たとえば15フィート以内や20フィート以内など、カップイン可能なパットを高い側に外す割合と低い側に外す割合を記録していくと良い。50%を大きく上回る確率でパットをどちらか一方に外すのであれば、パッティングがうまくなる絶好のチャンスである。多くのゴルファーが低い側に外す理由を理解するには、切れるパットを物理的に考える必要がある。

切れるパットの物理学　頂点を狙うと低い側に外れる

　図7.10の上のグリーンは切れるパットの軌道を示している。「フォールライン」とは水が重力に従って真っすぐ流れ落ちる方向である。文字盤は下りが12:00から6:00の向きになっている。1:30からのパットは重力のせいで、ゴルファーの視点から見ると右から左に曲がる。このパットを沈めるには、ボールとカップを結んだラインの右側に打ち出さなければならない。「ターゲットライン」とはパットを打ち出す方向である。白い点線の円で示しているように、このパットは「カップ3個分切れる」などと言う。パットの「頂点」とはボールの軌道がボールとカップを結ぶラインから最も離れる地点だ。ターゲットラインはパットの軌道より右側にある。重力のせいでボールは打った直後から曲がりはじめる。打つ前を除き、パットの軌道は「常に」ターゲットラインより下にある。図7.10のパットの軌道はフリーハンドで描いたものではない。物理学から導き出される方程式を使えば、滑らかで傾斜のある表面を転がるボールの軌道を計算できる。

　図7.10の下のグリーンで示しているように、頂点を狙うとパットはカップの低い側に外れる。切れるパットを沈めるには、パットの頂点より上を狙わなければならない。

図 7.10 切れるパット。フォールラインとは水が真っすぐ流れ落ちる方向。1:30 からのパットは右から左に切れる。上のグリーンでは、カップの右端からカップ 3 個分切れるパットの軌道を白い点線で示した。打つ前を除き、パットの軌道は常にターゲットラインより下にある。下のグリーンでは、白い点線で示した軌道の頂点を狙ったために低い側に外れたパットの軌道を黒い点線で示した。

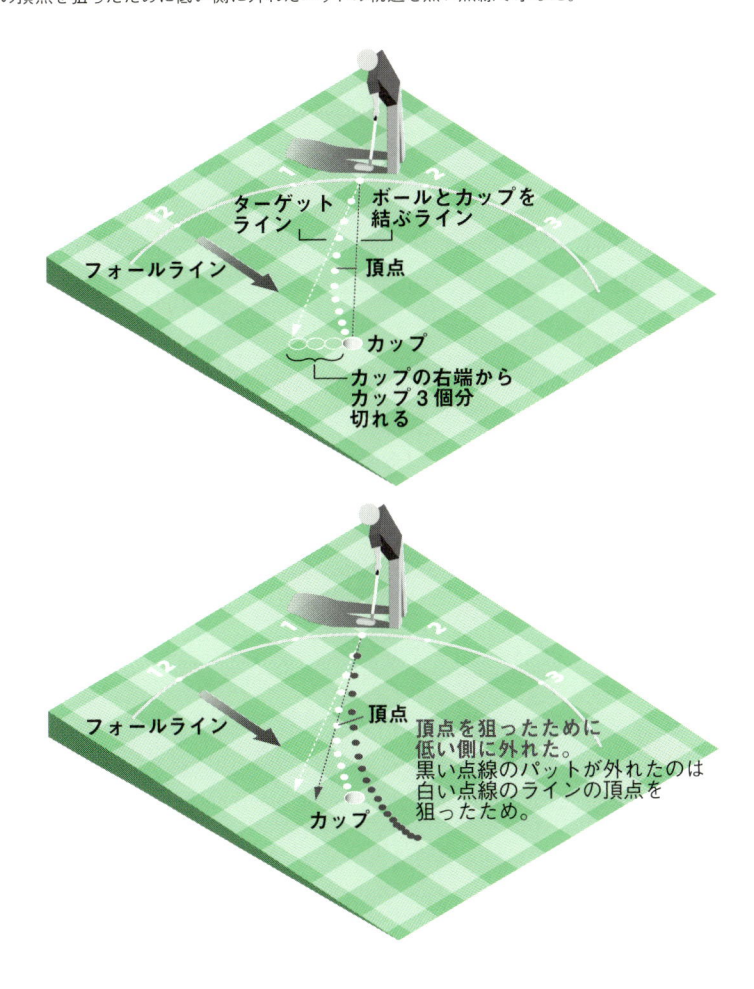

切れるパットを沈めるには、パットの頂点より上を狙うこと。

第 7 章 パッティングのマネジメント

パットを打った後の軌道は見えるが、ターゲットラインは見えない。そのことが、自分自身、そして同伴競技者のパッティングから学習するのを難しくしている。しかし、練習グリーンでボールの数センチ先に2本のティーを立てて作った「ゲート」を通す練習をするか、名指導者のデイブ・ペルツが作った《パッティングチューター》という練習器具を使って練習すれば効果はある。どちらも、本当のターゲットラインを目で確認しやすくする練習方法だ。

　パットを低い側に外しがちなのは、アマチュアがパットをショートする確率が高いのと同じ理由で、グリーンの傾斜を甘く見過ぎているためだ。パットの軌道を完璧にイメージしてターゲットラインに正しく打ち出したとしても、グリーンの傾斜が思った以上にきついとボールはカップの低い側に外れる。

　多くのスポーツでは最終的なゴールを真っすぐ狙う。しかし切れるパットでは、ターゲットラインがカップとは違う方向を指す。たとえグリーンをきちんと読んで正しくターゲットラインに狙いを定めたとしても、不安に襲われて途中でパターの軌道が変わり、最終的なゴールであるカップを狙ってしまうこともあるが、ターゲットラインを外さないようにしなければならない。

　データから、アマチュアがパットをカップの低い側に外す確率が高すぎるのは明らかだ。こうした傾向をなくすには、パットの頂点より外側を狙い、グリーンの傾斜の読み方をマスターして、衝動的にカップを狙いたくなるのを抑えることが特に重要である。ゲートなどの器具を使って練習をすればこうした傾向をなくすことができる。パットを低い側に外す回数と高い側に外す回数を記録していけば、自分がこうした問題を抱えているのか、あるいはこうした傾向がなくなりつつあるのか判断しやすくなる。

学習する

　5フィートのパットがすべて同じ条件というわけではない。谷越えの5フィートのパットは、ほぼ水平なグリーンの5フィートのパットより

難しい。あまり知られていないが、5フィートのセカンドパットは5フィートのファーストパットよりはるかに決めやすい。理由は、ファーストパットの軌道からフォールラインやグリーンの傾斜に関する情報が得られ、セカンドパットに生かせるからだ。自分のファーストパットや同伴競技者のパットからグリーンに関する情報を得ることを「学習する」と言う。

学習がどれだけ重要なのか。プロは5フィートのセカンドパットを決める確率が5フィートのファーストパットより5%高い。この差は大きく、上りのパットでも下りのパットでも変わらない。ファーストパットとセカンドパットの結果を図7.11で示している。プロはセカンドパットを打つときのほうが落ち着いていてうまくパッティングできている可能性もあるが、その説明はあまり説得力がない。最も説得力がある説明は、自分のファーストパットや同伴競技者のパットを見てグリーンの傾斜と速さを学習することでカップインの確率がかなり高くなっているというものだ。

カップインの確率を高めるには、自分のファーストパットや同伴競技者のパットを見てグリーンの傾斜と速さを学習すること。

パッティングをした瞬間にひどいミスをしたと気づき、うんざりして目を背けた経験はないだろうか。目を閉じれば、ミスパットの記憶と後悔の念が頭と心に刻みつけられるのを防げると考えたのかもしれない。だがパットの軌道を見ないと、そのホールのフォールラインとグリーンの傾斜を学習するチャンスがひとつ失われる。自分で次のパットを難しくしているのだ。学習は重要で、自分や同伴競技者のパットを観察すれば、フォールラインやグリーンの傾斜、文字盤の何時の位置にボールがあるかをより正確に推定できる。この情報を生かせば、カップインの確率が高くなるのだ。

フィル・ミケルソンが2004年のマスターズで最終ホールのグリーン

第7章　パッティングのマネジメント　189

図 7.11 プロはセカンドパットのほうがファーストパットよりカップインの確率が高く、パッティングではグリーンの読みがどれだけ重要であるかがわかる。

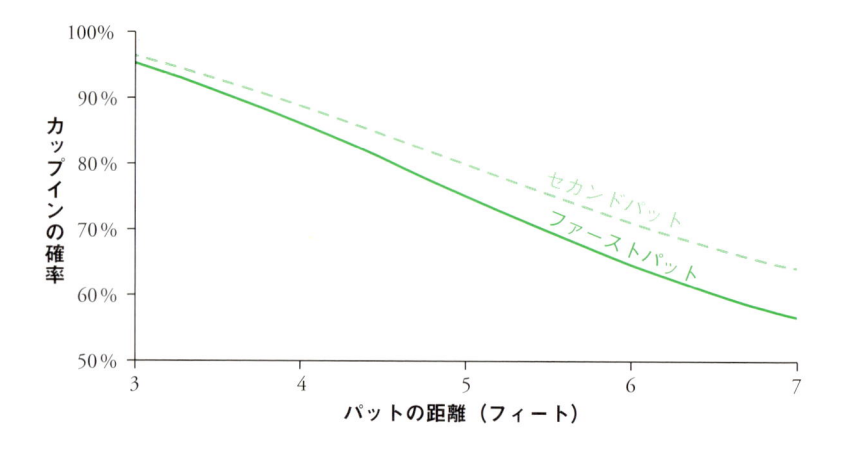

に上がると、メジャー初優勝をかけた 20 フィートの下りのパットが残っていた。フィルは「クリス・ディマルコのバンカーショットが僕のラインの 3 インチ手前に転がってきたのは、僕にとって幸運だったと思う。とてつもなく速いラインだったから、僕は彼のパットがどう切れるか、細かいところまでしっかり見ていたよ」と話した。フィルはディマルコのパットで学習し、20 フィートのパットを沈めて 1 打差で優勝を飾ったのである。

上りと下りのパットはどちらが易しいか

　テレビで解説者が「このパットはフォールラインを真っすぐ下るパットなので易しいですね。打つだけで真っすぐカップに吸い込まれるでしょう」と話すのを聞いたことがあるだろう。下りのパットは上りより易しいのだろうか。
　下りと上りのパットの難しさに影響を与える要素のひとつが重力である。図 7.12 は、傾斜がかなり急なグリーン（傾斜 2.5°）での 5 フィートの上りと下りのパットを示している。フォールラインに対して真っすぐの上りと真っすぐの下りである。どちらもまったく曲がらないため、

真っすぐカップを狙って打つ必要がある。にもかかわらず、どちらのパットもカップの右端からカップ2個分外側を狙って打つと、方向誤差は11°となる。下りのパットはカップの右端をかすめるように外れる。上りのパットはカップの右端からカップ2個分以上外側を通る。重力のせいで下りのパットはカップ側に曲がり、上りのパットは方向誤差が大きくなる。どちらのパットも打ち出した時点では正しいターゲットラインから11°ずれていたが、重力の影響で上りのパットは下りのパットより大きく外れるのだ。重力の影響がこれだけならば、下りのパットのほうが上りのパットより簡単ということになる。

図 7.12 傾斜が2.5°のグリーンでの5フィートの上りと下りのパットの軌道。どちらのパットも、狙いを間違えてカップの右端からカップ2個分外側に打ち出されている。下りのパットはカップの右端をかすめるが、上りのパットはカップの右端からカップ2個分以上外側を通る。重力のせいで、下りのパットは軌道修正され、上りのパットは方向誤差が大きくなる。下りのパットは上りと同じ距離を転がるのにかなり時間がかかる。

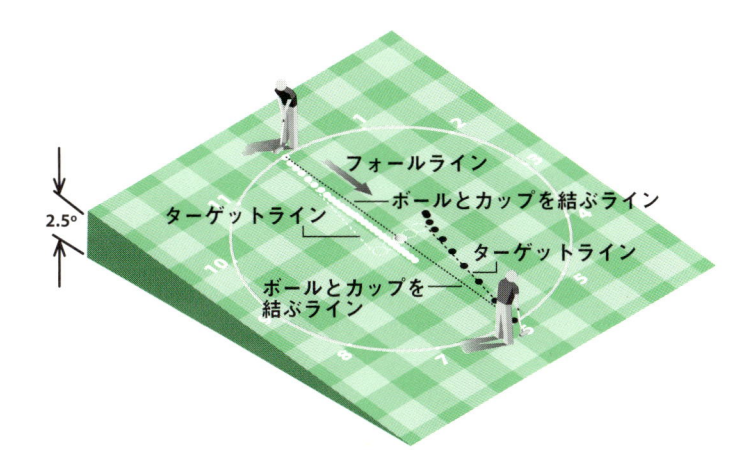

その他に、上りと下りのパットの難しさに影響を与えるものは何だろうか。上りのパットではカップの先が手前より高いため、カップの真ん中から決まるパットではバックボード代わりになってくれる。この影響は比較的小さい。距離感は下りのパットのほうが間違いなく難しい。しかし下りのパットでも上りのパットでも、プロが5フィートのパットをショートすることはあまりなく、この距離から3パットすることも

第7章 パッティングのマネジメント　191

めったにない。距離感は要素のひとつだが、特にショートパットでは、その影響は重力よりはるかに小さい。だからといって、下りのパットのほうが易しいと納得できるだろうか。

図7.13 は、5 フィートの上りと下りのパットを示している。この図では、2 人のゴルファーが真っすぐカップを狙ってパッティングしている。フォールラインは 12:00 で、下りのパットは 12:00 ではなく 12:20 から打っているため、11°ずれている。下りのパットは 12:20 から打っているが、ゴルファーはこのパットがフォールラインに沿った真っすぐのラインだと勘違いしている。真っすぐカップを狙ってボールが右から左に切れ、カップの左端からカップ 1 個分以上外れたのを見て驚く。上りのパットは 5:40 から打ち、ゴルファーは真っすぐの上りのラインだと思っている。彼は真っすぐカップを狙ってパッティングする。このパットは右から左に切れ、カップの左端をかすめて外れる。どちらのパットも外れているものの、上りのパットのほうがはるかに惜しかった理由は物理学で簡単に説明できる。グリーンを読み間違えた影響は下りのパットのほうが上りより大きいのだ。

図 7.13 傾斜が 2.5°のグリーンでの 5 フィートの上りと下りのパットの軌道。これらの軌道は、真っすぐカップを狙ったパットへのグリーンの読み間違いの影響を示している。2 人とも、ラインがフォールラインに沿っていると勘違いして真っすぐカップを狙って打っている。下りのパットはカップの左端からカップ 1 個分以上外れる。上りのパットはカップの左端をかすめて外れる。グリーンを読み間違えた影響は、下りのパットのほうが上りより大きい。

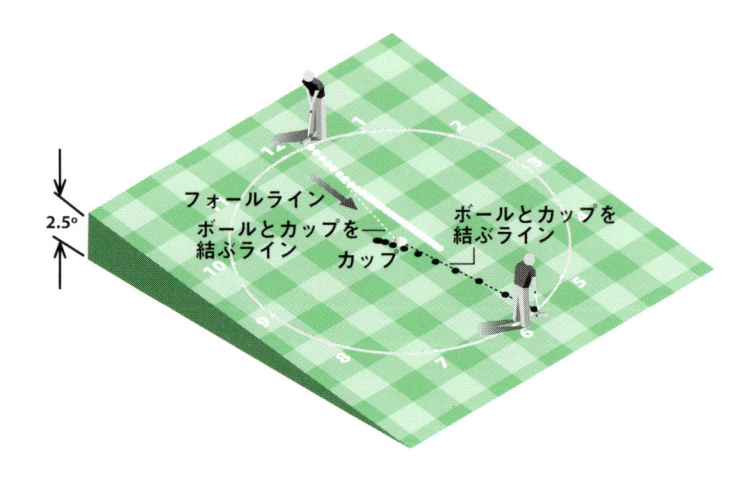

重力とグリーンの読み間違いはともにカップインの確率を左右する。だがグリーンの読み間違いの影響は重力よりはるかに大きいため、下りのパットのほうが上りより難しい。

グリーンの読み間違いの影響で、下りのパットのほうが上りより難しい。

　学習効果のおかげでセカンドパットのほうがファーストパットより簡単であることは前に触れた。表7.3のPGAツアーでのパッティングの成績を見ると、上りのパットのほうが下りより簡単であることがわかる。こうした上りと下りのパットの違いにグリーンの読み間違いが与えている影響は大きい。グリーンを読む技術を磨けばパッティングの成績を上げることができる。

　1970年の全英オープンでダグ・サンダースが3フィートのパットを外し、ジャック・ニクラスとのプレーオフに持ち込まれた話を思い出してもらいたい。スポーツライターのダン・ジェンキンスによると、ジェラルド・ミックレムという選手は、そのホールのパットが「左に切れるように見えるが実は右に切れる」ため、サンダースのパットが外れることを予知していたそうだ。ダグ・サンダースが全英オープンの優勝を逃したのは、ほぼ間違いなくグリーンを読み間違えたためだった。

長め上りパットと短め横傾斜パットはどちらが易しいか

　横傾斜の6フィートのパットと上りの8フィートのパットではどちらが簡単だろうか。この質問に対して、ツアー選手やクラブプロ、上級者や初心者を含めてほとんどのゴルファーは上りの8フィートのパットのほうが簡単だと答える。

　距離と角度がパットの難しさを左右する大きな要素であることはわかる。距離に関しては、短めのパットのほうが長めのパットより簡単だ。

表 7.3 上りと下りのパットでの PGA ツアー選手の 1 パットの確率と 3 パットの確率、そして平均パット数。データは傾斜が 1 ～ 2°、平均傾斜が 1.4°のグリーンでのもの。下りのパットとは 11:00 ～ 1:00 の方向から打ったもので、上りのパットとは 5:00 ～ 7:00 の方向から打ったもの。プロは上りのパットのほうが下りよりカップインの確率が高く（15 フィートまで）、上りのほうが 3 パットの確率が低く、ホールアウトまでの平均パット数も上りのほうが同じ距離の下りのパットより少ない。要するに、プロにとっては上りのパットのほうが下りのパットより易しい。

パットの距離 (フィート)	1 パットの確率 下り	1 パットの確率 上り	3 パットの確率 下り	3 パットの確率 上り	平均パット数 下り	平均パット数 上り
3	96%	96%	0%	0%	1.04	1.04
4	87%	89%	1%	0%	1.14	1.11
5	75%	80%	1%	0%	1.26	1.20
6	64%	69%	1%	0%	1.37	1.31
7	56%	62%	1%	0%	1.45	1.38
8	48%	53%	1%	0%	1.53	1.47
9	41%	48%	1%	0%	1.60	1.53
10	38%	43%	1%	0%	1.63	1.57
11	33%	36%	2%	0%	1.69	1.64
12	30%	33%	2%	0%	1.72	1.67
13	27%	29%	3%	0%	1.76	1.72
15	23%	25%	3%	0%	1.79	1.75
17	19%	19%	3%	1%	1.84	1.82
20	15%	15%	4%	1%	1.89	1.86

　パットの角度とは文字盤のどの方向から打つかということで、上り、横傾斜、下り、さらにこれらの中間などである。パットの角度に関しては、上りのパットは下りや横傾斜より簡単だ。ほとんどの人は、この 2 つの要素が明らかに影響することに異存はないだろうし、データからもそれははっきりしている。しかし、長めの上りのパットと短めの横傾斜のパットではどちらが易しいかという疑問に答えるには、どちらの影響が強いかを判断しなければならない。

　図 7.14、7.15、7.16 により、カップ周りが水平に近いグリーン、傾斜が緩やかなグリーン、傾斜が急なグリーンで驚くべき結果が明らかになった。どのグリーンでも、6 フィートの横傾斜のほうが 8 フィートの上りより易しかったのだ。傾斜が最もきついグリーンを除き、距離のほうがパットの角度よりはるかに大きな影響を与える。よほど表面が滑ら

かで傾斜がきついグリーンを除き、カップの近くからパッティングしたほうが長めの上りのパットを残すより良いのである。

図 7.14 カップ周りの傾斜が 1°未満（ピンポジションの 42% はこの範囲）で、平均傾斜が 0.7°のグリーンにおける PGA ツアー選手の 1 パットの確率。水平に近いグリーンでは、横傾斜の 6 フィートのパットのほうが上りの 8 フィートのパットよりはるかに易しい。パットの角度は文字盤の時刻として測定している。

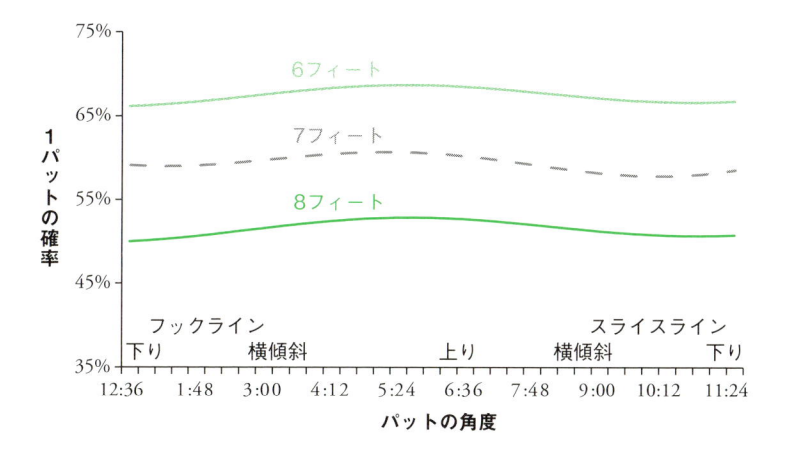

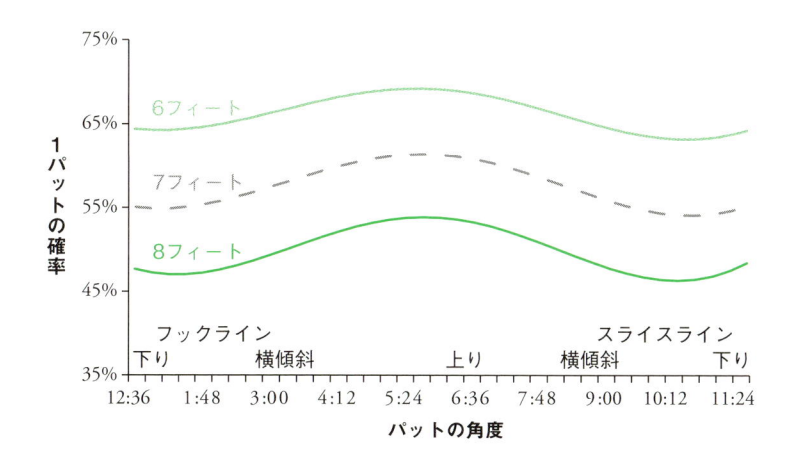

図 7.15 カップ周りの傾斜が 1 〜 2°（ピンポジションの 54% はこの範囲）で、平均傾斜が 1.4°のグリーンにおける PGA ツアー選手の 1 パットの確率。傾斜が緩やかなグリーンでは、横傾斜の 6 フィートのパットのほうが上りの 8 フィートのパットより易しい。パットの角度は文字盤の時刻として測定している。

図 7.16 カップ周りの傾斜が 2°より大きく（ピンポジションの 4% はこの範囲）、平均傾斜が 2.3°のグリーンにおける PGA ツアー選手の 1 パットの確率。傾斜が急なグリーンでは、横傾斜の 6 フィートのパットのほうが上りの 7 フィートのパットより難しいが、まだ上りの 8 フィートのパットよりは易しい。

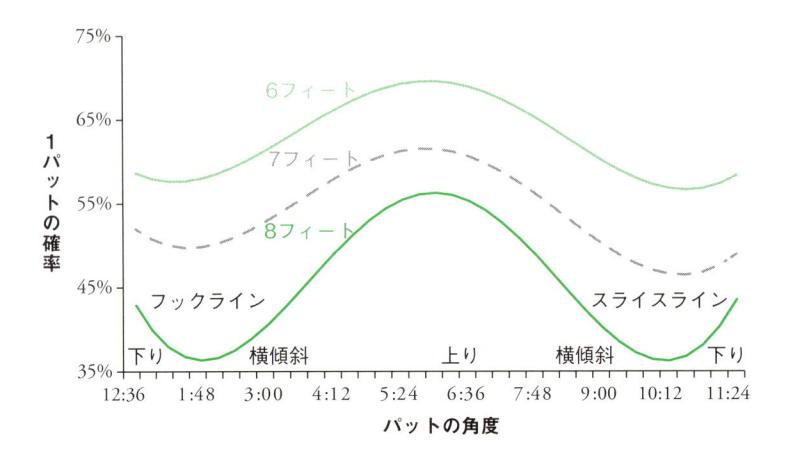

意外ではないだろうが、右打ちゴルファーにとっては同じ距離のショートパットでもスライスラインのほうがフックラインより難しい。傾斜が緩やかなグリーンにおける 4～6 フィートのパットは、3:00 からのパットのほうが 9:00 からのパットよりカップインの確率が約 2%高い。こうした影響は、横傾斜だけでなく上りや下りの傾斜がかかると小さくなり、長い距離のパットでは非常に小さい。計算の際には左打ちや右打ちを考慮していないため、計算結果はその影響を小さく見積もりすぎている可能性もあるが、その全体的な影響はかなり小さいように思われる。

パットの距離はパットの難しさを最も大きく左右する。SGP の基準値がパットの距離に基づいている主な理由はその点にある (*18)。

---

*18 距離、パットの角度、グリーンの傾斜、グリーンの速さに基づいたもう少し正確な基準値を SGP の計算に使うこともできるのだが、少し精度が高くなったとしても、計算がより複雑になるのには見合わないかもしれない。

> 距離はパットの難しさを最も大きく左右する。傾斜がきつくて非常に速いグリーンを除き、横傾斜のパットのほうがそれより2フィート長い上りのパットより易しい。

パットの名手と平均的な選手を分ける距離

　プレーオフに持ち込む、あるいは友人との勝負に勝つために20フィートのパットを沈めなければならないとしたら、そのときはそのパットが最も重要である。だがシーズンを通じて、パットの名手と平均的なプロとを分けるのはどの距離だろうか。パッティングが上手なアマチュアと苦手なアマチュアを分けるのはどの距離だろうか。

　パットが重要と言えるには、ゴルファー同士の成績に差がつかなければならない。1フィートのパットはどの選手もほぼ確実にカップインするため重要ではない（LPGAツアーのメジャー大会である2012年のクラフトナビスコ選手権で、キム・インキョンが決めれば優勝という1フィートのパットを打つもカップに蹴られて外したように、何事にも例外はある）。加えて、1ラウンド中にその距離のパットを何回も打ってスコアに大きな差がつかなければならない。80フィートのパットが世界一うまい選手がいたとしても、そのような距離のパットはスコアに大きな差がつくほど何回も打つものではない。

　1フィートのパットは巧拙の差が小さすぎて一番重要とは言えない。80フィートのパットは回数が少なすぎて一番重要とは言えない。では一番重要なパットはどの距離だろうか。

　SGP（パッティングで稼いだ打数）という本書ではおなじみの指標を使えばこの疑問に答えられる。パットを距離別に分け、パッティングが得意な選手の1ラウンドあたりの稼いだ合計打数を調べて、PGAツアーの平均と比較するのである。この手法では、巧拙の差と距離別のパット数を考慮する。稼いだ打数から、プロにとって最も重要なパットの距離は5フィート（約1.5m）だとわかった。この距離は、パッティングが得

意な選手がツアー平均に対して稼いだ合計打数の9%を占める。次に重要なのは4フィートと6フィートで、それぞれ稼いだ合計打数の8%を占める。3フィートのパットでも稼いだ合計打数の5%を占める。3～7フィートのパットは稼いだ合計打数の38%を占めることになる。8～12フィートのパットは稼いだ合計打数の24%を占める（より詳しくは付録を参照）。

　ショートパット、特に3～7フィートのパットがこれほど重要なのは、パッティングが得意な選手がPGAツアーの平均よりカップインの確率が高く、回数が多いからだ。5～13フィートの範囲では、パッティングが得意な選手はそれぞれの距離でPGAツアーの平均よりカップインの確率が約5%高い。5フィートのパットが一番重要なのは、それ以上の距離のパットより回数が多いためである。5フィートのパットは全パットの5%を占める。

図7.17　パットの重要性は、1パットあたりの稼いだ打数と1ラウンドあたりの回数の積に比例する。パットが重要と言えるには、カップインの確率で大きな差がつき（1パットあたりの稼いだ打数で差がつく）、1ラウンドあたりの回数が多くなければならない。パットの重要性を示す曲線は5フィートのところで最も高くなる。この距離は、パッティングが得意な選手がツアー平均に対して稼いだ合計打数の9%を占める。

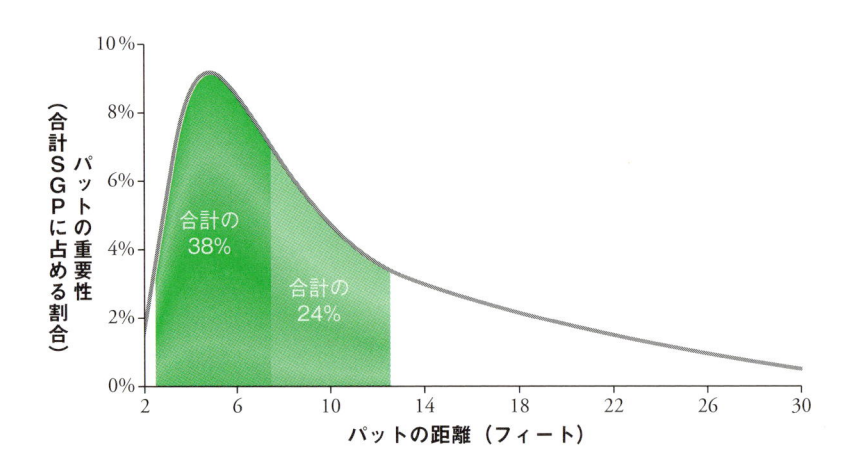

　アマチュアの結果もほとんど変わらない。アマチュアにとって最も重要なパットの距離は4フィート（約1.2m）である。この距離は、アマチュアがプロに対して失う合計打数の13%を占める。3～7フィート

のパットが失う合計打数の 46% を占める。アマチュアの場合、プロよりショートパットの重要性が少し高くなっている。教訓としては、ショートパットがきわめて重要ということだ。

> **プロにとって一番重要なパットの距離は 5 フィート、アマチュアにとって一番重要なパットの距離は 4 フィート。ショートパットはきわめて重要である。**

　PGA ツアー選手が 21 フィートを超えるパットを決める回数は、4 日間の大会で何回くらいあるだろうか。テレビでゴルフ中継を観ていると、選手たちは宇宙の果てからでもかなりの確率でパットを決めているように思える。

　ところが、プロがこれだけの距離のパットを決めるのは平均でわずか 1.5 回なのだ。パッティングがとりわけ得意な PGA ツアー選手でも 4 日間の大会で 1.7 回しか決めていない。驚かれただろうか。テレビでは決めたパットが繰り返しリプレイされ、外れたパットがリプレイされることはあまりないため、歪んだ印象を与えられているのだ。PGA ツアーの宣伝文句は「この男たちは凄い」。だが、そこまで凄いわけではない。これを知っておけば、自分でパッティングするときに期待しすぎずに済む。1 ラウンド中に 21 フィートを超えるパットを 1 回も決められなかったからといって、その日のパッティングが不調だったとは限らない。こうした事実により、ショートパットのほうがロングパットより重要である理由にも説明がつく。

　とはいえ、ショートパットだけを練習すれば良いわけではない。しかし、パッティングが得意な選手と平均的なプロ、プロとアマチュアを分けるのはショートパットなのである。

パーとバーディでカップインの確率が違うのか

　プロはパーパットとバーディパットでカップインの確率が変わるのだろうか。『スポーツイラストレイテッド』誌はPGAツアー選手のパッティングを調査し、1989年の記事で結果を公表した。その記事では「不思議なことに、同じ距離でも、プロは常にパーパットのほうがバーディパットより決める確率が高かった」と書かれている。どの1打も同じ1打なのに、そのようなことがあり得るだろうか。記事のなかでトム・カイトが「違いなどあるはずがない。わたしはパーパットを打つときもバーディパットを打つときも同じ気持ちだ」と話している。にもかかわらず、データは違いがあることを示しているようだ。

　このプロジェクトを提唱したのは『スポーツイラストレイテッド』誌だったが、データ収集や分析はPGAツアーに任せていた。《ショットリンク》システムに先駆けて、調査器具を使って手動で1万1,000回分のパットを計測し、紙に記録して、最終的にコンピュータに入力して分析したのである。分析をおこなったのは、現在PGAツアーの情報システムのシニアバイスプレジデントを務めるスティーブ・エバンスだった。彼は多くの仕事を抱えながらも、PGAツアーの《ショットリンク》データの収集、分析、配布を監督する立場にある。

　先述した1989年の記事で、PGAツアー選手が6フィートのパットを決める確率は55%となっている。2003〜2012年に収集された《ショットリンク》データによると、PGAツアー選手が6フィートのパットを決める確率は67%と劇的に伸びている。スティーブ・エバンスに話を聞くと、彼はカップインの確率が昔より高くなった理由を5つ挙げてくれた。農業技術が進歩してグリーンの表面が滑らかになったこと、選手層が厚くなったこと、パッティングの練習に多くの時間を割くようになったこと、コーチのパッティングの指導技術が向上したこと、そしてスパイクがついたシューズをあまり履かなくなったことである。

　1万1,000回分のパットと聞くと多いように思うかもしれないが、《ショットリンク》データベースに収められたパッティングデータの1%にも満たない。デビン・ポープとモーリス・シュヴァイツァーが

《ショットリンク》データを分析してパーとバーディの影響を調べている。2011年の『アメリカンエコノミックレビュー』誌に掲載された記事で、彼らは「プロゴルファーがバーディパットを打つ場合、その他の条件が同じパーパットより精度が低い」と結論づけた。わたしが2011年にマーク・カルカベッキアにその影響を尋ねると、彼は「それが人間だよ」と言っていた。こうした結果に興味を持ち、自分でもデータを調べてみた。確かに4〜7フィートのパットで、プロはパーパットのほうがバーディパットよりカップインの確率が3.6％高かった。だがこの数字は、その距離のパーパットがたいていセカンドパットでバーディパットがたいていファーストパットであることを考慮していない。学習をすることでセカンドパットがファーストパットより簡単になることはすでにわかっている。

　ファーストパットとセカンドパットの差、上り、下り、横傾斜の差を考慮して調整すると、パーとバーディの影響は半分以下になる。あらゆる距離について（1パットの確率だけではなく）稼いだ打数の差とパットの回数を考慮して調べると、その影響は1ラウンドあたり0.1打という計算結果になった。だが、これでもまだバーディとパーの影響を大きく見積もりすぎている。短いパーパットがファーストパットになるのはグリーンそばからチップショットを打ったときで、パッティングの前にチップショットの軌道を確認できる。パッティングの前に同伴競技者が似たようなラインからパッティングするのを観察できる場合も多い。

　パーとバーディの影響は、1ラウンドあたり0.1打より小さそうだ。一連の計算のなかで、それよりはるかに重要なのは学習によってカップインの確率が高くなる点である。自分のパットや同伴競技者のパットを観察して、特にカップ周りのグリーンの起伏を読むようにしよう。

この章のまとめ

- グリーンの読み、距離感、方向性がパッティングのカギを握る3つの要素である。
- グリーンの傾斜と速さによって、上りと下りのパットをどれだけの強さで打てばいいかが大きく左右される。アマチュアは下りのパットが強すぎて、上りのパットが弱すぎることが多い。
- 自分のファーストパットや同伴競技者のパットを観察して「学習」をすることがグリーンを読むための優れた方法である。
- パットの切れ方はフォールラインに対するパットの角度によって変わるため、フォールラインを見つけることが重要である。
- カップの先を狙えばカップインの確率が一番高くなる。ショートパットのターゲットは、下りのパットはカップから離し、上りのパットはカップに近づける必要がある。
- 15フィート以内のパットはショートする確率を低くすることに集中しながらも、強く打ちすぎてカップを大きくオーバーしないようにすること。パッティングが苦手なゴルファーはショートする確率が高い。
- 下りのパットでは、グリーンの傾斜がきつくなるほどターゲットをカップから離す必要がある。もし下りのパットを外すと、3～4フィート先までオーバーしても仕方がない。
- ロングパットではパットの角度に関係なく、できるだけカップの近くにボールを止めることを意識すること。上りのパットを残すより、それより1～2フィート短い下りのパットを残したほうが良い。
- プロでもアマチュアでもパットの名手と平均的なゴルファーを分けるのは3～7フィートのパットである。

第 8 章

Chapter 8

グリーンに乗せるまでのマネジメント
　データと最適化でスコアを縮める

　殿堂入りしたレイモンド・フロイドは「人々がスコアを縮められないのは、ほとんどの人がプレーの仕方を知らないからだ。スイングの仕方やボールの飛ばし方ではなく、プレーの仕方である（中略）。だが確実に言えるのは、たとえわたしが君と互角の腕前になったとしても、君とわたしが対決すれば、わたしのほうがプレーの仕方を知っているから100回中99回は勝つということだ（*19）」と記している。フロイドはこれまでプロアマ大会で数百人のアマチュアと一緒にプレーしていて、ほとんどのゴルファーはマネジメントがまったくできていないと言っている。この章で取り上げたマネジメントに関するいくつかの状況から、ゲームプランを立ててスコアを縮めるための考え方が身につくはずだ。

　フットボールの監督はゲームプランを立てて相手チームの弱点を突こうとする。野球の監督は先発メンバーの選出、ピッチャー交代、守備位置の変更など、さまざまな指示を出すことができる。多くのスポーツで、監督やコーチや選手は定期的に作戦会議に参加し、勝つ可能性をできるだけ高めようとする。ゴルフでも優れたゲームプランを立てればベストスコアを更新できる可能性が高くなる。

　テレビのアナウンサーや解説者は結果論で判断しすぎている。2007年のマスターズでザック・ジョンソンはすべてのロングホールでレイアップするという作戦で優勝し、称賛を浴びた。しかし2010年のフェニックスオープン最終日、リッキー・ファウラーは15番ロングホールでレイアップし、1打差で優勝を逃して激しく批判された。ゴルフチャンネルのアナウンサー、ブランデル・チャンブリーは「2010年に見た

---

*19　レイモンド・フロイド著 The Elements of Scoring: A Master's Guide to the Art of Scoring Your Best When You're Not Playing Your Best（Simon & Schuster, 2000）。

最もあきれたプレー」と言った。これに対し、ファウラーはツイッターで「先週の15番についてファンやマスコミが僕に辛く当り続けているのはありがたい話だ。もし果敢にグリーンを狙って池に落としていたら（中略）『ああ、レイアップすれば良かったのに』と言われただろうし、もしウェッジで寄せてバーディを決めて優勝していれば天才と言われただろう」と返した。

ファウラーの言葉はもっともである。1回良い結果が出てもその攻め方が最善策だったという証明にはならないし、1回悪い結果が出てもその攻め方が間違いだったとは言えない。

良い攻め方とはうまくいく見込みが最も高い攻め方である。ショットパターンとホールの特徴という2つの決め手となる要素を組み合わせてシミュレートすれば、うまくいく見込みが最も高い攻め方が見つかる。マネジメントに関するいくつかの状況を取り上げて、最適なゲームプランを立ててスコアを縮めるにはどうすればいいか考えていこう。

決め手となるショットパターンとホールの特徴

どのような攻め方が正しいかは、主にゴルファーのショットパターン（ショットしてボールが飛ぶ可能性のある範囲）とホールの特徴（フェアウェイ幅、ハザードの位置、グリーンの形状）という2つの要素によって変わる。たとえばハザードにショットを打ち込むというリスクとロングホールで2オンするというリターンを比較検討できれば、ベストスコアの更新に一歩近づける。ゴルファーのタイプは人それぞれであり、原則も個々の判断も人によって大きく違う。ハンディキャップ、飛距離、ショットの安定性も人によってまるで違っている。ゴルフのレッスン本は数多く出版されているが、本書はショットデータと科学的分析に基づいてスコアを縮めるための攻め方を見つけ出すという点で際立っている。

ショットパターンとは、ショットしてボールが飛ぶ可能性のある範囲のことだ。実際にショットするとひとつの結果しか出ないが、一定の範囲の結果を想定して、それぞれの可能性を考慮する必要がある。ショットパターンの結果はホールの特徴によっても変わる。ショットがフェア

ウェイの右に30ヤード外れた場合、カップを真っすぐ狙えるホールもあれば、OBになるホールもある。正しく判断するには、ショットパターンとホールの特徴を考慮して、避けようのないリスクとリターンの二律背反(トレードオフ)のバランスを正しくとらなければならない。

攻め方を決めるには、ショットパターンをどこに置くかを決める。ショットの結果として最も可能性が高い地点が「ターゲット」であり、大雑把に言えばショットパターンの中心である。ターゲットとはボールが最終的に止まる地点のことで、ボールが着地する地点ではない。ショットパターンを左右にずらすとターゲットも左右にずれる。多くの人はターゲットとして考えるが、ターゲットにはショットパターンが付随する。たとえばいつもより強く振る、クラブを短く持つ、バックスイングの大きさを変える、クラブを変えるなどして、ターゲットを前後にずらすこともできる。普通の風、気温、コース状況であれば、選択したクラブで出せる飛距離がボールからターゲットまでの距離であるターゲット距離を超えることはない。

ゴルファーが狙う「ターゲットライン」とはショットを打ち出そうとした方向であり、ターゲットとは異なる。フェードヒッターであればターゲットの20ヤード左を狙い、左から右に20ヤード曲げてターゲットにボールを止める場合もある。ターゲットとはショットが最終的に止まる可能性が高い地点であるのに対して、ターゲットラインとはショットを打ち出そうとした方向である。

マネジメントとは、ターゲットとなる地点を選んでショットパターンをどこに置くか決めることである。多くのゴルファーはマネジメントとは球筋を選ぶこと、あるいはショートゲームでボールを高く上げるかランニングアプローチで攻めるかを選ぶことと考えているが、そうした考え方とはまるで違う。こうした判断も確かにマネジメントの一部ではあるが、わたしは何よりも、どれだけ強気で攻めるべきかというターゲットを決めるうえでもっと基本的なポイントに重点を置いている。たとえばアプローチを打つときにショットパターンの中心をバンカーそばのグリーンの端に切られたカップに合わせると、カップに寄る可能性は高くなるが、バンカーに打ち込む可能性も高くなる。逆にショットパターン

の中心をグリーンセンターに合わせると、バンカーに打ち込む可能性は低くなり、グリーンに乗る可能性は高くなるが、カップまでの距離が残ることもある。ボールをカップに寄せるというリターンとグリーンを外すというリスクのバランスをとるのは難しい。

　前の章で、こうした考え方がパッティングに有効だとわかった。パッティングのマネジメントとは、ターゲットをカップからどれだけ離れた地点にするかということである。パッティングのターゲットもショットパターンの中心だった。ただしパッティングの場合は「散乱パターン」と呼んでいた。ジャストタッチで狙う場合はターゲットをカップに合わせる。つまり散乱パターンの中心をカップに合わせる。この攻め方では、およそ半分のパットをショートし、残りの半分をカップインするかオーバーする。ねじ込もうとする場合はターゲットをカップのかなり先にするため、散乱パターンの大部分がカップの先に集中し、パットをショートすることはめったにない。

　どのターゲットがベストなのか、という疑問はショットの攻め方でも同じである。ベストな選択肢を見つけるのは最適化の問題である。現実には、ベストな攻め方が見つかるまで打ち直すことはできない。だが、いまでは高速なコンピュータ、《ショットリンク》データベースと《ゴルフメトリクス》データベースに集められた実際のショットデータのおかげで、さまざまなターゲットをシミュレートして結果が最も良いターゲットを見つけることで、最適化の問題を解くことができる。

強気で攻めるのはどのような場合か

　あるアマチュアが前の2ホールのティーショットでフェアウェイをキープしたとする。次のホールでも自信満々でフェアウェイセンターを狙ってティーショットを放つが、OBゾーンに打ち込んでがっかりする。「なぜこんなことになったのだろう。今日はあんなショットを打っていなかったのに」という思いがよぎる。大叩きを覚悟してプレーを続けながらも、スイングの何が悪かったのか考え続ける。「体重が左サイドにしっかり乗っていなかったかもしれない。いや、そんなことはどうでも

いい。もう少し左を狙っていればOBは避けられたのだ。スイングする前にもっと正しく判断できていれば、ダブルボギーやトリプルボギーを叩くことはなかったのに」。それでは、このトラブルになったティーショットを振り返り、彼がもっと良い作戦を立てていればどうなったかを考えてみよう。

　彼がプレーしていたホールは図8.1で示しているように400ヤードのミドルホールで、右サイドはずっとOBゾーンになっている。左サイドにはラフしかない。グリーンの左右にバンカーが配置され、縦長のグリーンのため、グリーンを狙うにはセカンドショットをフェアウェイセンターから打つのがベストである。ティーショットではどこをターゲットにすればいいだろうか。フェアウェイセンターを真っすぐ狙うか、それともフェアウェイの左側を狙うか。続きを読む前に、少し考えてみよう。

　さて、ターゲットを決めたら、ティーショットがOBになる確率はどのくらいか考えよう。多くのゴルファーは悪い結果を考えたくないと思うため、この点について考えるのを嫌う。しかしPGAツアーで長年

図 8.1　400ヤードのミドルホール。右サイドいっぱいにフェンス越しのOBゾーンが広がり、左サイドにはラフがある。この図は、ターゲットをフェアウェイセンターにした場合に最も可能性の高いティーショットを示している。

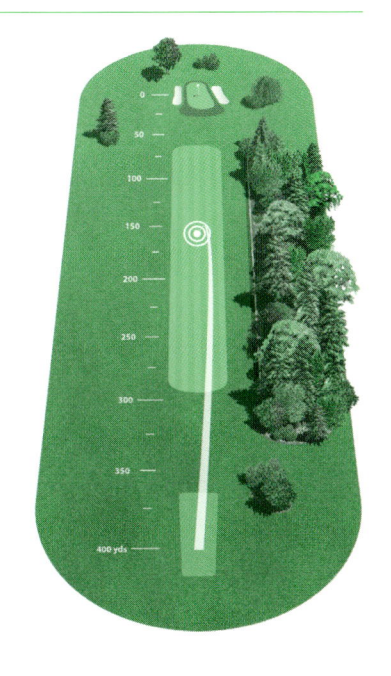

OBを出さなかったトム・カイトでもない限り、この点について考える必要がある。5%という答えもあれば30%という答えもあり、ほとんどの答えは10%〜25%の範囲に収まる。

　平均打数が最も少なくなる最適なターゲットはどうすればわかるだろうか。最適なターゲットとOBの最適な確率はどのような関係になるだろうか。ひとりのゴルファーにフェアウェイセンターをターゲットにしてこのホールを100回プレーさせて平均打数を記録し、ターゲットを変えて100回プレーさせて平均打数を記録し、といった具合にいくつかのターゲットでこの手順を繰り返せば、平均打数が最も少なくなる最適なターゲットが見つかる。とはいえ現実的には無理な話だし、仮にできたとしても、結果がわかるまでに時間がかかりすぎる。疲労をどう扱えばいいかもわからない。風などの状況も変化する。本当にターゲットを狙ってショットしていると思っていいかどうかもはっきりしない。

　ここでシミュレーションが生きてくる。

　平均的な80プレーヤーがティーショットでターゲットをフェアウェイセンターにした場合をシミュレートしたショットパターンを図8.2で示している。このホールでこのターゲットの場合、80プレーヤーの平均スコアは4.7だった。平均スコアは、第4章で述べたように《ゴルフメトリクス》のデータに記録された実際のアマチュアのショットに基づいたシミュレーションを使って計算している。ターゲットをフェアウェイセンターにすると、7%のティーショットがOBになることがデータからわかる。OBになるとストロークと距離の罰が課せられ、第1打がOBの場合は第2打がボールをティーに戻すための罰打となり、第3打をティーから打ち直さなければならない。

　ターゲットを変えれば平均スコアが変わる。常にターゲットをフェアウェイセンターにする必要はなく、自由に左右にずらせる。加えて、たとえばドライバーを3番ウッドに持ち替えて、ターゲットをティーに近づけてもいい。コンピュータシミュレーションにより、このホールではターゲットをティーに近づけるとスコアが悪くなるとわかっているため、ここでは方向に的を絞ろう。

　このホールでどこをターゲットにすれば平均スコアが最も低くなるだ

ろうか。ターゲットを右にずらすとOBの確率が高くなり、それに伴って平均スコアが悪くなる。ターゲットを左にずらすとショットパターン全体が左に動く。こうすれば、OBになっていたショットの一部が右のラフで止まり（良いことだ）、右のラフに打ち込んでいたショットの一部がフェアウェイで止まり（こちらも良いことだ）、フェアウェイで止まっていたショットの一部が左のラフに飛び込む（良いことではない）。多くのショットをシミュレートしたところ、OBになった場合の罰のほうがラフに入った場合の罰より大きいため、ターゲットを少し左にずらすとスコアが縮まることがわかった。フェアウェイを右に外すほうが左に外すより罰が大きいため、ターゲットがOBゾーンから離れるように左にずらしたほうが良い。

　では、どこまで左にずらすのがベストだろうか。ターゲットを少しずつ変えながら数千回のプレーをシミュレートした結果に基づいて最適化したところ、平均的な80プレーヤーの最適なターゲットはフェアウェイ左端であるとわかった。このターゲットでの80プレーヤーの平均スコアは、フェアウェイセンターの場合が4.7であるのに対して4.6だっ

図8.2　80プレーヤーのショットパターン。平均的な80プレーヤーがターゲットをフェアウェイセンターにした場合のショットパターン。ショットパターンは3つのゾーンに分けられる。一番内側の線には50％のティーショットが含まれる。真ん中の線には90％のティーショットが含まれ、一番外側の線には98％のティーショットが含まれる。ターゲットがフェアウェイセンターの場合、平均スコアは4.7でティーショットがOBになる確率は7％だった。

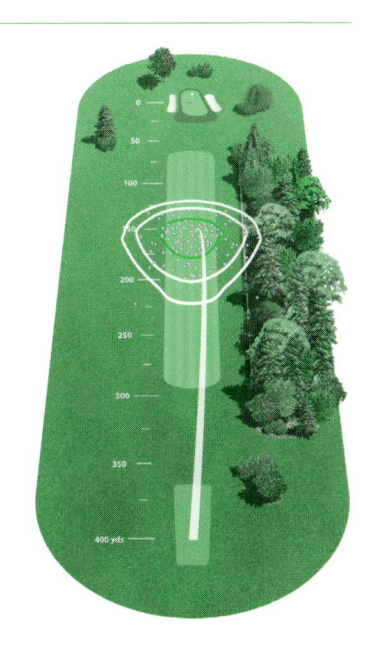

た。ティーショットが OB になる確率は、フェアウェイセンターの場合が 7% であるのに対してわずか 1.5% である。図 8.3 は最適なショットパターンの配置を示している。98% のショットが含まれる一番外側の線が右の OB ゾーンにかかっていない。ターゲットを最適にするとショットがフェアウェイに止まる確率は低くなるが、それに見合うメリットがある。要するに、ティーショットが OB になる確率が下がることで失わずに済む打数のほうが、ティーショットをラフに打ち込む確率が上がることで失う打数より多いのである。

　平均的な 80 プレーヤーの場合、ターゲットがフェアウェイセンターのときと最適なときの差は 0.1 打である。あまり違わないと思うかもしれないが、大違いだ。18 ホールのマネジメントが良くなるだけで 0.1 打ずつ稼げるのであれば、1 ラウンドで約 2 打を稼げることになる。こ

図 8.3 80 プレーヤーの最適なターゲット。平均的な 80 プレーヤーにとって最適なターゲットはフェアウェイの左端付近。このターゲットでの平均スコアは、フェアウェイセンターの場合が 4.7 であるのに対して 4.6 だった。ティーショットが OB になる確率は、フェアウェイセンターの場合が 7% であるのに対してわずか 1.5% である。

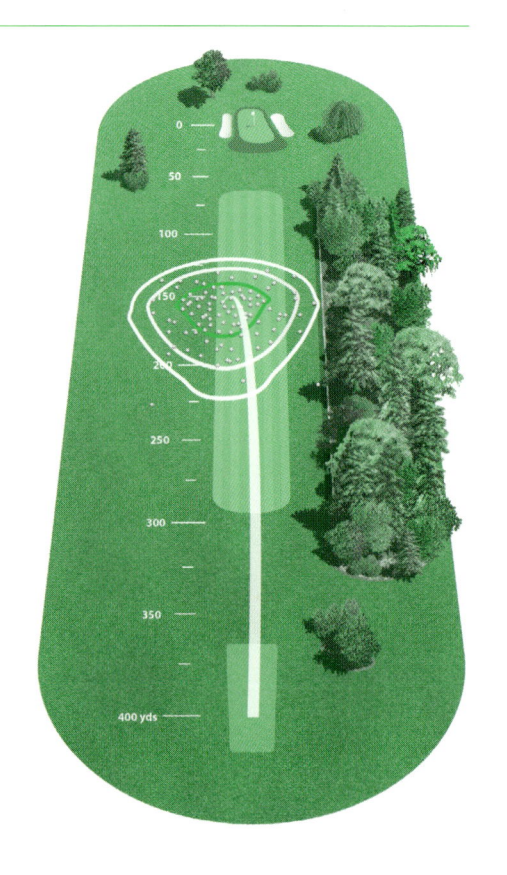

れは大きい。おまけにスイングを変えるなど、面倒なことをする必要はまったくないのだ。

　フィル・ミケルソンが2003年にショートゲームのコーチ、デイブ・ペルツを起用したとき、彼はペルツに「メジャーで1ラウンドあたり0.5打ショットを良くしたい」と話した。フィルが望んだのは、4日間の大会が終わった時点で1打縮めていることだった。偶然かどうか、翌年フィルは1打差でメジャー初優勝を果たした。マネジメントを改善して少しずつ打数を稼いでいけば、1シーズンの間に何打も稼ぐことができるのだ。

　ゴルファーのタイプは人それぞれであり、人によってショットパターンは違うため、だれにでも当てはまる最適な攻め方など存在しない。平均的な100プレーヤーの攻め方を平均的な80プレーヤーの攻め方と比べてみよう。

　平均的な100プレーヤーがティーショットでターゲットをフェアウェイセンターにした場合のショットパターンを図8.4で示している。100プレーヤーのショットパターンは80プレーヤーより範囲が広く、

図8.4　100プレーヤーのショットパターン。平均的な100プレーヤーがターゲットをフェアウェイセンターにした場合のショットパターン。ショットパターンは3つのゾーンに分けられる。一番内側の線には50%のティーショットが含まれる。真ん中の線には90%のティーショットが含まれ、一番外側の線には98%のティーショットが含まれる。ターゲットがフェアウェイセンターの場合、平均スコアは5.9でティーショットがOBになる確率は15%だった。

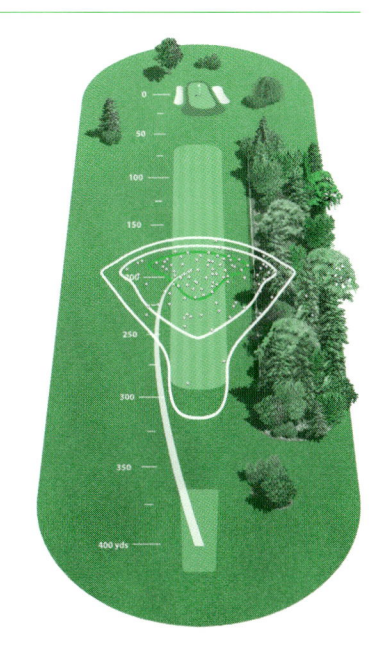

かなりティーに近い。この結果は、よく飛ぶゴルファーほど真っすぐ打てるという第6章の図6.3で示した傾向と一致している。このホールでターゲットがフェアウェイセンターの場合、100プレーヤーの平均スコアは5.9で、ほぼダブルボギーである。ターゲットをフェアウェイセンターにすると、15%のティーショットがOBになる。

平均的な100プレーヤーにとって最適なターゲットはどこか。私自身、数字を精査するまでは見当もつかなかった。そして結果を見て驚き、何度も確認した。図8.5で示しているように、なんと平均的な100プレーヤーにとって平均スコアが一番低くなるターゲットはフェアウェイから数ヤード外れた左のラフだったのだ。そう、平均的な100プレーヤーはターゲットをかなり左にずらして、フェアウェイの外を狙わなければならないのである。

誤解しないように言っておくが、左のラフを狙ってボールを打ち出し、スライスしたボールをフェアウェイセンターに止めようとするのではない。スライスヒッターがターゲットを左のラフにするというのは、もっと左を狙い、左から右に曲がるボールが左のラフに止まる確率を一番高

図8.5 100プレーヤーの最適なターゲット。平均的な100プレーヤーにとって最適なターゲットはフェアウェイから数ヤード外れた左のラフ。このターゲットでの平均スコアは、フェアウェイセンターの場合が5.9であるのに対して5.7だった。ティーショットがOBになる確率は、フェアウェイセンターの場合が15%であるのに対してわずか2%である。

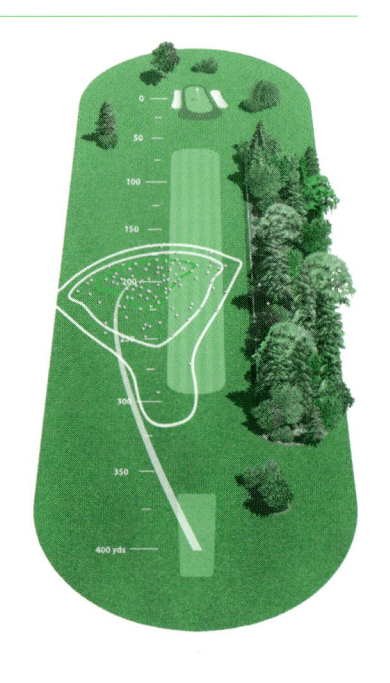

くするということである。ドローヒッターがターゲットを左のラフにするというのは、たとえばフェアウェイ左サイドを狙い、右から左に曲がるボールが左のラフに止まる確率を一番高くするということである。

100プレーヤーがターゲットを左のラフにすると、フェアウェイセンターのときよりフェアウェイキープ率が下がる。だがOBになる確率は、ターゲットがフェアウェイセンターの場合が15%であるのに対してわずか2%に抑えられる。最も重要なのは、ターゲットを左のラフにしてあらゆる結果のバランスをとることであり、シミュレーションの予測では、100プレーヤーの平均スコアは5.9から5.7に下がる。

100プレーヤーにとって最適なターゲットがなぜそれほど左にずれるのか。OBになるとストロークと距離の罰が課されるため、実質的には2打罰という大きなペナルティを受ける。このホールを安全に攻めるには、何よりもOBをできるだけ避けなければならない。ショットパターンの範囲が広くなればなるほど、OBを避けるためにターゲットを左にずらす必要がある。80プレーヤーの場合も100プレーヤーの場合も、最適なターゲットを選ぶとOBの確率がおよそ2%に抑えられるということがシミュレーションで明らかになった。このホールを50回プレーしてもせいぜい1回しかOBにならないということだ。

平均的な100プレーヤーの場合、ターゲットがフェアウェイセンターのときと最適なターゲットとして左のラフにしたときの差は平均0.2打である。18ホールすべてで同じように打数を稼いでいけば、仮にティーショット以外のショットは最適な攻め方をして打数を稼ぐということをしなくても、1ラウンドで3.5打稼げることになる。マネジメントを改善して稼げる打数は、ハンディキャップが高いゴルファーのほうがハンディキャップが低いゴルファーより多い（*20）。

平均的なプロがターゲットをフェアウェイセンターにした場合のショットパターンを図8.6に示している。図6.3で見たように、プロはティーショットをアマチュアより遠くまで真っすぐ飛ばし、ショットパターンの結果にもそれが表れている。プロのショットパターンは80プレーヤーより範囲が狭く、ティーからかなり遠い。ターゲットがフェアウェイセンターの場合、プロの平均スコアは4.15でティーショットが

図 8.6　プロのショットパターン。プロがターゲットをフェアウェイセンターにした場合のショットパターン。ショットパターンは 3 つのゾーンに分けられる。一番内側の線には 50% のティーショットが含まれる。真ん中の線には 90% のティーショットが含まれ、一番外側の線には 98% のティーショットが含まれる。ターゲットがフェアウェイセンターの場合、平均スコアは 4.15 でティーショットが OB になる確率は 4% だった。

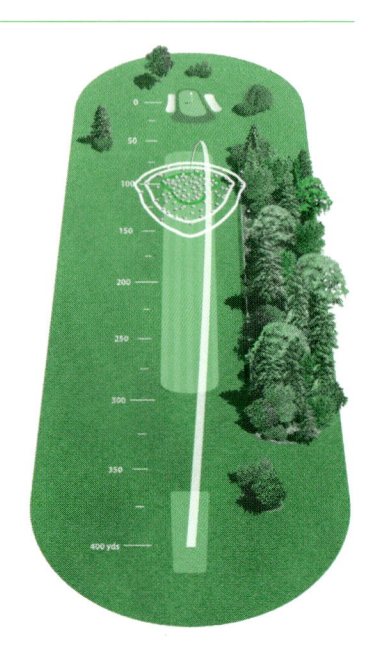

OB になる確率は 4% だった。

　図 8.7 が示すように、平均的なプロの平均スコアが最も低い最適なターゲットはフェアウェイやや左サイドである。ターゲットをセンターから少し左にずらすと、プロの平均スコアは 4.15 から 4.05 に下がり、ティーショットが OB になる確率は 0.7% になる。図からは最適なターゲットはショットパターンに集約されるゴルファーの技量によって異なることがわかる。しかし、最適なターゲットは技量に関係なくティーショットが OB になる確率を 2% 以下に抑えているという点で共通している。ティーショットの精度がもっと高いゴルファーであればもっと強気に攻められるため、フェアウェイセンターにより近い地点が最適なターゲットとなる。ティーショットの方向性に問題があるゴルファーであればもっと弱気な狙い方をして、フェアウェイセンターや OB ゾーンからもっと離れた地点が最適なターゲットとなる。

*20　本書のさまざまな結果には共通点がある。ドライビングディスタンスが 20 ヤード伸びると、飛ばないゴルファーのほうが飛ぶゴルファーより有利になる。カップが大きくなると、パッティングが苦手なゴルファーのほうがパッティングが得意なゴルファーより有利になる。マネジメントが改善されると、平均スコアが悪いゴルファーのほうが有利になる。

図 8.7 最適なターゲット。左の図は平均的なプロにとって最適なターゲットであるフェアウェイやや左サイドの場合を示している。このターゲットの平均スコアは、フェアウェイセンターの場合が 4.15 であるのに対して 4.05 だった。ティーショットが OB になる確率は、フェアウェイセンターの場合が 4% であるのに対してわずか 0.7% である。右の図はプロ、80 プレーヤー、100 プレーヤーの最適なターゲットを示している。

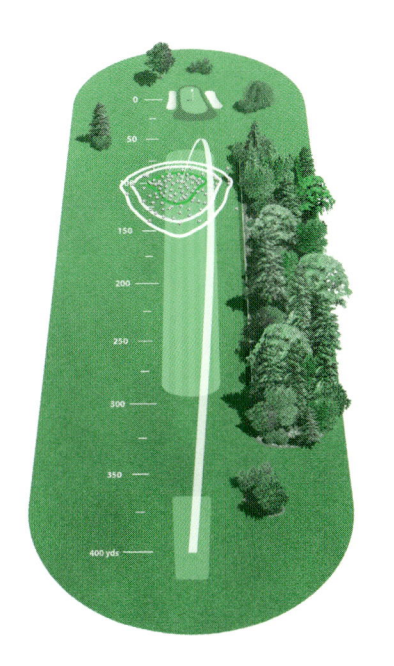

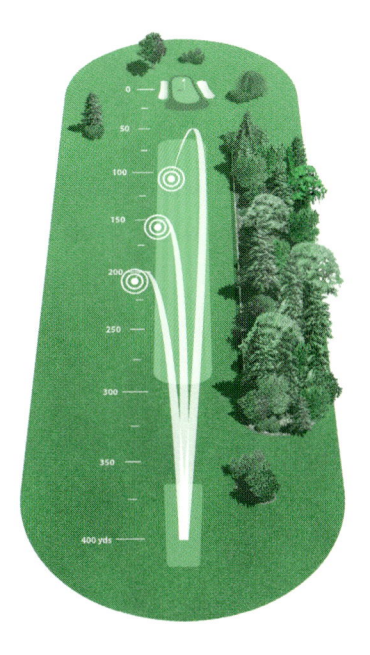

最適なマネジメントはゴルファーの技量によって異なる。ティーショットの精度が高いゴルファーであればもっと強気なターゲットを選ぶべきだ。

よく「ターゲットの選択は弱気に、スイングは強気に」というアドバイスを耳にする。最適なターゲットでも OB の確率は 0% ではないため、もっと弱気なターゲットを選ぶこともできる。OB の確率が 0% に

なるターゲットを選ぶと OB ゾーンからかなり遠ざかり、フェアウェイセンターからも大きく外れるため、平均スコアが悪くなる。極端に弱気な攻め方や極端に強気な攻め方をすると、平均すれば打数を失ってしまうのだ。個人的には「ターゲットの選択は最適に、スイングは強気に」というアドバイスを贈りたい。

ターゲットの選択は最適に、スイングは強気に。

上級者ほど攻め方がうまい

　ここまでシミュレーションの結果に基づいてさまざまな攻め方のメリットを比較してきた。だがゴルファーはうまく攻めているだろうか。すべてのゴルファーが、ベストスコアを更新するには自分のいまの実力をよく考えなければならないと直感的に理解しているのだろうか。

　これを確かめるために《ゴルフメトリクス》のアマチュアデータを使って例のホールでショットが OB になる確率を調べてみた。次に《ショットリンク》データを使って同様のホールでプロのショットが OB になる確率を調べてみた。その結果は表 8.1 でまとめている。プロはこうしたホールで最適な、あるいはほぼ最適な攻め方をしている。対照的にアマチュアの場合は、最適な攻め方をしたときと比べて OB になる確率が 4 〜 7 倍高くなっている。

　表 8.1 の結果は多くのゴルファーの平均である。ティーショットが OB になる確率が 25% のゴルファーもなかにはいる。これは最適な攻め方をしたときの 10 倍以上の確率だ。

表 8.1 ゴルファーはうまく攻めているだろうか。この表は、ショットが OB になる確率をゴルファーの実力別、ターゲット別に示し、実際のデータでその確率がどうなっているかを示している。「フェアウェイセンター」はターゲットがフェアウェイセンターの場合を指す。このホールで、アマチュアはターゲットが最適な場合と比べて OB になる確率が 4〜7 倍高い。プロはこのようなホールで最適な、あるいはほぼ最適な攻め方をしている（0.5% と 0.7% の違いは、統計的には大きな差ではない）。

ゴルファー	フェアウェイセンター	最適なターゲット	データ
プロ	4%	0.7%	0.5%
80 プレーヤー	7%	1.5%	6%
100 プレーヤー	15%	2.0%	14%

アマチュアは攻め方がまずく、最適なターゲットを選んだ場合と比べて OB になる確率が高い。

　レイモンド・フロイドの言う通り、週末ゴルファーは攻め方が下手なのだ。理由は推測するしかない。4 人でラウンドしたときに、だれかのショットが OB になったのを目にすると、OB になるのが当たり前のことだと勘違いするのかもしれない。トラブルなど回避できると自分の実力を過信しているのかもしれない。友人に「そんなに左を狙うのかい。弱虫だな」と言われるのを恐れているのかもしれない。OB の 2 打罰がいかに大きいか正しく認識できていないのかもしれない。一番シンプルな説明が一番当たっているかもしれない。ダブルボギーやトリプルボギーになる確率が高くなったとしても、ティーショットをフェアウェイに飛ばしてパーやバーディが取れる可能性が残るほうが嬉しいのだろう。

ハザードがかかるティーショットでターゲットを調整する

　同じようなティーショットが OB ゾーンにかかるホールをプレーしたことはあると思うが、ホールごとに特徴は異なる。OB ゾーンがもっとフェアウェイに近いホールもあれば遠いホールもある。80 プレーヤー

にとって、フェアウェイの左端というターゲットが同じような他のホールにも当てはまるとは限らない。覚えておくべきことは、ティーショットがOBゾーンにかかりそうなとき、OBゾーンを避けて無難にプレーできるのであれば、OBになる確率が低くなるターゲットを選ぶべきということだ。

OBになる確率をどこまで低くすればいいのか。OBのフェンスがあとほんの少しフェアウェイから離れるだけでも、100プレーヤーのティーショットがOBになる確率は3%以下になる。ティーショットの精度がもっと高いゴルファーならばOBになる確率はさらに低く、80プレーヤーは2%以下、プロは1.5%以下である。

ショットパターンとホールの特徴を併せて考えるというこの考え方は、毎日異なる条件で同じホールをプレーする場合にも当てはまる。風の強い日のティーショットではショットパターンの範囲が広くなる。そうした条件でもティーショットがOBになる確率を、たとえば2%以下に抑えるには、ショットパターンの範囲が広くなった分、より弱気なターゲットを選択して、いつもよりOBゾーンから離れた地点を狙う必要がある。

次に、距離は同じだが、右サイドいっぱいに林やOBゾーンではなくラテラルウォーターハザードがあるホールを考えてみよう。ボールをラテラルハザードに打ち込むと1打罰を受け、ボールがハザードの境界線を横切った地点から次打を打つことになる（ストロークと距離の罰が課せられるために実質的に2打罰となるOBとは異なる）。

ラテラルハザードがある場合、ターゲットをどれだけずらす必要があるだろうか。ウォーターハザードに打ち込む確率をどれくらいにすればいいだろうか。驚くまでもないが、罰が軽くなった分、より強気に攻める必要があることがシミュレーションからわかった。

多くの人にとっては意外だろうが、最適なターゲットではティーショットをハザードに打ち込む確率をかなり低くする必要がある。シミュレーションによると、プロはティーショットをウォーターハザードに打ち込む確率をわずか2%に、80プレーヤーはわずか3%に、100プレーヤーはわずか5%に抑えるようにターゲットをハザードから離す

必要がある。この値は、ラテラルウォーターハザードがフェアウェイから離れるほど小さくなる。

　アマチュアの多くはOBとラテラルハザードを同列に扱い、同じように避けようとするが、この場合も打数をムダにすることになる。OBのほうがラテラルハザードより罰が大きい分、慎重になる必要がある。とはいえ、ほとんどのアマチュアは、OBはもちろんラテラルハザードに対しても注意が足りていない。アマチュアにとって、攻め方を見直すことが最も短時間で簡単にスコアを縮める方法である。

> **最適な攻め方はホールの特徴によって変わる。罰が大きいときは慎重になり、罰が小さいときは強気に攻めなければならない。**

ドライバーを使うべきかアイアンを使うべきか

　多くのゴルファーは、良いマネジメントとは退屈なプレーをすることだと勘違いしている。言っておくが、弱気なプレーが常にベストであるとは限らない。

　距離があるミドルホールで、2打ではグリーンに届かないゴルファー向けに「第1打と第2打は5番アイアンで打ち、第3打をショートアイアンで打ってグリーンに乗せろ」というアドバイスを耳にしたことがあるだろう。最初の2回のアイアンショットはフェアウェイキープの可能性が高く、少なくともトラブルは避けられるだろうし、第3打のアイアンショットもグリーンまでは100ヤード以内だろうから簡単だ。1パットならパーも可能だし、ダブルボギーやトリプルボギーを叩くことはめったにない。だからこうしたアドバイスがまかり通っている。

　こうした論法は、実際のデータで詳しく検証すると筋が通らなくなる。ほとんどのゴルファーは、「3打で乗せる」という弱気な攻め方だとスコアが縮まるどころかスコアが悪くなる。プレーがつまらなくなること

は言うまでもない。

　3打で乗せる攻め方はなぜ駄目なのか。距離があるミドルホールで第1打と第2打をアイアンで打つとかなりの飛距離を犠牲にするのは間違いなく、その分、スコアが悪くなるのだ。アイアンでのティーショットはドライバーと比べて60ヤードも犠牲にすることもあり、アイアンでの第2打でさらに40ヤードを犠牲にすることもある。第3打をグリーンの近くで打つどころか、グリーンまで少なくとも100ヤード以上は確実に残ってしまう。

　アイアンショットのほうがラフに打ち込んだり大きなトラブルになったりする確率が低いのは確かだが、第1打と第2打で約100ヤードを犠牲にする分とを天秤にかける必要がある。90プレーヤーが3打で乗せる攻め方をすると、1ラウンドあたり2〜3打を犠牲にすることがシミュレーションからわかっている。どれだけ犠牲になるかは各ホールの特徴によって大きく変わるが、左右両サイドに罰の大きいハザードがあるホールでもない限り、3打で乗せる攻め方が報われることはめったにない。距離がある多くのミドルホールでは、ティーショットでできるだけ飛距離を稼いだほうがアマチュアにとって良い。

　タイガー・ウッズがハンディキャップ10のゴルファーには全米オープンのコースで100が切れないと発言したことをきっかけに、ゴルフダイジェスト全米オープンチャレンジというイベントが開催された。第1回は2008年、7,600ヤードのトーリーパインズサウスコースでおこなわれた。4人のアマチュアのなかにハンディキャップ指数8.1のジョン・アトキンソンがいた。アトキンソンは飛距離より精度を重視した弱気な攻めに徹し、ティーショットをユーティリティで打って深いラフを避け、フェアウェイをキープしようとした。飛距離を犠牲にしてでもユーティリティを使って精度を高めたほうが良いと考えたらしい。彼はティーショットで50ヤード前後を犠牲にしたにもかかわらず深いラフにつかまることも多く、作戦は報われなかった。アトキンソンは全18ホール攻め方を変えなかった。そのラウンドでは、4連続ボギーでスタートしたもののひとつもパーを奪えず114を叩いた。

　もちろん、1回の結果だけでアトキンソンの攻め方が馬鹿げていると

証明することにはならないが、シミュレーション分析では、この弱気な攻め方だと平均スコアが悪くなると予測される。ティーショットの飛距離が重要であることはすでにわかっているし、少し精度が上がったとしてもティーショットで 50 ヤードを犠牲にするのは割に合わない。確かに、飛距離を少し犠牲にしても構わないホールもある。たとえば、フェアウェイの幅が広くなった地点を狙ったほうが、その数ヤード先の厄介なサイドバンカーに打ち込むリスクを冒すよりマシだ。また、プロのアイアンのティーショットはほとんどのアマチュアのドライバーショットより飛ぶため、人によって最適な攻め方は変わる。しかし多くのホールでは、飛ばして曲げたほうが飛距離を抑えて曲げるより良い。

レイアップでも飛距離を稼ぐ

　ティーショットでフェアウェイをキープしたものの、1 打でグリーンを狙うには遠すぎるとしよう。フェアウェイウッドを取り出してボールをできるだけ飛ばそうという衝動に駆られるかもしれない。そこで「レイアップショットでできるだけ飛距離を稼ごうと思ってはいけない。カップまで 45 ヤードを残すより 90 ヤードを残したほうが良いこともあるだろう」というトム・ワトソンのアドバイスを思い出す。ワトソンのアドバイスが耳に残り、ミドルアイアンかユーティリティを取り出すためにバッグに歩み寄る。だがそこで、かつてツアーに参戦していて現在は多くのツアー選手を指導するスタン・アトレーの「カップに少しでも近づけられるのなら、100 ヤードや 120 ヤード手前から打つよりもっと近くからショットしたほうがチャンスは広がるだろう」というアドバイスを思い出す。どう攻めるのがベストだろうか。

　ある意味でワトソンもアトレーも正しい。最適な攻め方はうまく打てる確率によって変わり、トム・ワトソンとスタン・アトレーでは、あるいはプロとアマチュアでは、うまく打てる確率が違うかもしれないからだ。確率に基づいてプレーするには自分の確率を知っておく必要がある。

　攻め方を決めるには先を読まなければならない。レイアップショットで、たとえば 80 ヤードを残すか 30 ヤードを残すか決めるには、次の

ショットがどうなる可能性が高いのかを知っておくべきだ。人によって腕前は違うだろうが、手元には実際のコースでさまざまな実力のゴルファーが数千回ショットした記録がある。興味深いことに、ほとんどのゴルファーはカップまで 80 ヤードからプレーしたほうがカップまで 30 ヤードからプレーするよりスコアが悪く、仮にカップまで 30 ヤードの地点がラフでカップまで 80 ヤードの地点がフェアウェイでも変わらない。たとえば表 8.2 のデータを見ると、90 プレーヤーはカップまで 30 ヤードのラフからプレー（平均 3.1 打）したほうがカップまで 80 ヤードのフェアウェイからプレー（平均 3.4 打）するよりホールアウトまでの打数がかなり少ない。つまり、ほとんどの 90 プレーヤーはボールをラフに打ち込んだとしてもレイアップでできるだけカップに近づけたほうが良いのだ。何打稼げるかはホールの特徴によって変わるが、多くの場合は 0.3 打稼げる。

　別の考え方を紹介しよう。レイアップしてカップの 30 ヤード手前のフェアウェイに打ったとする。お望みとあらば、罰なしでボールを拾い上げてカップの 80 ヤード手前に戻り、ボールをドロップしてプレーを継続してもいいと言われた場合、どうすればいいだろうか。多くの人は、フルスイングのほうがハーフスイングよりうまく打てそうなので、30 ヤード手前からより 80 ヤード手前からのほうがうまく打てると思っている。しかし表 8.2 のデータによれば、この点に関するゴルファーの直感は間違いであることが多い。

　例外もある。ハザードがグリーンのそばにあると、リスクのほうが大きくなる。多少距離を残すのを嫌がって、わざわざ池に打ち込むリスクを冒してカップの 30 ヤード手前を狙う必要はない。ピンポジションも重要だ。カップが手前のガードバンカーのすぐそばに切られていたら、うまいゴルファーならばカップの先まで打ってバックスピンで戻そうと考えるかもしれない。各自の腕前も重要である。チップショットになると手が動かなくなったり、80 ヤードのショットのほうが 30 ヤードのショットより確実にうまく打てると思えたりするのであれば、距離を残したほうが良い。ただしプロにレッスンを頼んでウェッジショットを磨くこと。だがほとんどのゴルファーにとっては、30 ヤードの地点まで

表 8.2 カップまで 30 ヤードの地点と 80 ヤードの地点からホールアウトまでの平均打数。ラフからの結果に木などの障害物の裏からのショットは含まれない。プロを除くすべてのゴルファーは、カップまで 80 ヤードのフェアウェイからのほうが 30 ヤードのラフよりホールアウトまでの平均打数が多い。この結果から、たいていはカップまで 30 ヤードの地点にレイアップしたほうが 80 ヤードの地点にレイアップするより得策であることがわかる。

ゴルファー	カップまで 30 ヤード		カップまで 80 ヤード	
	フェアウェイ	ラフ	フェアウェイ	ラフ
PGA ツアー選手	2.5	2.7	2.7	3.0
80 プレーヤー	2.7	2.8	3.1	3.2
90 プレーヤー	2.9	3.1	3.4	3.5
100 プレーヤー	3.1	3.4	3.7	3.8
110 プレーヤー	3.3	3.7	3.9	4.1

飛ばすほうが得策である。

2012 年の全米オープンを制したウェブ・シンプソンは、自らのデータを調べてこのことを学んだ。『ゴルフダイジェスト』誌の読者向けに、シンプソンは「できるだけ寄せること。カップの近くに池でもない限り、わたしはセカンドショットをできるだけグリーンそばまで打つ。以前は 90 ヤードとか 100 ヤード手前にレイアップしていたが、自分の統計を見直したら、60 ヤード手前まで飛ばしたときのほうが、むしろ良かった。だからいまは果敢にグリーンを狙う。グリーンそばなら言うことはないし、ウェッジでハーフショットをする距離でも 100 ヤード手前から打つよりはいい。それにチップショットはしっかり練習したから、グリーンに近ければ寄せワンを決められる可能性もある」と記した。実際、プロが 100 ヤード手前のフェアウェイから寄せワンを決める確率は約 28% で、60 ヤード手前のフェアウェイからは 36%、30 ヤード手前からは 52% である（[*21]）。レイアップでカップに近づけたほうが、スコアが良くなる可能性が高いのだ（[*22]）。

[*21] 付録の表 A-23 を参照。
[*22] もうひとつの方法で確認しよう。あるツアー選手が、シーズンを通して全ロングホールをツアー平均打数でプレーするか、セカンドショットを 100 ヤード手前のフェアウェイに刻んで毎回必ずレイアップし、そこからプレーを続けるかを選ぶとしよう。どちらが得策だろうか。ロングホールのツアー平均打数は 4.7 である。「毎回必ずレイアップ」すると平均打数は 4.8 になる（2 打でレイアップし、残り 100 ヤードからホールアウトまでの平均打数は 2.8 打）。すべてのロングホールで 0.1 打を犠牲にすると、他の選手よりかなり不利になる。

リカバリーでリスクを冒していいのはどんな場合か

　ある選手がティーショットをスライスさせて林に打ち込んだ。この地点からは選択肢が2つある。無難にプレーするならば、チップショットでフェアウェイに戻してカップまで200ヤードを残す。ボギーでしのげる可能性は十分にある。リスクはあるがリターンも大きくなる選択肢を選ぶならば、木の間を通してグリーン方向を狙う。うまくいけばカップの100ヤード手前のフェアウェイをとらえ、パーセーブの可能性が高くなる。へまをすればボールが木に当たってどこに飛ぶかわからず、ダブルボギーやトリプルボギーも考えられる。選手はどう選択すればいいだろうか。自分だったらどうするか考えてみよう。

　これが大会の最終ホールで、プレーオフに持ち込むにはパーをセーブする必要があるのならリスクを冒すほうが正しいだろう。首位に立っていてボギーでも優勝できるのならば、無難にプレーするのが正しい。だが残りホール数はまだ多く、平均スコアをできるだけ縮めようとしている普通の状況だとしたらどうだろうか。

　シミュレーションの結果はホールの特徴によって変わるため、よりシンプルな分析をおこなって一般的な指針を導き出そう。主に3通りの結果を考える必要がある。まず無難にフェアウェイに出すとホールアウトまでの平均は4.2打となる。リカバリーショットの1打と、そこからホールアウトまでの3.2打である（表5.2を参照）。次にリスクのあるパンチショットで木の間を通してうまくいった場合、ホールアウトまでの平均は3.8打となる。パンチショットの1打と、そこからホールアウトまでの2.8打である。最後に、リスクのあるショットが失敗した場合も考えなければならない。ボールが木に当たってほとんど最初と同じ場所に戻ってきたとしよう。そこからプロはチップショットでフェアウェイに戻す。リスクを冒して失敗するとホールアウトまでの平均は5.2打となる。失敗したパンチショットの1打、無難にフェアウェイに戻したチップショットの1打、そこからホールアウトまでの3.2打である。

　パンチショットの成功率が72%を超えていれば、リスクのあるリカバリーショットを選択したほうが平均スコアが縮まる。この72%とい

う数字は常に一定ではない。こうした状況の一般的な指針だ。どちらを選択した場合にも結果がトントンになるようにするのではなく、リスクを冒したときに無難にプレーしたときより0.2打を稼ごうとすれば、成功率が86%なければならない。

　正しい判断は状況によって変わる。ライが良く、木の間に十分なスペースがあれば、リスクのあるショットがうまくいく確率が上がり、こちらのショットを選択したほうが良くなるかもしれない。ライが厄介だったり木と木の隙間が狭かったりすれば、リスクのあるショットを選択するのはまずいかもしれない。

リカバリーショットのリスク分析
ホールアウトまでの平均打数の比較

- 無難なチップショット（カップの200ヤード手前のフェアウェイ）だと4.2打
- リスクのあるリカバリーに成功する（カップの100ヤード手前のフェアウェイ）と3.8打
- リスクのあるリカバリーに失敗する（林のなかの同じ場所）と5.2打

無難なチップショットと比べて、リスクのあるリカバリーに成功すると平均で0.4打稼げるのに対して、リスクのあるリカバリーに失敗すると平均で1.0打を失う。リスクのあるリカバリーを選択して平均スコアを縮めるためには成功率が72%以上でなければならない。トントンになるときの成功率が72%なのは、72%の確率で稼ぐ0.4打が28%の確率で失う1.0打と釣り合うため（0.72×0.4≒0.28×1.0）。

　フィル・ミケルソンが2010年のマスターズでリカバリーショットを成功させてバーディを奪い、優勝を果たしたことはよく知られている。ゴルフ評論家の多くは、まずい判断が良い結果を招いたと評した。ウッ

ドチップのなかでボールのライは良く、木の間にも十分なスペースがあったため、わたしは彼が打つ前から正しい判断だと思っていた。2006年にウィングドフットでおこなわれた全米オープンの最終ホールでは、状況はまるで違った。このホールでフィルがリカバリーショットに失敗したこともよく知られている。彼がうまく打てなかったということは、要求される成功率にまったく及ばないショットに挑んだということだ。彼はこの判断について振り返り「実に間抜けだった」とコメントしている。

次に、先ほどとは違ってリスクのあるパンチショットに失敗するとボールが木に当たってOBになるとしよう。リスクを冒して失敗するとホールアウトまでの平均は6.2打となる。失敗したパンチショットの1打、OBの罰打の1打、無難にフェアウェイに戻したチップショットの1打、そこからホールアウトまでの3.2打である。この場合、パンチショットの成功率が84%より高くないと、無難にプレーした場合より平均スコアが下がらない（*23）。どちらを選択した場合にも結果がトントンになるようにするのではなく、リスクを冒したときに無難にプレーしたときより0.2打を稼ごうとすれば、成功率が92%なければならない（*24）。

プロがリスクのあるショットに挑むためには、おおよそ70〜90%の成功率が必要だとわかった。だがアマチュアは成功の見込みが薄くてもリスクのあるショットに挑むものだ。リスクのあるショットがたまたまうまくいけばラウンド後の夕食の席で盛り上がるかもしれないが、このような攻め方は大叩きにつながる。

こうした状況での成功率はどうすればわかるだろうか。ゴルフ場が空いているときに、林のなかでボールを10個（少しずつライの違う場所に）ドロップし、リスクのあるリカバリーショットを打ってみるといい。

---

*23　トントンになるときの成功率が84%なのは、84%の確率で稼ぐ0.4打と16%の確率で失う2.0打が釣り合うため（0.84×0.4 ≒ 0.16×2.0）。

*24　表8.1によると、ミドルホールのティーショットでプロはOBになる確率を1%未満にする必要があった。では、OBになるリスクのあるリカバリーショットで要求される成功率が99%でないのはなぜかを考えてみよう。それは、リカバリーをする状況では無難なプレーが素晴らしい選択肢とは言えないのに対して、ミドルホールのティーショットという状況では無難なプレーがきわめて素晴らしい選択肢だからである。

フェアウェイに脱出できた回数と元の場所に戻ったりもっと状況が悪くなったりした回数を記録する。この方法には2つの利点がある。ひとつはパンチショットの練習になること。もうひとつは似たような状況での成功率をより正確に把握できることである。

この章のまとめ

- どのような攻め方が正しいかは、主にゴルファーのショットパターンとホールの特徴という2つの要素によって変わる。ベストなのは、自分の実力に合わせてそのホールで成功の見込みが最も高くなるターゲットを選択することである。
- ティーショットをラフに打ち込むとおよそ0.1〜0.25打を失う。リカバリーが必要な状況ではおよそ0.5打を失う。ショットを池やラテラルハザードに打ち込むと1打を失う。ショットをOBにすると2打を失う。
- ハザードの罰が大きくなるほど、ターゲットをもっとずらしてハザードを避ける必要がある。
- アマチュアは攻め方がまずく、必要以上に強気で攻めたり弱気になったりしているとわかった。したがってアマチュアにとっては攻め方を見直すことが最も短時間で簡単にスコアを縮める方法だろう。
- 最適な攻め方は腕前によって変わる。精度の高いゴルファーはより強気なターゲットを選択する必要がある。つまり、たいていはティーショットでフェアウェイセンター付近を狙い、アプローチでカップの近いところを狙うことになる。
- 最適な攻め方はコースや天候の条件によって変わる。風が強い日であったり横傾斜のライであったりするとショットパターンの範囲が広くなるため、より弱気なターゲットを選択する必要がある。
- 一番弱気な攻め方が最適な攻め方とは限らない。ほとんどのホールで、ドライバーの代わりにアイアンでティーショットを打つとスコアが悪くなる。
- データによると、カップの近くに危険な場所があるか、ピンポジションの関係で攻め方を変えたほうが良い場合を除き、ほとんどのゴルファーはカップの近くにレイアップしたほうが80〜100ヤード手前に刻むよりスコアが良くなる。

第 9 章

最短でうまくなるための練習用ゲーム
まずは実力を正確に測定する

　本書で紹介してきた「稼いだ打数」はゴルフの腕前を測定するのに適した指標だが、アベレージゴルファーがPGAツアーの《ショットリンク》システムを使ってショットを自動的に記録できるわけではない。とはいえ、上手いゴルファーの多くはゲームやドリルを練習の一環として取り入れ、自分のプレーを記録している。ピアノの練習と同じで、ゴルフの場合もゲームやドリルの種類は豊富で、繰り返しおこなうことができる。こうした練習で脳と筋肉がつながり（*25）、さまざまな実力のゴルファーと比較するための基準値が得られる。

　この章では、だれでも練習グリーンやショートコースや本コースで自分のプレーを測定するために使えるゲームやテストを紹介する。わざわざ稼いだ打数をすべて計算しなくても自分のプレーを測定するために利用できる新しい指標も合わせていくつか紹介しよう。

　ここで紹介したゲームのほとんどで、カップインやショットをカップに寄せるといったショットの結果に点数をつける。ときどき点数をつけるのではなく、点数をつけながらの練習を習慣にしてもらいたい。パッティングであれば、距離感の重要性を強く意識するために、ショートしたら罰を課すといった具合である。

　自分の実力はどうすればわかるのか。わたしはプロの《ショットリンク》データとアマチュアの《ゴルフメトリクス》データという実際のデータを使い、各自が世界の一流プロから中級のアマチュアまで、あらゆる実力のゴルファーとショットを比較できるように評価表を作った。ひとりで練習をしているときも、自分のパッティングがルーク・ドナル

---

*25　科学者たちは、ミエリンという神経線維を包む脂肪質の物質が脳のなかで筋肉の記憶を作り出すメカニズムであると突き止めた。ショーン・フォーリーはジャスティン・ローズの世界ランキングが急上昇した理由を尋ねられたときに「ミエリン」と一言だけ返した。

ドよりうまいのか、それとも 100 プレーヤーより下手なのか判断できる。自分のショートゲームがフィル・ミケルソン並みにうまいのかどうかがわかる。評価表のもうひとつのメリットは、友人やプロとのラウンドで公平に勝負できるようにハンディキャップを決めることができる点だ。各ゲームの採点方法はシンプルなので、長々と面倒な計算をする必要はない（*26）。

10 フィートのパッティングゲーム

10 フィート（約 3 メートル）のパットを練習するときに 10 フィート 10 点ゲームを試してみよう。このゲームの目的はできるだけ早く 10 点に達することである。

---

10 フィート 10 点ゲーム

〈目的〉

できるだけ少ないホール数で 10 点を獲得すること。

〈ルール〉

・カップまでの距離が 9 〜 11 フィートの地点にボールをドロップする。

・ホールアウトするまでパッティングする。

・プレーしたホール数を記録する。

〈採点方法〉

・ファーストパットで沈めれば 2 点。

・ファーストパットをオーバーして 2 パットでホールアウトすれば 0 点。

・ファーストパットをショートして 2 パットでホールアウトすれば−1 点。

・3 パット以上でホールアウトすれば−3 点。

・合計点が−10 点に達したら負け。

〈最終結果〉

10 点に達したホール数。

ホールアウトするごとに1ホールをプレーしたと数える。点数が10点に達するか、または−10点に達してゲームオーバーになるまでに何ホールプレーしたかを記録する。点数は表9.1でまとめているようにナイスパットほど点数が高くなるようにしている。1パットで沈めると点数が増え、3パットだと点数が減る。最も頻度が高い2パットの場合は、ファーストパットをショートしない限り点数は変わらない。ファーストパットをショートすると点数が減るのは、距離感とボールをカップに届かせることに意識を集中させるという戒めのためだ。とはいえ、3パット以上だと点数が最も減るため、ファーストパットをねじ込もうとして強く打ち、カップを大きくオーバーするわけにはいかない。

表 9.1 10フィート10点ゲームの採点表。文字盤のさまざまな時刻から（上り、下り、横傾斜）10フィート（9〜11フィート）のパットを打つ。ちなみに、5フィートのゲームと15フィートのゲームでも同じ採点方法をとっている。

結果	点数
1パット	2点
ファーストパットをオーバーして2パット	0点
ファーストパットをショートして2パット	−1点
3パット以上	−3点

　3つの細かな点を守ればこのゲームで最大の成果が得られる。まず、練習グリーンで1ホール目をホールアウトしたら「別の」カップに移動することだ。すべてのパットでラインを読むのもボールを打つのも1回ずつにしなければならない。ラウンド中に同じ場所からパットを打つことはなく、グリーンを読む練習にもならないからだ。同じ場所から2回打つのは、実際のゴルフより簡単でグリーンを読む練習にならないばかりか、自分のプレーを正しく測定するのも難しくなる。したがって、練習グリーンが混み合っていない限り、ホールアウトするたびに別のカップに移動すること。
　2つ目は、ホールごとにパットの方向を変えることだ。コースでのプ

*26　数学好きな読者向けに、稼いだ打数とも密接に関連するようにゲームの点数を決めている。つまり、ゲームの点数が高くなれば、それとほぼ正比例して1ラウンドのスコアも良くなる。

レーで全ホール上りの真っすぐのラインしか残らないことはあり得ないため、練習グリーンで上りの真っすぐのラインだけを練習してはいけない。1 ホール目は文字盤上の適当な場所にボールを置き、たとえば 3:00 からの横傾斜のパットを打つとする。以降のホールでは、たとえば 7:00 からの上りのパット、その次は 10:00 からの下りの横傾斜のパット、といった具合に文字盤上の異なる場所から打つ。文字盤上のどの位置からも均等に打つようにすること。上りのパットと下りのパットを交互に打つだけで終わることのないようにしなければならない。

　3 つ目は、9 〜 11 フィートの間の 2 フィートの幅で各ホールの距離を変えることだ。調査によれば、10 フィートの距離だけで練習するより、9 フィート、10 フィート、11 フィートのパットを練習したほうが 10 フィートのパットがうまくなる。したがって 9 〜 11 フィートの範囲で各ホールの距離を変え、11 フィートのホールより 9 フィートのホールが多くならないようにすること。

　それでは、他のゴルファーとの比較方法に話を移そう。ここでは、パッティングの結果を評価する。PGA ツアー選手は −10 点になる前に 10 点に達するため、負けることはめったにない。平均的な PGA ツアー選手は 14 ホール前後で勝ちとなる。ツアーのなかでもパットが得意な選手は 11 ホール前後で勝ちとなり、勝つまでのホール数は 5 〜 30 ホールの範囲に収まる (*27)。ツアーのなかでもパッティングが苦手な選手は勝つまでに 17 ホール前後かかる。平均的な 80 プレーヤーは勝つまでに 24 ホール前後かかり、90 プレーヤーは勝つまでに 43 ホール前後かかる。常に 10 ホールで勝てれば、パッティングが得意なツアー選手よりうまい。すべての評価を表 9.2 でまとめている。

　この章の、プロの結果はすべて難しいコースでおこなわれた試合での実際のプレーに基づいている。アマチュアの結果は練習グリーンやショートコースではなく「本コース」でのプレーに基づいている。起伏が少なくラインがわかっている練習グリーンで気楽に練習すれば、点数はもう少し上がるかもしれない。

---

*27　パットが得意な選手とは、1 ラウンドあたりパッティングで 0.5 打以上を稼いでいる選手で、毎年、上位の約 20 人が該当する。パットが苦手な選手とは、1 ラウンドあたりパッティングで 0.5 打以上を失っている選手。

表 9.2 10 フィート 10 点ゲームの評価表

ゴルファー	勝つまでの平均ホール数
パットが得意なツアー選手	11 ホール
平均的なツアー選手	14 ホール
パットが苦手なツアー選手	17 ホール
80 プレーヤー	24 ホール
90 プレーヤー	43 ホール
100 プレーヤー	勝つより負けることが多い
110 プレーヤー	勝つより負けることが多い

　10 フィート 10 点ゲームはひとりでプレーしても、友人と競ってもいい。友人と競うときは、ひとりずつ交代しながら、必ずホールごとに文字盤の異なる時刻から打つようにすること。たとえば、1 ホール目では自分が 10:00 から打って友人が 5:00 から打つ。2 ホール目では自分が 8:00 から打って友人が 4:00 から打つ、といった具合だ。大切なのは、ホールごとに文字盤の異なる時刻から打ち、9〜11 フィートの範囲で距離を変えることである。最初に −10 点に達した人が負けとなり、最初に 10 点に達した人が勝ちとなる。

　初心者が 10 フィート 10 点ゲームで勝とうとするとフラストレーションが溜まるかもしれない。少しアレンジを加えた 10 フィート 10 ホールゲームなら短時間でプレーできる。10 フィート 10 ホールゲームの目的は、10 ホールの間に何点獲得できるかを確認することだ。ルールや採点方法は 10 フィート 10 点ゲームと同じである。表 9.3 の評価表を見て、このゲームでの自分の技量をさまざまな実力のゴルファーと比べてみよう。

　表 9.2 と表 9.3 の評価表を使えば、2 人以上で対決する場合のハンディキャップを決定できる。たとえば、80 プレーヤーと 100 プレーヤーが 10 フィート 10 ホールゲームで対決するのであれば、ハンディキャップを 5 点にすれば公平に競えるだろう。

表 9.3　10 フィート 10 ホールゲームの評価表

ゴルファー	平均点数
パットが得意なツアー選手	8 点
平均的なツアー選手	7 点
パットが苦手なツアー選手	6 点
80 プレーヤー	4 点
90 プレーヤー	2 点
100 プレーヤー	-1 点
110 プレーヤー	-3 点

5 フィート、10 フィート、15 フィートのパッティングゲーム

　パッティングゲームは、10 フィートの場合とルールや採点方法を変えずにさまざまな距離でプレーできる。5 フィート（約 1.5m）のゲームは各ホールを 4 〜 6 フィートの距離にする。15 フィート（約 4.6m）のゲームは各ホールを 14 〜 16 フィートの距離にする。ラインを読むのもボールを打つのも 1 回ずつというルールを忘れないようにして、1 ホールごとに別のカップでプレーすること。距離は 2 フィート（約 60cm）の幅で変えていき、文字盤の異なる時刻から打つようにしよう。

　表 9.4 の評価表は、さまざまな実力のゴルファーによる 5 フィート、10 フィート、15 フィートのゲームの成績だ。15 フィートからだと 10 点に達するまでに時間がかかりすぎるため（パットが得意なツアー選手でも 25 ホール、80 プレーヤーは 70 ホール以上必要）、5 点までにしている。したがって 5 点に達したら勝ちとなり、-5 点に達したら負けとなる。5 フィートのゲームではすぐに 10 点に達するため、15 点までにしている。

スパイラルゲーム

　ノースカロライナ州にあるキャンベル大学の PGA ゴルフマネジメントで指導部長を務めるデビッド・オーから教わったのがこのスパイラルゲームだ。彼はジャスティン・ローズ、エドアルド・モリナリをはじめ

表 9.4 5フィート、10フィート、15フィートの評価表

ゴルファー	勝つまでの平均ホール数			10ホールでの平均点数		
	5フィート 15点	10フィート 10点	15フィート 5点	5フィート	10フィート	15フィート
パットが得意なツアー選手	10ホール	11ホール	11ホール	16点	8点	4点
平均的なツアー選手	10ホール	14ホール	14ホール	15点	7点	3点
パットが苦手なツアー選手	11ホール	17ホール	18ホール	14点	6点	1点
80プレーヤー	13ホール	24ホール	21ホール	12点	4点	0点
90プレーヤー	14ホール	43ホール	−	10点	2点	−2点
100プレーヤー	18ホール	−	−	8点	−1点	−4点
110プレーヤー	23ホール	−	−	6点	−3点	−6点

とする多くのプロやアマチュアのパッティングを指導してきた。このゲームはパッティングで最も重要な距離感に的を絞ったもので、1回でも外したら最初からやり直しというプレッシャーのなかでプレーする。

　表9.5の評価表は、最も距離のあるパットが6フィートの場合から10フィートの場合までのさまざまな実力のゴルファーの平均回数である。100プレーヤーは2～6フィートのスパイラルゲームで勝つまでに半分の確率でパットを外す回数が3回以内となる。プロは半分以上の確率で回数が0となる。つまり、2～6フィートのスパイラルゲームで勝つまでに1回もパットを外さない。

　このゲームは距離が伸びると急にとてつもなく難しくなる。2～8フィートのスパイラルゲームでは、ボールをカップから2、3、4、5、6、7、8フィートの地点に置いていく。100プレーヤーは2～8フィート

表 9.5 スパイラルゲームの評価表

ゴルファー	勝つまでにパットを外す平均回数				
	2～6フィート	2～7フィート	2～8フィート	2～9フィート	2～10フィート
パットが得意なツアー選手	0回	0回	1回	3回	7回
平均的なツアー選手	0回	1回	2回	4回	12回
パットが苦手なツアー選手	0回	1回	3回	8回	23回
80プレーヤー	1回	3回	11回	40回	100回以上
90プレーヤー	2回	5回	19回	60回	100回以上
100プレーヤー	3回	14回	50回	100回以上	100回以上
110プレーヤー	4回	15回	77回	100回以上	100回以上

のスパイラルゲームで勝つまでに半分の確率で 50 回パットを外す（したがってプレーするのはお勧めしない）。

スパイラルゲーム（2〜6 フィート）

〈目的〉

角度と距離の違うパットを 5 回連続で決める。

〈ルール〉

- カップを中心に時計回りで螺旋を描くように 5 個のボールを置いていく。最初は 2 フィートのパットで最後が 6 フィートのパットになるようにする。
- カップまで 2 フィートの地点で文字盤の適当な時刻、たとえば 3:00 の方向にボールを置いたら、3 フィートのボールは 5:30 に、4 フィートのボールは 8:00 に、5 フィートのボールは 10:30 に、6 フィートのボールは 1:00 に、といった具合にボールを置いていく。
- パットを 5 回連続で決める。
- 1 回でも外したら 5 個のボールを置き直して最初からやり直し。その際にはカップを変え、ボールの置き方も反時計回りで螺旋を描くように置いていくといい。たとえば、2 フィートのボールは 8:00 に、3 フィートのボールは 5:30 に、4 フィートのボールは 3:00 に、5 フィートのボールは 12:30 に、6 フィートのボールは 10:00 に、といった具合である。
- パットを外した回数を記録する。

〈採点方法〉

- 5 回連続でカップインできれば勝ち。
- 最終的な点数は勝つまでにパットを外した回数となる。

図 9.1　スパイラルゲームの様子。上のグリーンでは、3:00 の方向から、2 フィートから 6 フィートまでのボールを時計回りに螺旋を描きながらパッティングしている。下のグリーンでは、11:00 の方向から、2 フィートから 9 フィートまでのボールを反時計回りに螺旋を描きながらパッティングしている。文字盤は、矢印で示している下りの真っすぐのラインが 12:00 の方向になっている。

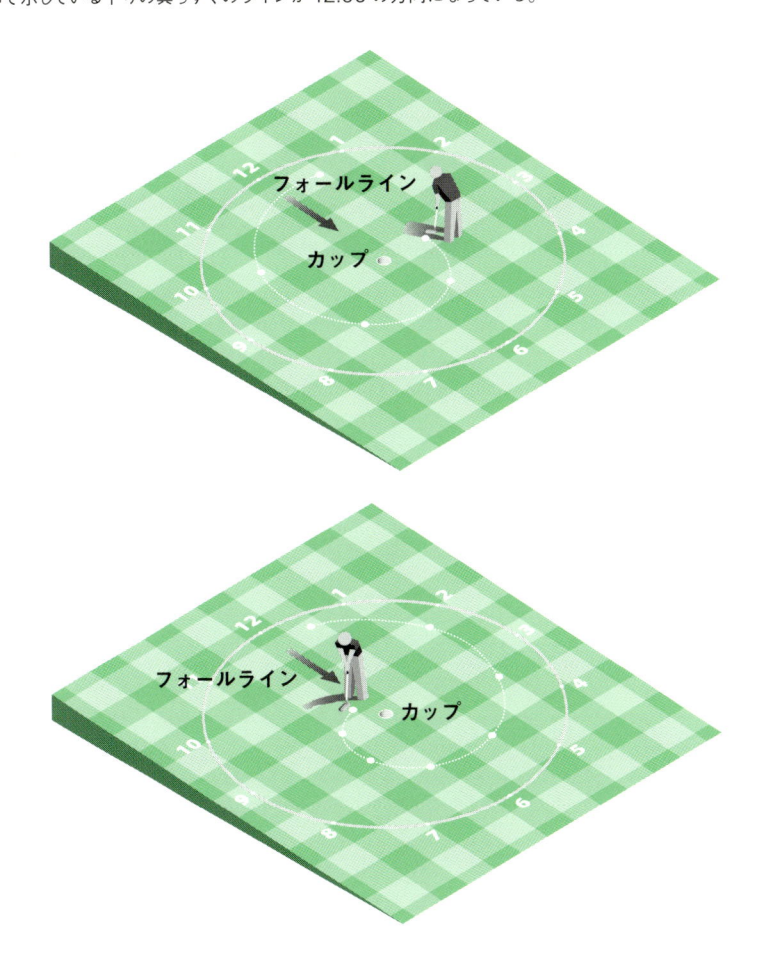

20フィート、30フィート、40フィートのパッティングゲーム

　　パットの距離が伸びるにつれ、3 パットを避けることがますます重要になる。長い距離のパッティングゲームではパットをショートしても点数は減らない。代わりに、1 パットで決めたときに最も多くの点数が与えられ、3 パットをすると点数が減るようにしてある。

長い距離のパッティングゲームも、距離が長いというだけでプレーの仕方は距離が短い場合と変わらない。20 フィート（約 6.1m）のゲームは各ホールを 15 〜 25 フィートの距離にする。30 フィート（約 9.1m）のゲームは各ホールを 25 〜 35 フィートの距離にする。40 フィート（約 12.2m）のゲームは各ホールを 35 〜 45 フィートの距離にする。距離が短い場合と同じで、ラインを読むのもボールを打つのも 1 回ずつにするというルールに従い（ホールごとにカップを変える）、文字盤のさまざまな時刻から打つこと。20 フィート、30 フィート、40 フィートのパッティングゲームの採点方法は表 9.6 でまとめている。

---

20 フィート 15 点ゲーム

〈目的〉

できるだけ少ないホール数で 15 点を獲得すること。

〈ルール〉

- カップまでの距離が 15 〜 25 フィートの地点にボールをドロップする。
- ホールアウトするまでパッティングする。
- プレーしたホール数を記録する。

〈採点方法〉

- ファーストパットで沈めれば 5 点。
- オーバーかショートかに関係なく、ファーストパットで 3 フィート以内に寄せて 2 パットでホールアウトすれば 1 点。
- ファーストパットが 3 フィート以内に寄らず 2 パットでホールアウトすれば 0 点。
- 3 パット以上でホールアウトすれば−3 点。
- 合計点が−15 点に達したら負け。

〈最終結果〉

15 点に達したホール数。

表 9.6 20 フィート、30 フィート、40 フィートのパッティングゲームの採点表

結果	点数
1 パット	5 点
ファーストパットを 3 フィート以内に寄せて 2 パット	1 点
ファーストパットが 3 フィート以内に寄らず 2 パット	0 点
3 パット以上	-3 点

　20 フィート 15 点ゲームは 15 点に達すると勝ちとなり-15 点に達すると負けとなる。評価の一覧を表 9.7 で示している。自分でプレーして 15 ホールで勝った場合、80 プレーヤー並みの腕前ということになる。

　20 フィート 10 ホールゲームの目的は、10 ホールの間に何点獲得できるかを確認することだ。表 9.7 の評価表を見れば、このゲームでの自分の技量をさまざまな実力のゴルファーと比べることができる。表 9.7 の評価表を使えば、2 人以上で対決する場合のハンディキャップを決定できる。たとえば、90 プレーヤーと 100 プレーヤーが 20 フィート 10 ホールゲームで対決した場合、90 プレーヤーが 4 点差で勝つと予想されるため、ハンディキャップを 4 点にすれば公平に競えるだろう。

表 9.7 20 フィート、30 フィート、40 フィートのパッティングゲームの評価表

ゴルファー	勝つまでの平均ホール数			10 ホールでの平均点数		
	20 フィート 15 点	30 フィート 10 点	40 フィート 5 点	20 フィート	30 フィート	40 フィート
パットが得意なツアー選手	10 ホール	11 ホール	7 ホール	15 点	10 点	5 点
平均的なツアー選手	11 ホール	12 ホール	8 ホール	14 点	8 点	4 点
パットが苦手なツアー選手	12 ホール	14 ホール	10 ホール	12 点	7 点	2 点
80 プレーヤー	15 ホール	18 ホール	–	10 点	4 点	-1 点
90 プレーヤー	20 ホール	29 ホール	–	7 点	0 点	-5 点
100 プレーヤー	35 ホール	–	–	3 点	-4 点	-9 点
110 プレーヤー	42 ホール	–	–	-1 点	-7 点	-14 点

グリーンを読むドリル　フォールラインを見つける

　グリーンの読みはパッティング技術と同じように重要だと言われてい

るが、グリーンを読む練習をしているゴルファーは少ない。ここでは、どんなレッスン書にも雑誌にも書かれていない斬新なグリーンを読むドリルを紹介しよう。これはフォールライン、つまり水が重力に従って真っすぐ流れ落ちる方向を見つけることに重点を置いたドリルだ。

グリーンを読むドリル

〈目的〉

フォールラインを読み誤った距離である「フォールラインの誤差」を小さくする。

〈ルール〉

・練習グリーンでカップをひとつ選ぶ。

・パッティングをしてボールの転がりを見る前にグリーンを読み、6フィートの距離（およそパター2本分）でボールがカップまで真っすぐ転がるラインを見つける。

・フォールラインと思われるライン上でカップまで6フィートの地点に目印としてコインを置く。

・コインのすぐ前にボールを置き、カップを狙って真っすぐパッティングする。

・ボールが真っすぐ転がってカップインすれば、フォールラインを正しく見つけられたことになる。

・ボールが左右どちらかに曲がったら、フォールラインが見つかるまで少しずつラインを変えながらパッティングする。

〈採点方法〉

・フォールラインが見つかったら、最初にフォールラインだと推定した地点に置いたコインから実際のフォールラインまでの距離を測定する。この距離がフォールラインの誤差である。

・もし最初のパッティングでボールが真っすぐ転がってカップインしたら、フォールラインを正しく見つけていたことになり、誤差は0となる。

図 9.2 フォールラインのドリル。上のグリーンでは、フォールラインの地点を推定し、カップに向かって真っすぐパッティングしてボールが曲がるかどうかを確認するという前半の 2 つの手順を示している。下のグリーンでは、正しいフォールラインの地点を見つけ、誤差を測定するという後半の 2 つの手順を示している。

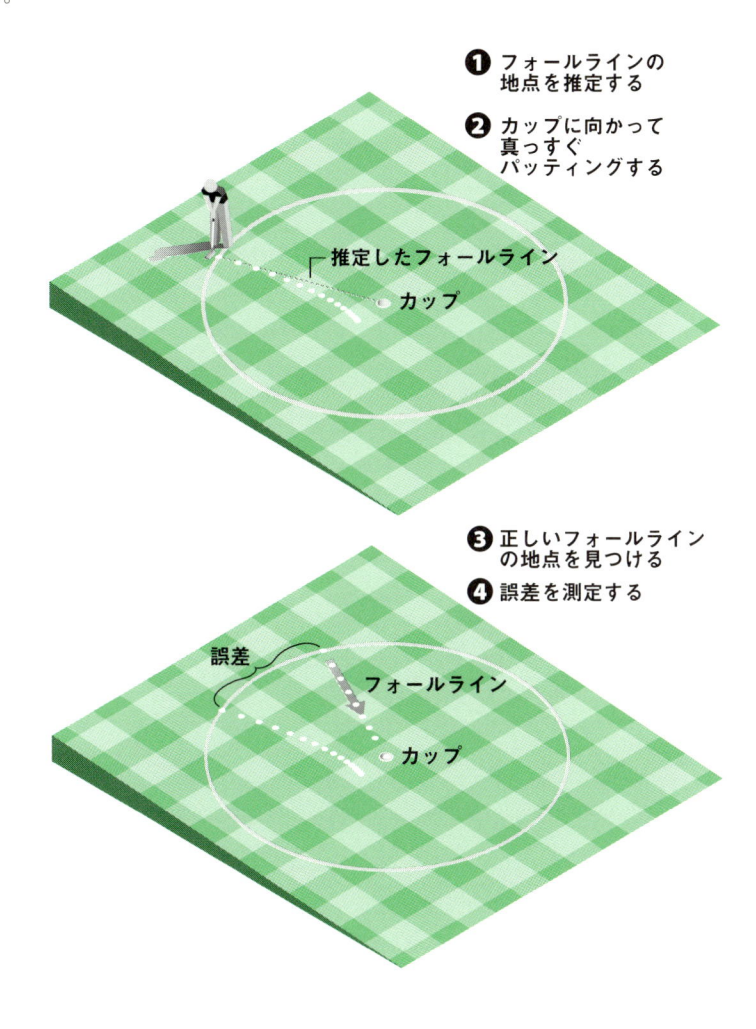

❶ フォールラインの地点を推定する
❷ カップに向かって真っすぐパッティングする

推定したフォールライン
カップ

❸ 正しいフォールラインの地点を見つける
❹ 誤差を測定する

誤差
フォールライン
カップ

　ちなみに、フォールラインの地点とはカップの周りを一周したときに最も高い地点である。このドリルに評価表はない。
　グリーンを読むドリルは、練習グリーンやゴルフ場の他のカップでも繰り返すといい。実際のカップの代わりに、このドリルではティーを

ターゲットにしてもいい。フォールラインの誤差を記録して、カップ周りの傾斜の程度も「小」「中」「大」に分類して記録する。傾斜が「小」の場合、「大」の場合よりフォールラインを推定するのは難しい。練習を重ねるにつれ、フォールラインの誤差が小さくなっていくはずだ。フォールラインを見つけられるようになれば、図7.7のパッティング文字盤を使って、フォールラインから離れた地点から打つパッティングがどのように曲がるかを推定しやすくなる。

ショートゲームゲーム

ショートゲームゲームでは、40ヤード以内のショットを磨くことができる。同じルール、同じ採点方法で、フェアウェイ、ラフ、バンカーから10ヤード、20ヤード、30ヤード、40ヤードの距離でおこなう。

フェアウェイの20ヤードゲーム
〈目的〉
5回のショットで点数をできるだけ獲得する。
〈ルール〉
・フェアウェイのカップまで15〜25ヤードの地点にボールをドロップしてショットを打つ。
・一定の範囲で難易度を変えながら合計5回ショットを打つ。
〈採点方法〉
・カップインしたら5点。
・グリーンに乗せてカップまで6フィート以内に寄せれば2点。
・グリーンに乗せてカップまで6〜12フィートの距離を残したら1点。
・グリーンに乗せてカップまで12フィート以上の距離を残したら0点。
・グリーンに乗らなかったら−1点。
〈最終結果〉
5回のショットでの合計点。

表 9.8 10～40ヤードゲームの採点表

結果	点数
カップイン	5点
6フィート以内に寄せる	2点
6～12フィートの距離を残す	1点
グリーンに乗せて12フィート以上の距離を残す	0点
グリーンを外す	-1点

　ショートゲームの難易度は同じ距離でもばらつきが大きいため、一定の範囲内で難易度の異なるショットを打つようにすること。グリーンを長く使える易しいチップショット、バンカー越えのため高さのあるピッチショットかロブショットで打つ必要のあるフェアウェイやラフからのショット、ボールからグリーンエッジまでの距離がグリーンエッジからカップまでの距離より長いショートサイドのショット、左足下がりのショット、左足上がりのショットなどを織り交ぜる必要がある。

　ショットを打つたびに10ヤードの範囲で距離を変えること。ラウンド中に同じ距離から同じカップに向かって2回連続でショットすることはないので、同じ距離から打っても、さまざまな距離から打つ練習をしたときほどグリーン周りのショットの感触をつかむのに役立たない。20ヤードゲームではカップまで15～25ヤードの地点からショットを打つ。たとえば1回目に15ヤードからショットしたら、次は25ヤードからショットし、20ヤード、25ヤード、15ヤードと距離を変えていく。30ヤードゲームではカップまで25～35ヤードの地点からショットを打つ。

　表9.9～9.11の評価表で、さまざまな実力のゴルファーが獲得する点数の目安を示している。プロの結果は、グリーンが硬くて速く、グリーン周りのフェアウェイは芝が短く刈られてラフが深いトーナメント仕様の難しいコースでのプレーに基づいたものだ。アマチュアの結果は、友人同士でのプレーやコンペに使われることもある本コースでのプレーに基づいている。表9.9のフェアウェイでの評価表によると、平均的なPGAツアー選手はフェアウェイの40ヤードから5回のショットで平

表 9.9 フェアウェイの 10 ～ 40 ヤードゲームの評価表

ゴルファー	5 回のショットでの平均点数			
	10 ヤード	20 ヤード	30 ヤード	40 ヤード
ショートゲームが得意なツアー選手	10 点	8 点	6 点	5 点
平均的なツアー選手	9 点	7 点	5 点	4 点
ショートゲームが苦手なツアー選手	8 点	6 点	4 点	3 点
80 プレーヤー	7 点	5 点	3 点	2 点
90 プレーヤー	6 点	4 点	2 点	1 点
100 プレーヤー	5 点	3 点	1 点	0 点
110 プレーヤー	4 点	2 点	0 点	-1 点

表 9.10 ラフの 10 ～ 40 ヤードゲームの評価表

ゴルファー	5 回のショットでの平均点数			
	10 ヤード	20 ヤード	30 ヤード	40 ヤード
ショートゲームが得意なツアー選手	8 点	5 点	4 点	3 点
平均的なツアー選手	7 点	4 点	3 点	2 点
ショートゲームが苦手なツアー選手	6 点	4 点	2 点	1 点
80 プレーヤー	5 点	3 点	1 点	0 点
90 プレーヤー	4 点	2 点	0 点	-1 点
100 プレーヤー	3 点	1 点	-1 点	-2 点
110 プレーヤー	2 点	0 点	-2 点	-3 点

表 9.11 バンカーの 10 ～ 40 ヤードゲームの評価表

ゴルファー	5 回のショットでの平均点数			
	10 ヤード	20 ヤード	30 ヤード	40 ヤード
ショートゲームが得意なツアー選手	6 点	6 点	4 点	3 点
平均的なツアー選手	5 点	5 点	3 点	2 点
ショートゲームが苦手なツアー選手	4 点	4 点	3 点	1 点
80 プレーヤー	1 点	1 点	1 点	0 点
90 プレーヤー	1 点	0 点	-1 点	-2 点
100 プレーヤー	0 点	-1 点	-2 点	-3 点
110 プレーヤー	-3 点	-3 点	-4 点	-5 点

均 4 点を獲得している。何回もプレーすれば、プロは 30% の確率で 2 ～ 3 点、20% の確率で 4 点、30% の確率で 5 ～ 6 点を獲得する。プロ

が7点以上を獲得する確率は約10%だ。フェアウェイの40ヤードゲームで90プレーヤーの平均点数は5回のショットで1点である。

中央残り距離ゲーム

　ショートゲームゲームと同じく、中央残り距離ゲームも、さまざまな距離、条件からショットを打って腕試しをするゲームだ。中央残り距離ゲームでは、数回のショットの残り距離の中央値を使って技量を測定する。中央残り距離であって平均残り距離でない理由は、まずコース上では多くのショットの距離を測定して平均値を計算するより中央値となる距離を測定するほうが簡単だからであり、もうひとつは1回でもミスショットがあると平均距離が大きく変わる場合があるからだ。フェアウェイ、ラフ、バンカーからのゲームは練習場でプレーできる。または、実際のコースでのプレーでのショット結果を記録して、プロやアマチュアと比較してもいい。

フェアウェイの20ヤード中央残り距離ゲーム
〈目的〉
5回のショットで点数をできるだけ獲得する。
〈ルール〉
・フェアウェイのカップまで15～25ヤードの地点にボールをドロップしてショットを打つ。
〈採点方法〉
・カップまでの残り距離が最も短い2個のボールと最も長い2個のボールを拾い上げる。
・残ったショットの残り距離を測定する。これが中央残り距離、つまり5回のショットのうち残り距離が中央値となる距離である。
〈最終結果〉
5回のショットの中央残り距離。

このゲームでは5回ともすべて違うショットを打つようにしなくてはならない。ひとつの方法としては、ひとつのカップに向かってグリーン周りの異なる場所から5回ショットを打つ。20ヤードゲームでは距離を15～25ヤードの範囲内で変えられるが、平均距離は20ヤードにすること。40ヤードゲームでは実際にプレーする距離を35～45ヤードの範囲で変えられる。5回のショットの中央残り距離とは3番目にカップに寄ったショットである。7回ショットして4番目にカップに寄ったショット、9回ショットして5番目にカップに寄ったショットなどを測定してもいい。

フェアウェイ、ラフ、バンカーの中央残り距離ゲームの評価表を表9.12～9.14でまとめた。たとえば、フェアウェイの20ヤードゲームで中央残り距離が9フィートの場合、腕前は80プレーヤーと90プレーヤーの中間ということになる。評価表を見れば、さまざまなゴルファーの腕前の違いがすぐにわかる。フェアウェイからの100ヤードのショットでは、プロの中央残り距離が16フィートであるのに対して90プレーヤーの中央残り距離は37フィートである。バンカーからの10ヤードのショットでは、プロの中央残り距離が7フィートであるのに対して90プレーヤーの中央残り距離は19フィートである。言うまでもないが、プロがゴルフで生計を立てていてアマチュアがゴルフ以外の仕事をしているのはこうした違いがあるからである。

多くのプロから超一流選手の評価表を作ってほしいという依頼があったことを受け、表9.12～9.14を作成した。このなかで「超一流選手」とは、毎年それぞれの距離で最も点数が高かった3選手を指す。たとえば、60～100ヤードの距離であれば、毎年カップまで60～100ヤードの地点からのショットで稼いだ打数の上位3選手を見つけ出し、その中央残り距離を計算している。100～150ヤードの距離であれば、毎年カップまで100～150ヤードの地点からのショットで稼いだ打数の上位3選手を見つけ出し、その中央残り距離を計算している。世界一を目指すのであれば、常に「超一流選手」を上回る点数を獲得しなければならない。

表9.12～9.14の評価表を使えば、超一流選手と腕比べができる。た

とえばコース（またはショートコース）での練習中に自分のショットを超一流選手と比べるとしよう。1番ホールではカップまで50ヤードのフェアウェイにボールをドロップしてショットする。フェアウェイの中央残り距離の評価表を見ると、超一流選手の中央残り距離は平均9フィートである。自分のショットが9フィート以内に寄れば1点を獲得、9フィート以上外せば−1点となる。次のホールでは、カップまで40ヤードのラフにボールをドロップしてショットする。ラフの中央残り距離の評価表を見ると、超一流選手の中央残り距離は平均11フィートである。自分のショットが11フィート以内に寄れば1点を獲得、11

表 9.12　フェアウェイの中央残り距離の評価表

カップまでの距離（ヤード）	超一流選手	平均的な選手	80プレーヤー	90プレーヤー	100プレーヤー	110プレーヤー
10	3	4	5	6	6	7
20	5	6	7	10	11	12
30	6	8	12	16	19	22
40	8	10	16	21	24	26
50	9	12	20	23	28	34
60	10	13	21	25	31	40
70	10	13	23	31	37	41
80	12	14	24	33	39	43
90	12	15	26	35	41	44
100	13	16	28	37	46	56
110	15	17	29	44	53	57
120	15	18	31	47	58	63
130	17	19	35	49	63	76
140	18	21	39	50	66	86
150	21	23	42	56	73	93
160	22	25				
170	25	28				
180	27	31				
190	31	34				
200	34	37				
210	37	42				
220	41	47				

表 9.13 ラフの中央残り距離の評価表

カップまでの距離(ヤード)	超一流選手	平均的な選手	80 プレーヤー	90 プレーヤー	100 プレーヤー	110 プレーヤー
10	4	5	6	8	10	11
20	8	9	11	15	19	21
30	10	12	16	20	24	29
40	11	15	17	25	31	37
50	14	17	21	28	35	41
60	15	19	22	33	40	42
70	16	21	27	36	44	53
80	18	22	28	37	46	54
90	19	24	29	40	50	57
100	24	26	32	41	52	64
110	26	28	37	43	58	75
120	29	31	38	50	66	86
130	31	33	40	51	70	91
140	32	35	41	56	75	96
150	37	38	47	57	88	110

中央残り距離の平均（フィート）

表 9.14 バンカーの中央残り距離の評価表

カップまでの距離(ヤード)	超一流選手	平均的な選手	80 プレーヤー	90 プレーヤー	100 プレーヤー	110 プレーヤー
10	5	7	17	19	22	26
20	6	8	18	24	29	34
30	9	11	20	31	41	48
40	11	16	34	52	62	67

中央残り距離の平均（フィート）

フィート以上外せば−1点となる。さらに次のホールでは、カップまで20ヤードのバンカーにボールをドロップする。自分のショットが6フィート（バンカーの中央残り距離の評価表によると、超一流選手の中央残り距離の平均）以内に寄れば1点を獲得、6フィート以上外せば−1点となる。このゲームでは合計点数を記録していく。

最終的な合計点数がプラスだと超一流選手よりショットが良い。最終

表 9.15　フェアウェイとラフの中央残り距離の評価表。ただし、中央残り距離を打つ前の距離に対する比率で示している。

フェアウェイ

中央残り距離（打つ前の距離に対する残った距離の比率）

カップまでの距離 (ヤード)	超一流選手	平均的な選手	80プレーヤー	90プレーヤー	100プレーヤー	110プレーヤー
10 ～ 20	9%	11%	13%	17%	20%	22%
20 ～ 60	7%	9%	13%	16%	20%	23%
60 ～ 100	5%	6%	10%	13%	16%	19%
100 ～ 150	4%	5%	9%	13%	16%	19%
150 ～ 200	5%	6%	10%	14%	18%	23%

ラフ

中央残り距離（打つ前の距離に対する残った距離の比率）

カップまでの距離 (ヤード)	超一流選手	平均的な選手	80プレーヤー	90プレーヤー	100プレーヤー	110プレーヤー
10 ～ 20	14%	17%	19%	26%	32%	36%
20 ～ 60	10%	13%	16%	22%	27%	30%
60 ～ 100	7%	9%	12%	16%	20%	23%
100 ～ 150	8%	8%	10%	13%	18%	25%
150 ～ 200	9%	9%	13%	18%	25%	34%

的な合計点数がマイナスだともっと練習が必要である。このゲームは友人と競うこともでき、その場合は合計点数の差で最終的な点数を判断する。

　1ラウンドのプレーで1打ごとにショットを記録すれば、すべてのショットを距離別に分けて、打つ前の距離に対する比率として中央残り距離を計算できる。たとえば、フェアウェイでカップまで100 ～ 150ヤードの地点から5回ショットを打ったとしよう。打つ前の距離に対する比率として残り距離を小さい順に並べると3%、10%、11%、13%、30%になったとする。この場合、中央値の11%が5つの比率の中間値である。この値を表9.15の評価表と比べてみよう。比率を使う理由は、距離が違っていてもほとんど変わらないからだ。たとえば80プレーヤーの場合、フェアウェイの100ヤードからの中央残り距離は28フィート、150ヤードからは42フィートである。距離の絶対値は大き

く違っているものの、比率に直すとどちらも打つ前の距離のおよそ 9%ということになる。

グリーンエッジを含むボギーオン

　ティーショットを打ってからグリーンに乗せるまでのプレーを測定する標準的な指標がパーオンである。ショートホールでは1打、ミドルホールでは1～2打で、ロングホールでは3打以内でグリーンに乗せるとそのホールはパーオンとなる。各ホールのパーにはパット数として2打分が含まれているため、規定打数から2打以上少ない打数でグリーンに乗せればパーオンになると覚えればいい。少しでもグリーンを外してボールがグリーンエッジに止まった場合、パーオンとはならない。ゴルファーは平均で1ラウンドに1回以上はグリーンエッジからショットしているため、パーオン回数の計算では一貫した決まりに従うことが重要である。

　表9.16によると、平均スコア71のPGAツアー選手は1ラウンドあたり平均11.6回パーオンしている。90プレーヤーは平均で4回弱、100プレーヤーは平均で2回弱しかパーオンしていない。初心者の場合、パーオンがめったにないため、パーオンという標準的な指標を記録するとかなりフラストレーションが溜まるかもしれない。

　アマチュア向けに、ボギーオンという新しい指標を提案する。これはパーオンの場合より1打多い打数以内でグリーンに乗った回数であり、ボールがグリーンエッジに止まった場合も含む。ショートホールでは1～2打でグリーンに乗せるかグリーンエッジまで運べばボギーオンとなる。同じように、ミドルホールでは3打以内で、ロングホールでは4打以内でグリーンに乗せるかグリーンエッジまで運べばボギーオンとなる。ボギーオンを記録すれば、アマチュアはより現実的な目標を設定したり達成したりできる。ショートホールの1オンは多くのゴルファーにとって実現しにくい目標だが、2オンならば実現できそうだ。同じように、ミドルホールの3オンやロングホールの4オンは実現できそうな目標となる。表9.16によると、1ラウンドのボギーオンが平均10回

表 9.16 パーオンとボギーオンの評価表。パーオンは 1 ラウンドのパーオン回数。ボギーオンは 1 ラウンドで規定打数より 1 打多い打数以内でグリーンに乗せた回数で、グリーンエッジも含む。ロングホールを 3 打以内でグリーンに乗せればパーオンとなる。ロングホールを 4 打以内でグリーンに乗せるかグリーンエッジまで運べばボギーオンとなる。この表では、ゴルファーの実力ごとに 1 ラウンドのパーオンとボギーオンの平均回数を示している。平均スコアが 85 以上のゴルファーは、ボギーオンを記録するほうがいい。

ゴルファー	パーオン	ボギーオン （グリーンエッジを含む）
PGA ツアー選手	11.6 回	17.3 回
75 プレーヤー	8.9 回	17.0 回
80 プレーヤー	7.0 回	15.4 回
85 プレーヤー	5.3 回	13.8 回
90 プレーヤー	3.9 回	12.3 回
95 プレーヤー	2.8 回	10.8 回
100 プレーヤー	1.9 回	9.5 回
105 プレーヤー	1.2 回	8.1 回
110 プレーヤー	0.8 回	6.8 回

以上であれば、ほぼ毎回 100 を切れるはずだ。ボギーオンを記録すると、各ホールの攻め方を判断しやすくなる。池などのハザードがある場合、無理にグリーンを狙わずにハザードを避けたほうがスコアを縮められることが多い。

　ボギーオンを記録すると、自分の得意・不得意を見きわめやすくなる。表 9.16 を見ると、95 プレーヤーは 1 ラウンドあたり平均 11 回近くボギーオンしている。ボギーオンが 8 回なのに 95 というスコアを出せるのであれば、ショートゲームとパッティングが実力の割にかなりうまいのだから、ティーショットやアプローチの練習に重点を置くべきだとわかる。稼いだ打数のほうが正確に得意・不得意を見きわめられるが、ボギーオンを記録すれば、はるかに手軽にそこそこの情報が得られる。

ミスショットを記録する

　トップ、大ダフリ、シャンクなどのミスショットは、多くのゴルファーの想像以上にスコアを悪くしている。平均的な 100 プレーヤーはこうしたショットで 1 ラウンドあたり 10 打失っている。ベン・ホー

ガンが言うように「ゴルフとはナイスショットのゲームではなく、ミスショットのゲームである。一番マシなミスをした選手が優勝する」のだ。手軽な方法として、毎ラウンド後にショットを見直すと効果的であることが多い。その日のナイスショット（自信を取り戻す）と最悪なショット（次回の練習に生かす）を振り返ること。ミスショットを記録して、いたずらにスコアを悪くしていないか見きわめるのだ。

　わたしは、ショットの質を測定する「稼いだ打数」でミスショットを定義している。この値が−0.8〜−1.3打のショットはすべてミスショットと見なす。ミスショットとは、80ヤードも飛ばないショット、罰打を受ける場所に打ち込んだショット、次打がリカバリーショットとなる場所に打ち込んだショット、チップショットをトップしてグリーンをオーバーしたショット、カップの50ヤード以上手前にあるバンカーに打ち込んだショット、空振りなどである。要するに、1回のスイングでほとんどカップに近づかなかったショットだ。さらにひどいのが、稼いだ打数が−1.3打を下回るショットである。これは1回のスイングで2打近くを失うショットであり、OBとなったショット、ロストボールとなったショット、あるいは池に打ち込んだときにドロップゾーンが元の地点に近い場合などがある。

　ミスショットの原因は、ショット自体が悪い場合もあれば、マネジメントを間違えた場合もある。ターゲットがOBゾーンに近すぎたり、林のなかからチップショットでフェアウェイに戻さずに木と木の狭い隙間を狙うリカバリーショットに挑んだり、ドッグレッグのホールでショートカットを狙いすぎたりすると、大叩きになりかねない。プロでもアマチュアでも、ロングゲームのミスショットはショートゲームの2倍以上である。理由は、ロングゲームではボールを木に当てたり、池やOBゾーンなどのハザードに打ち込んだりしやすいためだ。グリーンの近くにいるときより、カップまで100ヤード以上あるときのほうが地雷が多いのである。

　自分のショットがどれくらいの実力のゴルファーに匹敵するかを確認するには、ラウンドごとにミスショットは1打につき1点、最悪のショットは1打につき2点として点数をつけ、すべてのミスショット

の合計点を計算して表 9.17 の評価表の数字と比べるといい。平均的な 90 プレーヤーはミスショットでプロの 8 倍の打数を失っている。スコアが 90 でミスショットの合計点が 6 点より多ければ、安定性を高める練習をしなければならない。おそらく、ベストスコアを更新するにはナイスショットを打つよりミスショットをなくすほうが大切であることがわかるはずだ。ほとんどのアマチュアにとって、ミスショットを減らすことがスコアを縮めるための最も簡単な方法である。

表 9.17 ミスショットの評価表。1 ラウンド中にグリーン以外のミスショットで失う打数。ミスショットは 1 打につき 1 点、最悪のショットは 1 打につき 2 点として、ミスショットの合計点を算出する。ミスショットは、打った地点に基づいてロングゲームとショートゲームの 2 つに分けている。ロングゲームとはカップまでの距離が 100 ヤード以上、ショートゲームとはカップまでの距離が 100 ヤード未満である(グリーン上のパットは除く)。

ゴルファー	ミスショットの合計点	ロングゲーム	ショートゲーム
PGA ツアー選手	0.7 点	0.5 点	0.2 点
75 プレーヤー	1.4 点	1.1 点	0.3 点
80 プレーヤー	2.5 点	1.7 点	0.8 点
85 プレーヤー	3.9 点	2.6 点	1.3 点
90 プレーヤー	5.6 点	3.8 点	1.8 点
95 プレーヤー	7.5 点	5.1 点	2.4 点
100 プレーヤー	9.7 点	6.7 点	3.0 点
105 プレーヤー	12.1 点	8.5 点	3.6 点
110 プレーヤー	14.8 点	10.6 点	4.2 点

この章のまとめ

- スコアを縮めるための3つの重要な手順は測定、分析、練習である。
- 稼いだ打数を使えば、コース上でのプレーを測定して得意・不得意を知ることができる。
- 上手なゴルファーは、この章で説明したゲームを取り入れながら練習グリーンやショートコースや本コースで練習している。ゲームの多くは点数制になっているため、自分のプレーを測定できる。
- 評価表を見れば、1回のゲームでさまざまな実力のゴルファーと比較しながら自分のプレーを分析できる。さらに重要なことに、何回かプレーして点数を記録していけば、特定のショットにおける上達ぶりを確認できる。
- 練習が必要な苦手分野がひとつ以上見つかった場合、地元のプロゴルファーからレッスンを受けるか、ゲームやドリルを使った練習プランを作ってもらうこと。
- ほとんどのアマチュアにとって、ミスショットを減らすことがスコアを縮めるための最も簡単な方法である。
- わたしが話を聞いたプロは全員、目的別の練習をしている。上達するには、ただ楽観的に考えながら練習場で闇雲にボールを打つのではなく、意味のある練習をすることだ。

第 10 章

19 ホールのまとめ
すべてのショットが重要である！

　私自身、長い間、多くのゴルファーと同じくフェアウェイキープ、パーオン、パット数といった昔ながらの指標をスコアカードで記録していた。ラウンド後に見直したらそれでおしまい。スコアカードから得られるこれらの指標を見ても、スコアが良かった理由や悪かった理由はよくわからなかったのだ。

　昔ながらの指標は自分のプレーを理解するのにほとんど役立たないだけでなく、スコアを 10 打縮めるにはどのショットを練習すればいいか、ドライビングディスタンスが 20 ヤード伸びればスコアがどれだけ縮まるか、パットは強く打って曲がる前にねじ込むほうがいいのか、それとも曲がりを大きく計算してジャストタッチで狙えばいいのか、といった興味深い疑問に答えることもできなかった。

　本書はこうした疑問に応えるべく長年研究を重ねた成果であり、財務リスクの評価および管理の専門家として使っている数学的手法を取り入れている。ゴルフというゲームの分析にこれほど時間がかかるとは思っていなかったが、ひとつの疑問に答えるたびに新たに興味深い疑問が生まれるため、その分析に時間がかかった。

　それぞれのショットをどこからどこまで打ったかという、ここ数年でようやく手に入るようになった細かいショット情報がなければ、本書で紹介している分析結果は得られなかった。一部のデータは《ゴルフメトリクス》というプログラムを使って、主にアマチュアの細かなショットデータを自分で集め、分析する必要があった。2003 年から PGA ツアーの試合で集められた《ショットリンク》データのおかげで、プロのプレーに関する膨大な情報が手に入るようになった。2007 年以降、データを学術研究者に公開するという英断を下した PGA ツアーの方々には深く感謝する。とはいえ、データを正しく分析する方法はまったくわ

かっていなかった。

　すぐに、ゴルフのプレーを測定するには、比較できないと思われていたさまざまなショットを比べる必要があることが明らかになった。ティーショットを飛ばしてフェアウェイセンターをとらえるには、筋力とタイミングが必要である。チップショットを打つには、ボールを正確にミートして思い通りの距離を出す必要がある。20フィートの下りのスネークラインのパットを決めるには、グリーンを読む技術とパッティングのタッチが必要である。ゴルフの魅力のひとつはさまざまな技量が要求されることだが、そのことが同時に、さまざまなショットの重要性を相対的に測定するのを難しくしている。

　この研究で要となるのは「稼いだ打数」という新しい概念であり、この概念のおかげで、山のような1打ごとのデータと格闘し、これまで同じ土俵の上で扱われてこなかったさまざまなショット同士を比較できるようになった。

　改めて、この指標について簡単に説明しておこう。過去のデータから平均スコアが4打とわかっているホールでティーショットを打ち、フェアウェイでホールアウトまでの平均打数が2.8打の地点にボールが止まったとすると、このティーショットでは1回のスイングでボールを1.2打分カップに近づけたことになる。1回のティーショットで平均的なティーショットに対して0.2打稼いでいるため、「稼いだ打数」は0.2打である。

　20フィートのパットと3フィートのパットは、スコアカード上はどちらも同じ1打だが、「稼いだ打数」で測定すると20フィートのパットを決めたほうが良い成績ということになる。「稼いだ打数」はこうした直感に数値を割り当てるものだ。この指標の根底にはコンピュータ時代の幕開けに誕生した高等数学があるが、この本質は単に2つの数値の引き算であり、見事なほど単純である。

　「稼いだ打数」を使ってこのデータを分析したところ、驚くべき事実がいくつも判明した。たとえば、一流選手と全体の平均スコアの差のうち、パッティングによるのは15％であることが、数学的に示されたのだ。一流選手が集まるPGAツアーのなかでも、パッティングの腕前に

は大きな差があることもわかった。ルーク・ドナルド、スティーブ・ストリッカー、ザック・ジョンソンは、稼いだスコアの約40％がパッティングによるものである。反対にロリー・マキロイ、アーニー・エルス、セルヒオ・ガルシア、アダム・スコットは、グリーンに乗せるまでに稼いだスコアをパッティングで若干失っている。

　一流選手以外に目を向けても、驚くほどの規則性が見つかった。一流選手と平均的な選手、プロとアマチュア、初心者と上級者といった具合にゴルファーを2つに分けると、そのスコアの差のうちパッティングによるものは約15％だったのである。第2章で述べたように、プロが「普段以上のプレー」をして試合で優勝したとき、パッティングが他のショットよりスコアアップに大きな役割を果たしているのは確かだが、パッティングがツアー選手並みにうまくなるだけでPGAツアーで常に優勝争いができるようになる80プレーヤーを見つけるのは、ユニコーンを生け捕りにするより難しいだろう。

　新たな指標を使った分析でもうひとつ明らかになったのは、プロとアマチュアのスコアの差のうち、およそ2/3はカップまで100ヤード以上の地点からのショットによるということだ。「稼いだ打数」という一貫性のある指標を通して見ると、ロングゲーム全般、特にアプローチが重要であるとわかった。パッティングやティーショットの達人が名ゴルファーとは限らないが、アプローチの達人は名ゴルファーである可能性が高い。

　例として、世界一のパットの達人だと思われるがまったく無名のグレッグ・ワードと、世界一の飛ばし屋、ジェイソン・ザバックを取り上げよう。ワードは2002年にプロフェッショナルパターズアソシエーション（PPA）の殿堂入りを果たし、PPAプレーヤーオブザディケイドを2回獲得した。ザバックは世界ドラコン選手権で5回優勝を飾り、2003年にはロングドライバーズオブアメリカの殿堂入りを果たしている。ドライバーショットはコンスタントに400ヤードを超え、大会で使われる40〜50ヤードのフェアウェイ幅に収まる程度には真っすぐ飛ぶ。にもかかわらず、2人とも他のショットは一流とは言い難く、プロ並みのスコアが出せるわけでもない。ワードもザバックも、仮に

PGA ツアーに挑戦したとしても優勝の見込みはまずない。

　一方で、もし 150 〜 200 ヤードのアプローチの世界選手権があれば、その優勝者はトップクラスのプロツアーでも勝負できるだろう。第 6 章の稼いだ打数の分析からわかるように、こうしたショットがうまければ、PGA ツアーでスコアを大きく稼げる。こうしたショットの達人になるには、スイングの再現性を高めて、飛距離、方向性、弾道、スピン量をコントロールし、フェアウェイからでもラフからでもボールをカップに寄せなければならない。150 〜 200 ヤードのショットに適したスイングを身につけているゴルファーは、たいていもっと短いショットももっと長いショットもうまい。

　第 6 章で見たように、2004 〜 2012 年の PGA ツアーで 150 〜 200 ヤードの距離が最もうまかった選手はタイガー・ウッズである。タイガーはアプローチを PGA ツアーの平均より 3 〜 4 フィートカップに寄せていて、そのおかげで 1 ラウンドあたり 1.3 打を稼いでいる。仮にタイガーがアプローチ以外のすべてのショットがツアー平均並みだったとしても、PGA ツアーで十指に入る選手になれただろう。アプローチはそれほどまでに重要なのである。

　ロングゲームが重要という原則は一流選手から初心者までのあらゆるゴルファーに当てはまるが、得意・不得意は人それぞれだ。うまくなるには自分自身をよく知っておかなければならない。メジャーウィナーのマーク・ブルックスが「苦痛ではあるが、不得意なショットを見つけ、不得意でなくなるまで練習することだ」と話していた。だが、特に頼りになる尺度がなければ、不得意なショットを見きわめるのは多くの人が思っているより難しい。アマチュアのなかには、グリーンの 10 ヤード外からでもパターを使ったらすべてパッティングとしてスコアに記入しているため、パットが苦手だと勘違いしている人もいる。かつてのナイスショットが頭に残っているためロングゲームが得意だと思い込んでいる人もいるし、友人としか腕比べをしたことがない人もいる。「稼いだ打数」を使って分析すれば、自分のプレーをより正確に把握して、うまくなるにはどのショットを練習すればいいのかわかる。

　PGA ツアーは 10 年以上前から《ショットリンク》データを収集し

ている。数年前からは、125 〜 150 ヤードのフェアウェイからのショットの残り距離、20 〜 30 ヤードのリカバリー率、大会 3 日目の 1 パットの確率など、さまざまな新しい指標をウェブサイトで公開している。とはいえ、パーオン率やフェアウェイキープ率といった「中心的」な指標はつい最近まで変わっていなかった。「パッティングで稼いだ打数（SGP）」という新しい指標の公開にようやく踏み切ったのは 2011 年 5 月のことである。

SGP は新しい指標のひとつにすぎない。いずれは一連の「稼いだ打数」指標を使い、ティーショット、アプローチ、ショートゲームを測定して、互いに比較できるようになる。こうした新しい指標により、これまでの指標に欠けていたショットの質に関する情報がもたらされるはずだ。いずれ、そう遠くないうちにショットデータが自動的に収集され、指導するプロやコーチに自分のプレーに関する客観的な情報が送られるようになるのではないかと思う。その情報に基づいて、どのショットを練習してどの部分を修正するべきかを判断するわけだ。

フットボール、バスケットボール、サッカーなど、多くのスポーツで劇的な変化が起こりつつあり、トップクラスのリーグで戦うチームはデータや分析を活用して選手たちの実力を測定し、メンバーや作戦を決めるようになっている。同じように細かなショットデータを活用すれば、ゴルフももっとうまくプレーできるようになる。プロはあらゆるショットがアマチュアよりうまいだけでなく、グリーンの読み、パッティングのマネジメント、コースマネジメントといったクラブを使わない技術でもアマチュアを凌駕している。多くのアマチュアは自分の実力を過信し、ハザードの影響を甘く見てリスクの高いショットを選択した結果「ミスショット」が多くなって大叩きをする。スイングをいじらなくても、もっと頭を使ってプレーするだけでスコアはすぐに縮められるのだ。

統計に基づいて直感と定説の両方を詳しく分析してきたが、証拠に基づいて分析したからといって、正しい攻め方を導き出すための数学的な公式が存在しないこともわかった。ゴルファーは常にライや風の状況、ピンポジション、グリーンの起伏、自分の腕前で思い通りの弾道とスピン量のショットが打てるかなど、ショットごとに変化する状況を判断し

なければならない。

　数字によってゴルフというゲームの面白みが損なわれることはないどころか、さらに面白くなる可能性を秘めている。アナウンサーが「このピッチショットは難しいですね」と言う代わりに「同様のショットは半分が20フィート以上ショートしています」と言う日が待ち遠しい。「エルスは17番ホールのセカンドショットを4フィートに寄せて0.8打を稼ぎました」と言うこともあるかもしれない。多くのスポーツには、アナウンサーが選手のプレーを一言でまとめる成績データがある。試合が終わったときにアナウンサーがティーショット、アプローチ、ショートゲーム、パッティングの優勝への貢献度を伝えてくれるようになる日がやがて訪れるだろう。

　こうしたあらゆる情報から、ゴルファーは何をすればいいのだろうか。まずは椅子に腰をかけてゴルフというゲームを少し違った角度から眺めてみることだ。データに基づいてゴルフを科学的に分析したところで、その素晴らしさや面白さは失われない。むしろわたしにとっては、ゴルフのプレーやマネジメントを理解し、どんなショットが最終的なスコアに影響を与えているか、コース上で最適な判断を下すにはどうすればいいかを見きわめるための基準となっている。願わくば、読者にとってもそうであってくれるとよいのだが。

　ゴルフはパッティングゲームではなく、ドライビングコンテストでもない。1934～1948年の間に全英オープンを3勝したヘンリー・コットンがその本質を見事に言い当てている。それが"Every shot counts"（すべてのショットが重要である）という有名な言葉だ。データに基づいて分析すれば自分の得意・不得意がよくわかり、ゴルフが人知を超えた神秘的なゲームではないこともわかる。ゴルフは細かく分析できるものであり、その分析結果を役立てて上達することもできる。変革ははじまったばかりなのだ。

図3-1、図4-1、図5-1～2、図6-1、図8-1～7
© Trevor Johnston/TrevorJohnston.com

付録

第 2 章　パッティングの重要性を定量化する

　タイガー・ウッズ、フィル・ミケルソン、ビジェイ・シンの大会ごとの優勝へのパッティングの貢献度（PCV）の結果を表 A-1 と A-2 で示している。図 A-1 は、3 人の大会ごとの PCV の結果をまとめたものだ。

　表 A-3 は、PCV でランクづけした PGA ツアーの優勝選手の上位 25 人である。この選手たちが優勝したのは、主にパッティングのおかげである。表 A-4 は下位 25 人で、この選手たちはたいていグリーンに乗せるまでのショットが特に素晴らしく、パッティングが悪かったにもかかわらず優勝した。表 A-5 は中位 25 人で、この選手たちが優勝した大会は PCV が平均的だった。

表 A-1 タイガー・ウッズの PCV。タイガーが優勝時にパッティングで稼いだ平均打数は 1.14 パット。優勝時のスコアでは出場選手全体の平均スコアに平均 4.09 打の差をつけた。タイガーの PCV は平均 28%（1.14/4.09）である。タイガーの PCV は全試合の平均 PCV である 35% より若干低い。言い換えると、タイガーの優勝時は平均的な優勝よりグリーンに乗せるまでのショットの貢献度が高いことになる。

順位	年	大会名	SGP	グリーン以外で稼いだ打数	優勝選手のSVF	PCV (SGP/SVF)
1位	2009年	アーノルド・パーマー	1.87	1.57	3.44	54%
2位	2009年	AT&T ナショナル	1.89	2.28	4.16	45%
3位	2005年	ビュイック招待	1.75	2.13	3.88	45%
4位	2007年	ワコビア	1.95	2.58	4.53	43%
5位	2007年	ビュイック招待	1.33	1.96	3.29	40%
6位	2007年	ザ・ツアーチャンピオンシップ	1.55	2.52	4.08	38%
7位	2007年	BMW 選手権	1.48	2.79	4.27	35%
8位	2009年	ブリヂストン招待（WGC）	1.32	2.54	3.86	34%
9位	2012年	アーノルド・パーマー	1.44	2.98	4.43	33%
10位	2008年	ビュイック招待	1.86	3.90	5.76	32%
11位	2009年	ビュイックオープン	1.07	2.51	3.59	30%
12位	2006年	ビュイックオープン	1.28	3.06	4.35	30%
13位	2006年	ブリヂストン招待（WGC）	1.07	2.60	3.67	29%
14位	2009年	BMW 選手権	1.51	3.68	5.19	29%
15位	2008年	アーノルド・パーマー	1.00	2.44	3.44	29%
16位	2006年	ビュイック招待	0.73	2.07	2.80	26%
17位	2005年	フォード選手権	1.14	3.44	4.58	25%
18位	2006年	フォード選手権	0.86	2.81	3.67	23%
19位	2005年	NEC 招待（WGC）	0.61	2.26	2.87	21%
20位	2006年	ドイツ銀行	1.15	4.46	5.61	21%
21位	2007年	ブリヂストン招待（WGC）	0.76	4.02	4.79	16%
22位	2009年	メモリアル	0.55	3.87	4.42	12%
23位	2012年	メモリアル	0.04	3.89	3.93	1%
24位	2007年	キャデラック（WGC）	-0.79	4.29	3.50	-23%
		平均	1.14	2.94	4.09	28%

表 A-2 ビジェイ・シンとフィル・ミケルソンの PCV。ビジェイの PCV は平均 20%（0.77/3.92）。フィルの PCV は平均 27%（1.10/4.12）である。2 人とも PCV の全平均である 35% より若干低い。ビジェイはたいていパッティングが悪いにもかかわらず優勝している。

順位	選手名	年	大会名	SGP	グリーン以外で稼いだ打数	優勝選手のSVF	PCV (SGP/SVF)
1位	ビジェイ・シン	2006年	バークレイズクラシック	2.97	0.78	3.75	79%
2位	ビジェイ・シン	2004年	ニューオーリンズ	2.48	1.40	3.89	64%
3位	ビジェイ・シン	2007年	メルセデスベンツ	1.36	2.03	3.39	40%
4位	ビジェイ・シン	2004年	クライスラー選手権	1.63	3.15	4.78	34%
5位	ビジェイ・シン	2007年	アーノルド・パーマー	1.26	2.80	4.05	31%
6位	ビジェイ・シン	2005年	ビュイックオープン	1.33	3.11	4.44	30%
7位	ビジェイ・シン	2005年	ソニーオープン	0.89	2.76	3.65	24%
8位	ビジェイ・シン	2005年	ワコビア	1.04	3.70	4.74	22%
9位	ビジェイ・シン	2004年	ビュイックオープン	0.99	3.54	4.53	22%
10位	ビジェイ・シン	2008年	バークレイズクラシック	0.30	2.11	2.41	12%
11位	ビジェイ・シン	2004年	ベルカナディアンオープン	0.34	3.64	3.98	9%
12位	ビジェイ・シン	2008年	ドイツ銀行	0.38	3.99	4.37	9%
13位	ビジェイ・シン	2004年	ランバークラシック	-0.08	3.57	3.49	-2%
14位	ビジェイ・シン	2005年	シェルヒューストンオープン	-0.08	3.63	3.55	-2%
15位	ビジェイ・シン	2004年	シェルヒューストンオープン	-0.16	3.96	3.81	-4%
16位	ビジェイ・シン	2004年	ドイツ銀行	-0.37	5.21	4.84	-8%
17位	ビジェイ・シン	2008年	ブリヂストン招待（WGC）	-1.14	4.19	3.05	-37%
			平均	0.77	3.15	3.92	20%
1位	フィル・ミケルソン	2009年	ツアーチャンピオンシップ	1.62	1.18	2.80	58%
2位	フィル・ミケルソン	2005年	ベルサウスクラシック	1.58	1.90	3.48	45%
3位	フィル・ミケルソン	2005年	FBRオープン	1.57	3.25	4.82	33%
4位	フィル・ミケルソン	2008年	コロニアル	1.11	2.72	3.83	29%
5位	フィル・ミケルソン	2006年	ベルサウスクラシック	1.77	4.99	6.76	26%
6位	フィル・ミケルソン	2009年	ノーザントラストオープン	0.78	2.58	3.35	23%
7位	フィル・ミケルソン	2008年	ノーザントラストオープン	0.92	3.19	4.11	22%
8位	フィル・ミケルソン	2007年	ドイツ銀行	0.76	2.97	3.74	20%
9位	フィル・ミケルソン	2007年	プレーヤーズ選手権	0.77	3.23	4.00	19%
10位	フィル・ミケルソン	2011年	シェルヒューストンオープン	0.77	3.97	4.74	16%
11位	フィル・ミケルソン	2009年	キャデラック（WGC）	0.47	3.20	3.66	13%
			平均	1.10	3.02	4.12	27%

表 A-3 PCV でランクづけした PGA ツアーの優勝選手の上位 25 人。この選手たちが優勝したのは、主にパッティングのおかげである。パッティングの成績は 1 ラウンドあたりの SGP で測定。優勝時の成績は、1 ラウンドあたりの優勝選手のスコアと出場選手全体の平均スコアの差（SVF）で測定。PCV は SGP/SVF。グリーン以外で稼いだ打数とは、1 ラウンドあたりの優勝選手の SVF から SGP を差し引いたもの。

順位	選手名	年	大会名	SGP	グリーン以外で稼いだ打数	優勝選手のSVF	PCV (SGP/SVF)
1位	ビル・ハース	2011年	ザ・ツアーチャンピオンシップ	2.05	-0.26	1.79	114%
2位	ダニエル・チョプラ	2008年	メルセデスベンツ	2.47	-0.03	2.44	101%
3位	ルーク・ドナルド	2012年	トランジションズ	2.60	0.38	2.98	87%
4位	J.J.ヘンリー	2006年	ビュイック選手権	3.30	0.76	4.06	81%
5位	マット・クーチャー	2009年	ターニングストーンリゾート	2.54	0.63	3.17	80%
6位	ビジェイ・シン	2006年	バークレイズクラシック	2.97	0.78	3.75	79%
7位	ベン・カーティス	2006年	ブーズアレン	3.57	0.96	4.53	79%
8位	ウェス・ショート Jr.	2005年	ミシュラン	2.28	0.72	3.01	76%
9位	ケニー・ペリー	2008年	ジョンディアクラシック	2.28	0.79	3.07	74%
10位	スチュアート・アップルビー	2004年	メルセデス	2.66	1.03	3.69	72%
11位	ジェフ・オギルビー	2010年	トーナメントオブチャンピオンズ	1.72	0.67	2.38	72%
12位	ルーカス・グローバー	2011年	ウェルズファーゴ	2.65	1.05	3.70	72%
13位	ジェフ・マガート	2006年	フェデックスセントジュード	3.09	1.32	4.41	70%
14位	ニック・ワトニー	2011年	AT&T ナショナル	2.74	1.23	3.97	69%
15位	スティーブ・フレッシュ	2007年	ターニングストーンリゾート	2.19	1.03	3.22	68%
16位	ジェリー・ケリー	2009年	ニューオーリンズ	2.28	1.13	3.41	67%
17位	スチュアート・アップルビー	2005年	メルセデス	1.64	0.83	2.48	66%
18位	ルーク・ドナルド	2011年	チルドレンズミラクルネットワーク	2.01	1.04	3.05	66%
19位	スチュワート・シンク	2004年	MCI ヘリテージ	2.16	1.18	3.33	65%
20位	カール・ペターソン	2006年	メモリアル	2.58	1.42	4.00	64%
21位	スチュワート・シンク	2004年	NEC 招待（WGC）	2.46	1.38	3.84	64%
22位	ジム・フューリク	2006年	カナディアンオープン	2.41	1.36	3.77	64%
23位	ビジェイ・シン	2004年	ニューオーリンズ	2.48	1.40	3.89	64%
24位	K.J.チョイ	2011年	プレーヤーズ選手権	2.05	1.20	3.25	63%
25位	アーロン・バデリー	2006年	ヘリテージ	2.57	1.51	4.08	63%

図 A-1 タイガー・ウッズ、ビジェイ・シン、フィル・ミケルソンの優勝時における、1 ラウンドあたりのグリーン以外で稼いだ打数を縦軸で、1 ラウンドあたりの SGP を横軸で示したグラフ。グリーン以外で稼いだ打数とパッティングで稼いだ打数の合計は、優勝選手のスコアと出場選手全体の平均スコアの差（SVF）の平均、つまり出場選手全体に対する 1 ラウンドあたりの稼いだ合計打数である。PCV は SGP/SVF の比。彼ら 3 人による 52 回の優勝時の平均 PCV は 25% だった。

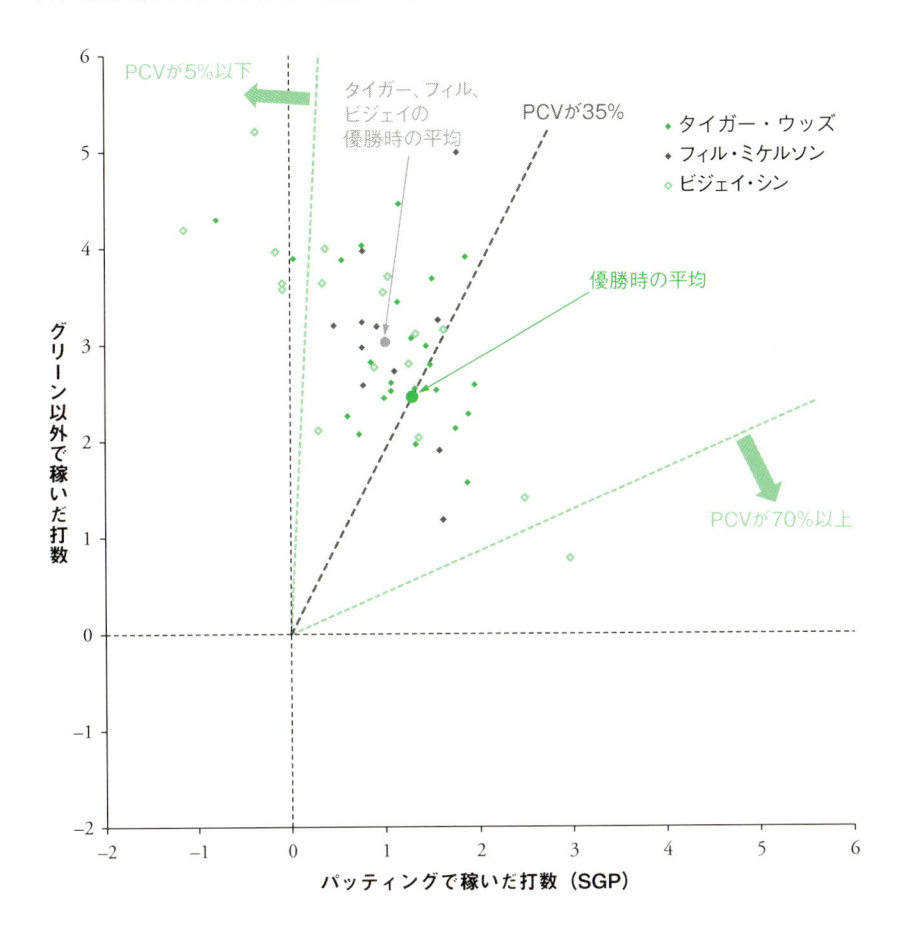

付録 265

表 A-4 PCV でランクづけした PGA ツアーの優勝選手の下位 25 人。この選手たちはパッティングが悪かったにもかかわらず優勝した。パッティングの成績は 1 ラウンドあたりの SGP で測定。優勝時の成績は 1 ラウンドあたりの優勝選手のスコアと出場選手全体の平均スコアの差（SVF）で測定。PCV は SGP/SVF。グリーン以外で稼いだ打数とは、1 ラウンドあたりの優勝選手の SVF から SGP を差し引いたもの。

順位	選手名	年	大会名	SGP	グリーン以外で稼いだ打数	優勝選手のSVF	PCV (SGP/SVF)
291 位	スコット・スターリングス	2011 年	グリーンブライアークラシック	0.21	2.88	3.09	7%
292 位	ニック・ワトニー	2009 年	ビュイック招待	0.25	3.78	4.03	6%
293 位	バッバ・ワトソン	2011 年	ファーマーズインシュランス	0.25	3.95	4.20	6%
294 位	セルヒオ・ガルシア	2004 年	ビュイッククラシック	0.19	3.16	3.35	6%
295 位	ジェイソン・ゴア	2005 年	ランバークラシック	0.22	3.61	3.83	6%
296 位	ロリー・サバティーニ	2006 年	ニッサンオープン	0.19	3.49	3.68	5%
297 位	ダスティン・ジョンソン	2012 年	フェデックスセントジュード	0.17	3.32	3.49	5%
298 位	ウッディ・オースティン	2007 年	セントジュード選手権	0.25	5.17	5.42	5%
299 位	クリス・カウチ	2006 年	ニューオーリンズ	0.05	3.47	3.52	2%
300 位	タイガー・ウッズ	2012 年	メモリアル	0.04	3.89	3.93	1%
301 位	ベン・クレーン	2010 年	ファーマーズインシュランス	0.02	2.98	3.00	1%
302 位	スコット・バープランク	2007 年	バイロン・ネルソン	-0.05	3.84	3.79	-1%
303 位	ショーン・オヘア	2011 年	カナディアンオープン	-0.08	3.60	3.52	-2%
304 位	ビジェイ・シン	2004 年	ランバークラシック	-0.08	3.57	3.49	-2%
305 位	ビジェイ・シン	2005 年	シェルヒューストンオープン	-0.08	3.63	3.55	-2%
306 位	ブレット・ウェッタリック	2006 年	バイロン・ネルソン	-0.11	3.68	3.57	-3%
307 位	ビジェイ・シン	2004 年	シェルヒューストンオープン	-0.16	3.96	3.81	-4%
308 位	マーク・ヘンズビー	2004 年	ジョンディアクラシック	-0.22	3.57	3.35	-7%
309 位	ビジェイ・シン	2004 年	ドイツ銀行	-0.37	5.21	4.84	-8%
310 位	ジェイソン・ダフナー	2012 年	バイロン・ネルソン	-0.39	4.22	3.84	-10%
311 位	スティーブ・フレッシュ	2007 年	リノタホオープン	-0.81	4.99	4.18	-19%
312 位	タイガー・ウッズ	2007 年	キャデラック（WGC）	-0.79	4.29	3.50	-23%
313 位	セルヒオ・ガルシア	2004 年	バイロン・ネルソン	-0.71	3.55	2.84	-25%
314 位	ショーン・オヘア	2009 年	クエイルホロー	-0.82	3.99	3.17	-26%
315 位	ビジェイ・シン	2008 年	ブリヂストン招待（WGC）	-1.14	4.19	3.05	-37%

表 A-5 PCV でランクづけした PGA ツアーの優勝選手の中位 25 人。パッティングの成績は 1 ラウンドあたりの SGP で測定。優勝時の成績は、1 ラウンドあたりの優勝選手のスコアと出場選手全体の平均スコアの差（SVF）で測定。PCV は SGP/SVF。グリーン以外で稼いだ打数とは、1 ラウンドあたりの優勝選手の SVF から SGP を差し引いたもの。

順位	選手名	年	大会名	SGP	グリーン以外で稼いだ打数	優勝選手の SVF	PCV (SGP/SVF)
145 位	デービッド・トムズ	2006 年	ソニーオープン	1.96	3.46	5.42	36%
146 位	トレバー・イメルマン	2006 年	ウェスタンオープン	1.31	2.31	3.62	36%
147 位	ジョナサン・バード	2011 年	トーナメントオブチャンピオンズ	1.11	1.97	3.09	36%
148 位	フレッド・ファンク	2005 年	プレーヤーズ選手権	1.11	1.98	3.09	36%
149 位	ライアン・パーマー	2004 年	フナイクラシック	1.21	2.22	3.43	35%
150 位	タイガー・ウッズ	2007 年	BMW 選手権	1.48	2.79	4.27	35%
151 位	ザック・ジョンソン	2008 年	バレロテキサスオープン	1.35	2.59	3.94	34%
152 位	タイガー・ウッズ	2009 年	ブリヂストン選手権（WGC）	1.32	2.54	3.86	34%
153 位	パーカー・マクラクリン	2008 年	レジェンズリノタホオープン	1.63	3.15	4.79	34%
154 位	ビジェイ・シン	2004 年	クライスラー選手権	1.63	3.15	4.78	34%
155 位	ロリー・サバティーニ	2009 年	バイロン・ネルソン	1.50	2.93	4.43	34%
156 位	アダム・スコット	2006 年	ザ・ツアーチャンピオンシップ	1.19	2.32	3.51	34%
157 位	アーニー・エルス	2004 年	メモリアル	1.76	3.44	5.20	34%
158 位	フレッド・ファンク	2004 年	サザンファームビューロ	1.15	2.26	3.42	34%
159 位	ジェフ・オギルビー	2005 年	クライスラーツーソン	1.00	1.98	2.98	34%
160 位	ジョン・センデン	2006 年	ジョンディアクラシック	1.28	2.54	3.82	33%
161 位	ジョーイ・シンドラー	2004 年	ワコビア	1.04	2.08	3.12	33%
162 位	ハンター・メイハン	2010 年	フェニックスオープン	0.98	1.95	2.93	33%
163 位	マーク・ウィルソン	2007 年	ホンダクラシック	1.06	2.15	3.21	33%
164 位	アーニー・エルス	2010 年	キャデラック（WGC）	1.23	2.51	3.74	33%
165 位	ハリソン・フレーザー	2011 年	フェデックスセントジュード	1.39	2.85	4.24	33%
166 位	ジェフ・オギルビー	2008 年	キャデラック（WGC）	1.07	2.22	3.29	33%
167 位	タイガー・ウッズ	2012 年	アーノルド・パーマー	1.44	2.98	4.43	33%
168 位	フィル・ミケルソン	2005 年	FBR オープン	1.57	3.25	4.82	33%
169 位	ライアン・パーマー	2008 年	ギンシュールメールクラシック	0.88	1.83	2.71	33%

第 3 章　パッティングで稼いだ打数〈SGP〉

　2003 〜 2012 年の間で出場選手全体に対する SGP が最も大きく、お手本とも言えるパッティングを披露したラウンドは J. J. ヘンリーによる 2006 年 FBR オープン 2 日目のラウンドだった。ヘンリーのスコアは 61 で、PGA ツアーの基準値に対してグリーン上でなんと 8.6 打を稼いだ。出場選手全体が基準値より 0.3 打良かったため、ヘンリーがグリーン上で出場選手全体に対して稼いだ打数は 8.3 打である。表 A-6 に詳細をまとめている。61 というスコアは出場選手全体の平均スコア 70.5 を 9.5 打上回っている。つまり彼のスコアと出場選手全体の平均スコアの差のうち、パッティングの貢献度は 87%（8.3/9.5）だった。

表 A-6　TPC スコッツデールのスタジアムコースでの J. J. ヘンリーによる 2006 年 FBR オープン 2 日目のパッティング成績。彼は PGA ツアーの基準値に対して 8.6 打を稼ぎ、出場選手全体は基準値より 0.3 打良かった。彼が出場選手全体に対してパッティングで稼いだ 8.3 打は、2003 〜 2012 年の 1 ラウンドのパッティング成績としては最高だった。

ホール	1番	2番	3番	4番	5番	6番	7番	8番	9番	アウト
距離（フィート）	29	26	31	16	42	6	5	6	8	
ツアー平均パット数	2.0	1.9	2.0	1.8	2.1	1.3	1.2	1.4	1.5	15.2
ヘンリーのパット数	1	2	2	1	2	1	1	1	1	12
稼いだ打数	1.0	-0.1	0.0	0.8	0.1	0.3	0.2	0.4	0.5	3.2

ホール	10番	11番	12番	13番	14番	15番	16番	17番	18番	イン	合計
距離（フィート）	8	16	28	2	27	26	13	27	9		
ツアー平均パット数	1.5	1.8	2.0	1.0	2.0	1.9	1.7	1.9	1.6	15.4	30.6
ヘンリーのパット数	1	1	1	1	1	1	2	1	1	10	22
稼いだ打数	0.5	0.8	1.0	0.0	1.0	0.9	-0.3	0.9	0.6	5.4	8.6

SGP と基準値との差	8.6
出場選手全体と基準値の差	0.3
出場選手全体に対する SGP	8.3

　2003 〜 2012 年の間で、出場選手全体に対する SGP でランクづけしてパッティングが素晴らしく良かったラウンドを表 A-7 にまとめた。最上位は 2006 年の J. J. ヘンリーのラウンド。パットの名手が数多く名

を連ねているが、1ラウンドのパッティングの成績のみでランクづけしているため、名前が挙がっていない名手も何人かいる。パッティングがひどかったラウンドでも名前を挙げたジョー・デュラントは、パッティングが素晴らしかったラウンドのリストにも名を連ねている。出場選手全体に対するSGPで測定して上位のラウンドには、1ラウンドのパット数が25パット以上のラウンドもある。たとえば21位のネイサン・グリーンのラウンドはSGPが6.3打で27パットだった。パット数が多いのはファーストパットの距離が残っていたためで、その平均距離は24フィートだった。22位のケニー・ペリーのラウンドは、SGPが6.3打で22パットである。パット数が少なかったのはファーストパットの平均距離が14フィートだったためだ。この2人のファーストパットの距離は大きく違っていた。SGPはファーストパットの距離を考慮しているため、はるかに正確なパッティングの成績の尺度となる。

表 A-7 2003 年から 2012 年 8 月までに集められた《ショットリンク》データのなかでパッティングが特に素晴らしかった 40 ラウンド。順位は一番右の列の出場選手全体に対する SGP に基づいている。

順位	日付	選手名	ファーストパットの平均距離（フィート）	パット数	SGP
1 位	2006 年 2 月 3 日	J.J. ヘンリー	18.0	22	8.32
2 位	2010 年 7 月 8 日	ポール・ゴイドス	19.9	22	7.36
3 位	2005 年 8 月 27 日	ダーロン・スタイルス	19.8	25	6.96
4 位	2012 年 3 月 18 日	スコット・ピアシー	17.2	23	6.93
5 位	2012 年 7 月 26 日	シャール・シュワーツェル	17.0	24	6.81
6 位	2011 年 7 月 31 日	J.P. ヘイズ	16.2	23	6.79
7 位	2005 年 2 月 24 日	スティーブ・ストリッカー	15.5	22	6.66
8 位	2004 年 10 月 1 日	ウッディ・オースティン	12.6	22	6.64
9 位	2005 年 9 月 15 日	マーク・オメーラ	14.4	21	6.62
10 位	2004 年 6 月 10 日	デービッド・フロスト	21.4	26	6.60
11 位	2009 年 10 月 24 日	マット・ベッテンコート	14.0	22	6.58
12 位	2010 年 7 月 8 日	スティーブ・ストリッカー	20.8	25	6.58
13 位	2012 年 3 月 22 日	クリス・ストラウド	18.9	25	6.51
14 位	2005 年 9 月 23 日	ダン・フォースマン	22.3	26	6.51
15 位	2011 年 3 月 31 日	ジミー・ウォーカー	17.3	23	6.45
16 位	2011 年 7 月 7 日	クリス・ブランクス	20.6	25	6.42
17 位	2007 年 8 月 23 日	ブライアン・ゲイ	12.6	20	6.40
18 位	2004 年 10 月 31 日	ジョー・デュラント	22.0	25	6.38
19 位	2005 年 10 月 27 日	ディーン・ウィルソン	19.3	24	6.36
20 位	2009 年 7 月 23 日	ケビン・ナ	15.9	24	6.35
21 位	2011 年 10 月 7 日	ネイサン・グリーン	23.7	27	6.34
22 位	2007 年 6 月 29 日	ケニー・ペリー	14.4	22	6.29
23 位	2005 年 9 月 5 日	ティム・ヘロン	21.2	25	6.28
24 位	2005 年 4 月 30 日	ダニエル・チョプラ	13.4	22	6.26
25 位	2003 年 1 月 26 日	パット・ベイツ	22.3	26	6.25
26 位	2012 年 3 月 31 日	ハンター・メイハン	21.4	26	6.17
27 位	2008 年 7 月 10 日	クリス・ライリー	14.4	23	6.16
28 位	2006 年 3 月 17 日	マーク・オメーラ	18.8	24	6.15
29 位	2006 年 3 月 5 日	フレデリック・ヤコブソン	18.0	24	6.14
30 位	2007 年 11 月 1 日	J.P. ヘイズ	18.4	25	6.12
31 位	2007 年 10 月 12 日	ジョン・デーリー	17.5	24	6.12
32 位	2012 年 8 月 24 日	シャール・シュワーツェル	20.0	26	6.12
33 位	2003 年 8 月 22 日	ガイ・ボロス	13.0	22	6.11
34 位	2012 年 1 月 26 日	マーク・ターネサ	17.3	25	6.08
35 位	2003 年 10 月 2 日	ヒース・スローカム	15.9	23	6.07
36 位	2008 年 8 月 29 日	マイク・ウェア	12.3	21	6.07
37 位	2005 年 5 月 5 日	フレッド・ファンク	19.7	25	6.06
38 位	2010 年 4 月 30 日	J.P. ヘイズ	16.3	25	6.02
39 位	2010 年 10 月 21 日	ロバート・ガリガス	20.6	26	6.02
40 位	2004 年 9 月 30 日	ブレンデン・パパス	18.6	24	6.01

各ラウンドでパッティングがどれだけ良かったかを把握するには、パッティングが素晴らしかったラウンドだけではなく、すべてのラウン

ドに目を向けると良い。たとえば、出場選手全体に対してパッティングで1打稼いだラウンドは、どれだけ良いと言えるだろうか。あまり強烈な印象はないかもしれないが、表A-8によると、ツアーでの72%のラウンドよりパッティングが良かったことがわかる。出場選手全体に対してパッティングで1打失ったラウンドは、パッティングの成績が下位30%のラウンドである。

表A-8 プロの各ラウンドで出場選手全体に対するSGPの統計。たとえば、出場選手全体に対してパッティングで1.5打稼いだラウンドは、PGAツアーの81%のラウンドより良い。出場選手全体に対してパッティングで2.5打失ったラウンドは、PGAツアーのわずか8%のラウンドより良い。つまり、92%のラウンドより悪い。

パッティングで稼いだ打数(SGP)	この値を下回るラウンドの割合	パッティングで稼いだ打数(SGP)	この値を下回るラウンドの割合
5.5	99.9%	-0.5	38%
5.0	99.8%	-1.0	28%
4.5	99.5%	-1.5	19%
4.0	99%	-2.0	12%
3.5	98%	-2.5	8%
3.0	96%	-3.0	4%
2.5	93%	-3.5	2%
2.0	88%	-4.0	1%
1.5	81%	-4.5	0.6%
1.0	72%	-5.0	0.3%
0.5	61%	-5.5	0.1%
0.0	50%		

パッティングが一番うまくなった選手はだれか

2011年から2012年にかけて、パッティングが一番うまくなった選手はだれだろうか。表A-9によると、第1位はデレク・ラムリーで、1ラウンドあたり1打良くなっている。パッティングはうまくなったものの、残念ながら他のショットを埋め合わせるには足りず、彼が予選を通過したのは出場した21試合中5試合だけだった。2012年にアーニー・エルス、セルヒオ・ガルシア、ジム・フューリクが復活を遂げたのは、パッティングが良くなったことによるところが大きい。パッティングが伸びた上位10選手を平均すると、1ラウンドあたり0.73打良くなっている。表A-9から、この0.73打の大部分を21フィート以下の

パットが占めていることがわかる。プロにとって、22フィート以上のパットで出場選手全体に対して多くの打数を稼ぐのは非常に難しいことなのだ。

表 A-9 SGPで測定した2011年から2012年9月までの間にパッティングがうまくなった選手。

順位	選手名	SGPの増加分の合計	SGPの増加分 0～6フィート	SGPの増加分 7～21フィート	SGPの増加分 22フィート以上
1位	デレク・ラムリー	1.00	0.29	0.41	0.30
2位	ジェフ・マガート	0.90	0.43	0.32	0.14
3位	フィル・ミケルソン	0.79	0.00	0.54	0.24
4位	ダスティン・ジョンソン	0.76	0.44	0.25	0.07
5位	アーニー・エルス	0.70	0.48	0.41	-0.19
6位	トム・ギリス	0.69	0.47	-0.09	0.31
7位	ボー・バンペルト	0.68	0.35	0.22	0.11
8位	ジェームズ・ドリスコル	0.62	0.19	0.08	0.34
9位	セルヒオ・ガルシア	0.61	0.27	0.24	0.09
10位	ジム・フューリク	0.59	0.44	0.22	-0.08
	平均	0.73	0.34	0.26	0.13

出場選手全体の平均に対する稼いだ打数

　PGAツアーの主要なパッティング指標は出場選手全体に対するパッティングで稼いだ打数である。これは、各ラウンドの出場選手のパッティング成績によってグリーンの難易度を測定し、ツアー平均に対するパッティングで稼いだ打数を難易度で調整することによって計算している。だが、たとえば世界ゴルフ選手権やザ・ツアーチャンピオンシップのようにパッティング成績がツアー平均を上回る少数の選手しか出場しない試合もある。特にこうした試合では、グリーンが易しいからではなく、出場選手のパッティングがツアー平均以上であるために出場選手全体のパッティング成績がPGAツアー平均のパッティング基準値を上回ることがある。出場選手全体の成績でパッティング成績を調整すると、こうした試合に出場した選手のパッティングが不当に低く評価されてしまうのだ。

　出場選手が多い通常の試合では、出場選手全体のパッティング成績の

平均が主にグリーンの難易度を反映していると考えても差し支えはない。だが一般に、グリーンの難易度と選手のパッティングの腕前を同時に推定するのは難しい。出場選手全体のパッティング成績が良かった場合、グリーンが平均より易しかった可能性もあれば、出場選手のなかにパッティングのうまい選手が多かった可能性もある。この 2 つの効果を切り離すにはある種の応用数学が利用できる。ここで使う手法は固定効果回帰と呼ばれているが、実際のところは単に、十分な情報が与えられれば 2 つの未知数を同時に解くことができるという代数学を発展させたものである。

　この回帰手法により、パッティングのデータからグリーンの難易度と選手のパッティングの腕前を同時に推定できる。結果の指標は、グリーンの難易度を考慮したうえで出場選手全体の平均に対するパッティングの腕前を測定するため「出場選手全体の平均に対するパッティングで稼いだ打数」と呼ばれる。PGA ツアーで使っている「出場選手全体に対するパッティングで稼いだ打数」は各ラウンドの出場選手全体に対する相対的なパッティングの腕前を測定する指標だ。どちらの指標もほぼ同じ結果になるが、正確さでは「出場選手全体の平均に対するパッティングで稼いだ打数」のほうがわずかに上回る。この章で紹介している結果が PGA ツアーのウェブサイトに掲載されているものと微妙に違っているのもそのためだ。

　ここではパッティングで稼いだ打数についてのみ述べているが、本書で示しているティーショットで稼いだ打数をはじめとする稼いだ打数の計算では各ラウンドの難易度と出場選手全体の実力を考慮して同様の調整をおこなっている（*28）。

第 6 章　タイガー・ウッズの秘密

　表 A-10 〜 A-18 は、稼いだ打数を通じて浮き彫りになった超一流選手たちの「ひと目でわかる全成績」である。表 A-10 は《ショットリン

---

*28　調整済みの稼いだ打数の計算について詳しくは、2012 年の『インターフェース』誌第 42 巻第 2 号の 146 〜 165 ページ「PGA ツアー選手の成績を評価する」（M. ブローディ）を参照してもらいたい。

ク》に記録されたタイガー・ウッズの全成績である。信じられないことに、彼は 2003 〜 2009 年の間のすべての年で稼いだ合計打数が 1 位だった（ただし、2008 年は左膝の手術のため 11 ラウンド分しかデータがない）。不調だった 2010 年と 2011 年でさえアプローチで稼いだ打数（SGA）は 5 位を下回ることがなかった。

続いてジム・フューリク（表 A-11）、ルーク・ドナルド（表 A-12）、フィル・ミケルソン（表 A-13）、ロリー・マキロイ（表 A-14）、ビジェイ・シン（表 A-15）、アーニー・エルス（表 A-16）、セルヒオ・ガルシア（表 A-17）、スティーブ・ストリッカー（表 A-18）の稼いだ打数の結果を掲載している。

ルーク・ドナルドは 2010 年 1 月の世界ランクが 29 位で 2011 年 1 月は 9 位だった。2011 年には稼いだ合計打数がさらに 1 ラウンドあたり約 0.75 打良くなり、2011 年 6 月には世界一に上り詰めた。表 A-12 を見ると、この稼いだ打数の増加分のほとんどがロングゲームによるものだったことがわかる。ティーショットによるものが約 0.5 打、アプローチによるものが残りの約 0.25 打である。稼いだ打数を使って分析すると、彼のグリーンに乗せるまでのプレーが「そこそこ」などではないとわかる。2011 年に SGA で 1 位を記録しているのだ。

表 A-16 から、アーニー・エルスが 2011 年に苦戦していたのは主にパッティングが 1 ラウンドあたり 1 打以上悪くなったためであることがわかる。全英オープンでの優勝を含めて 2012 年に復活できたのは、パッティングが良くなったことによるところが大きい。スティーブ・ストリッカーは 2006 年にカムバックプレーヤーオブザイヤーに選出された。表 A-18 を見ると、ショートゲームは常に安定していて、2006 年にプレーが良くなったのはほとんどロングゲームがうまくなったおかげであることがわかる。ストリッカーはアプローチがさらに良くなったおかげで 2007 年にもカムバックプレーヤーオブザイヤーに選出された。ルーク・ドナルド、アーニー・エルス、スティーブ・ストリッカーの 3 人は、得意を残して不得意を克服すればスコアが縮まることを示す良い例だ。

表 A-14 によると、ロリー・マキロイは 2012 年に稼いだ合計打数が

1ラウンドあたり 3.0 打で 1 位である。彼がショートゲームとパッティングで稼いだ打数が 1 ラウンドあたり 0.4 打であるのに対して、フィル・ミケルソンは 1 ラウンドあたり 1.2 打である。ロリーが得意を残したままショートゲームとパッティングがフィル並みにうまくなれば、1 ラウンドあたり 3.8 打稼ぐことになる。違う言い方をすると、ロリーのロングゲームとフィルのショートゲームとパッティングを組み合わせれば、タイガーが 2003 年と 2006～2009 年に稼いだ合計打数に対抗できることになる。それだけタイガーはこれらの年に調子が良かったということだ。

表 A-10 年別のタイガー・ウッズの稼いだ打数。2003～2012 年の稼いだ合計打数とショット別の稼いだ打数。それぞれの年の順位は、その年に PGA ツアーの《ショットリンク》に 30 ラウンド以上のプレーが記録された約 200 人の選手を対象としている。

年	順位 合計	ティーショット	アプローチ	ショート	パット	1ラウンドあたりの稼いだ打数 合計	ティーショット	アプローチ	ショート	パット	ラウンド数
2012 年	2 位	9 位	1 位	37 位	27 位	2.80	0.74	1.39	0.26	0.42	49
2011 年	29 位	136 位	4 位	89 位	49 位	1.09	-0.15	0.88	0.09	0.28	19
2010 年	48 位	123 位	4 位	160 位	91 位	0.71	-0.08	0.91	-0.20	0.08	29
2009 年	1 位	15 位	1 位	4 位	2 位	3.71	0.53	1.48	0.71	0.99	48
2008 年	1 位	8 位	1 位	3 位	4 位	4.14	0.61	2.01	0.67	0.85	11
2007 年	1 位	4 位	1 位	35 位	2 位	3.68	0.81	1.77	0.30	0.80	43
2006 年	1 位	4 位	1 位	23 位	21 位	3.78	0.92	1.98	0.39	0.49	37
2005 年	1 位	2 位	3 位	89 位	4 位	2.82	1.09	0.89	0.10	0.75	55
2004 年	1 位	21 位	5 位	9 位	3 位	3.06	0.48	1.12	0.51	0.95	54
2003 年	1 位	6 位	1 位	1 位	18 位	3.71	0.87	1.60	0.70	0.54	46

表 A-11 年別のジム・フューリクの稼いだ打数。2003～2012 年の稼いだ合計打数とショット別の稼いだ打数。

		順位					1 ラウンドあたりの稼いだ打数					
年	合計	ティーショット	アプローチ	ショート	パット	合計	ティーショット	アプローチ	ショート	パット	ラウンド数
2012 年	5 位	53 位	4 位	22 位	22 位	2.09	0.27	1.01	0.33	0.48	66
2011 年	36 位	84 位	9 位	47 位	134 位	0.94	0.10	0.71	0.23	-0.10	70
2010 年	3 位	63 位	11 位	2 位	22 位	2.03	0.23	0.67	0.64	0.49	60
2009 年	3 位	80 位	14 位	6 位	4 位	2.13	0.15	0.65	0.53	0.80	65
2008 年	6 位	46 位	13 位	76 位	28 位	1.62	0.33	0.71	0.13	0.44	75
2007 年	10 位	53 位	10 位	9 位	105 位	1.68	0.31	0.74	0.59	0.04	66
2006 年	2 位	17 位	3 位	14 位	3 位	2.94	0.58	1.10	0.45	0.81	68
2005 年	4 位	68 位	1 位	4 位	31 位	2.26	0.21	1.11	0.55	0.39	68
2004 年	22 位	29 位	42 位	101 位	16 位	1.49	0.41	0.43	0.05	0.60	31
2003 年	4 位	43 位	11 位	7 位	13 位	2.55	0.39	0.99	0.58	0.59	59

表 A-12 年別のルーク・ドナルドの稼いだ打数。2003～2012 年の稼いだ合計打数とショット別の稼いだ打数。

		順位					1 ラウンドあたりの稼いだ打数					
年	合計	ティーショット	アプローチ	ショート	パット	合計	ティーショット	アプローチ	ショート	パット	ラウンド数
2012 年	3 位	124 位	11 位	3 位	2 位	2.21	-0.06	0.77	0.58	0.91	48
2011 年	1 位	89 位	1 位	6 位	1 位	2.71	0.08	1.18	0.49	0.95	52
2010 年	5 位	175 位	3 位	10 位	1 位	1.95	-0.38	0.92	0.45	0.96	53
2009 年	13 位	182 位	23 位	12 位	1 位	1.48	-0.47	0.51	0.42	1.03	61
2008 年	2 位	164 位	47 位	1 位	2 位	1.96	-0.25	0.40	0.89	0.92	28
2007 年	18 位	84 位	46 位	30 位	20 位	1.36	0.13	0.39	0.34	0.49	50
2006 年	4 位	84 位	8 位	1 位	12 位	2.43	0.13	0.87	0.83	0.61	43
2005 年	5 位	59 位	4 位	1 位	17 位	2.23	0.23	0.86	0.64	0.50	40
2004 年	21 位	102 位	20 位	24 位	57 位	1.50	0.11	0.72	0.40	0.27	60
2003 年	95 位	151 位	93 位	39 位	84 位	0.25	-0.25	0.09	0.31	0.10	63

表 A-13 年別のフィル・ミケルソンの稼いだ打数。2003 〜 2012 年の稼いだ合計打数とショット別の稼いだ打数。

年	順位 合計	ティーショット	アプローチ	ショート	パット	1ラウンドあたりの稼いだ打数 合計	ティーショット	アプローチ	ショート	パット	ラウンド数
2012 年	8 位	110 位	20 位	4 位	7 位	1.86	0.00	0.66	0.55	0.64	60
2011 年	6 位	51 位	2 位	9 位	140 位	1.63	0.28	1.03	0.44	-0.11	58
2010 年	10 位	38 位	8 位	15 位	117 位	1.49	0.40	0.75	0.39	-0.05	57
2009 年	19 位	20 位	48 位	7 位	119 位	1.29	0.52	0.31	0.50	-0.05	48
2008 年	1 位	17 位	6 位	9 位	50 位	2.25	0.51	0.91	0.54	0.27	59
2007 年	3 位	43 位	7 位	5 位	59 位	2.06	0.38	0.77	0.69	0.23	52
2006 年	5 位	11 位	6 位	44 位	66 位	2.13	0.65	0.99	0.29	0.20	49
2005 年	8 位	41 位	22 位	9 位	47 位	1.81	0.38	0.61	0.52	0.30	50
2004 年	10 位	8 位	15 位	31 位	125 位	1.80	0.67	0.81	0.36	-0.04	50
2003 年	47 位	89 位	101 位	22 位	60 位	0.82	0.11	0.02	0.44	0.24	50

表 A-14 年別のロリー・マキロイの稼いだ打数。2009 〜 2012 年の稼いだ合計打数とショット別の稼いだ打数。

年	順位 合計	ティーショット	アプローチ	ショート	パット	1ラウンドあたりの稼いだ打数 合計	ティーショット	アプローチ	ショート	パット	ラウンド数
2012 年	1 位	2 位	2 位	35 位	73 位	2.97	1.22	1.34	0.27	0.15	40
2011 年	12 位	1 位	50 位	101 位	139 位	1.42	1.14	0.35	0.04	-0.11	18
2010 年	22 位	3 位	19 位	158 位	125 位	1.19	0.90	0.57	-0.19	-0.09	40
2009 年	67 位	38 位	36 位	116 位	155 位	0.47	0.39	0.40	0.00	-0.32	22

表 A-15 年別のビジェイ・シンの稼いだ打数。2003 ～ 2012 年の稼いだ合計打数とショット別の稼いだ打数。

年	順位 合計	ティーショット	アプローチ	ショート	パット	1ラウンドあたりの稼いだ打数 合計	ティーショット	アプローチ	ショート	パット	ラウンド数
2012 年	43 位	33 位	22 位	39 位	179 位	0.91	0.41	0.61	0.25	-0.37	82
2011 年	40 位	37 位	52 位	43 位	131 位	0.86	0.36	0.34	0.25	-0.08	72
2010 年	30 位	25 位	2 位	33 位	195 位	1.05	0.49	0.93	0.31	-0.68	57
2009 年	70 位	33 位	30 位	68 位	186 位	0.40	0.40	0.46	0.14	-0.61	51
2008 年	4 位	3 位	7 位	7 位	177 位	1.80	0.80	0.80	0.57	-0.38	63
2007 年	9 位	12 位	17 位	19 位	107 位	1.75	0.63	0.64	0.45	0.03	82
2006 年	6 位	25 位	10 位	8 位	90 位	2.07	0.53	0.86	0.57	0.10	84
2005 年	2 位	3 位	7 位	5 位	64 位	2.58	1.04	0.79	0.55	0.20	84
2004 年	2 位	1 位	3 位	7 位	126 位	2.85	1.10	1.17	0.62	-0.04	85
2003 年	2 位	1 位	12 位	8 位	66 位	3.07	1.36	0.95	0.54	0.21	64

表 A-16 年別のアーニー・エルスの稼いだ打数。2003 ～ 2012 年の稼いだ合計打数とショット別の稼いだ打数。

年	順位 合計	ティーショット	アプローチ	ショート	パット	1ラウンドあたりの稼いだ打数 合計	ティーショット	アプローチ	ショート	パット	ラウンド数
2012 年	35 位	51 位	19 位	89 位	101 位	1.01	0.28	0.67	0.05	0.00	65
2011 年	71 位	69 位	8 位	55 位	194 位	0.48	0.18	0.76	0.20	-0.66	59
2010 年	7 位	44 位	9 位	37 位	28 位	1.75	0.35	0.71	0.28	0.42	55
2009 年	16 位	25 位	6 位	24 位	152 位	1.37	0.46	0.88	0.33	-0.30	54
2008 年	25 位	80 位	2 位	43 位	190 位	1.10	0.14	1.14	0.28	-0.46	36
2007 年	2 位	17 位	2 位	27 位	104 位	2.16	0.57	1.20	0.35	0.04	44
2006 年	8 位	18 位	24 位	2 位	96 位	1.94	0.57	0.55	0.74	0.07	51
2005 年	3 位	5 位	10 位	36 位	29 位	2.37	0.97	0.74	0.27	0.40	30
2004 年	3 位	3 位	12 位	6 位	78 位	2.47	0.81	0.84	0.65	0.16	41
2003 年	10 位	9 位	9 位	25 位	159 位	1.90	0.77	1.00	0.42	-0.29	32

表 A-17 年別のセルヒオ・ガルシアの稼いだ打数。2003〜2012年の稼いだ合計打数とショット別の稼いだ打数。

年	順位 合計	ティーショット	アプローチ	ショート	パット	1ラウンドあたりの稼いだ打数 合計	ティーショット	アプローチ	ショート	パット	ラウンド数
2012年	14位	31位	43位	25位	19位	1.64	0.43	0.39	0.32	0.50	44
2011年	19位	12位	37位	33位	123位	1.31	0.66	0.41	0.30	-0.07	45
2010年	92位	47位	74位	93位	166位	0.21	0.34	0.18	0.05	-0.36	36
2009年	28位	23位	8位	150位	113位	1.08	0.48	0.77	-0.15	-0.01	44
2008年	2位	10位	3位	21位	111位	1.95	0.55	1.04	0.39	-0.04	56
2007年	4位	82位	3位	21位	39位	1.97	0.14	1.07	0.43	0.33	55
2006年	21位	28位	5位	105位	148位	1.43	0.49	1.00	0.07	-0.13	43
2005年	6位	1位	11位	28位	159位	1.95	1.10	0.72	0.32	-0.19	52
2004年	8位	7位	1位	28位	200位	1.94	0.73	1.33	0.37	-0.49	50
2003年	112位	39位	63位	120位	196位	0.04	0.44	0.29	-0.03	-0.67	28

表 A-18 年別のスティーブ・ストリッカーの稼いだ打数。2003〜2012年の稼いだ合計打数とショット別の稼いだ打数。

年	順位 合計	ティーショット	アプローチ	ショート	パット	1ラウンドあたりの稼いだ打数 合計	ティーショット	アプローチ	ショート	パット	ラウンド数
2012年	12位	45位	8位	16位	57位	1.75	0.32	0.83	0.40	0.21	54
2011年	2位	76位	34位	2位	2位	2.18	0.17	0.43	0.72	0.87	53
2010年	1位	52位	4位	3位	15位	2.36	0.30	0.87	0.64	0.55	56
2009年	2位	46位	5位	3位	56位	2.23	0.33	0.88	0.72	0.30	62
2008年	14位	173位	43位	1位	26位	1.31	-0.32	0.43	0.75	0.46	58
2007年	5位	117位	5位	6位	25位	1.96	-0.04	0.91	0.68	0.41	65
2006年	17位	145位	65位	3位	20位	1.47	-0.09	0.32	0.73	0.50	54
2005年	129位	216位	160位	3位	9位	-0.05	-1.16	-0.19	0.61	0.68	59
2004年	144位	216位	137位	10位	12位	-0.22	-1.27	-0.08	0.48	0.66	61
2003年	141位	201位	102位	5位	97位	-0.32	-0.99	0.02	0.63	0.02	45

アプローチで稼いだ打数〈SGA〉とショートゲームで稼いだ打数〈SGS〉

　表 A-19 では、2004 〜 2012 年の PGA ツアーで 1 ラウンドあたりの SGA の上位 40 選手をショットの種類別に細かく分けている。タイガー・ウッズはカップまで 150 〜 200 ヤードの地点から打ったショットで稼いだ打数で 1 位である。彼はカップまで 200 〜 250 ヤードの地点から打ったショットで稼いだ打数でも 1 位だ。だが 100 〜 150 ヤードの地点からだとトム・レーマン、ロリー・マキロイ、クリス・ブランクスが上位を占めている。SGA の上位 40 選手が稼いだ打数を平均すると、150 〜 200 ヤードからのショットが SGA の合計打数の 44%（0.24/0.55）を占めている。この距離からのショットはツアー選手にとって最も重要なショットであり、だからこそ、150 〜 200 ヤードからのショットの中央残り距離がアプローチ全般の腕前を測定するのに適しているのである。

　表 A-20 では、2004 〜 2012 年の PGA ツアーで 1 ラウンドあたりの SGS の上位 40 選手をショットの種類別に細かく分けている。スティーブ・ストリッカーはカップまで 20 〜 60 ヤードの地点から打ったショットで稼いだ打数が 1 位である。彼はカップまで 60 〜 100 ヤードの地点から打ったショットで稼いだ打数でも 1 位だ。だが 0 〜 20 ヤードの地点からだとコリー・ペイビンとルーク・ドナルドが上位を占めている。バンカーについては、カップまで 0 〜 50 ヤードからはマイク・ウェアとルーク・ドナルドが最上位（*29）。SGS の上位 40 選手が稼いだ打数を平均すると、グリーンの外の 0 〜 20 ヤードからのショットが SGS で最も多くを占め、0 〜 50 ヤードからのバンカーショットが僅差でこれに続く。

---

*29　表 A-19 と表 A-20 はともに 1 ラウンドあたりの結果である。たとえばガードバンカーからのショットなど、特定のショットが最もうまいゴルファーを見つけ出すには 1 ショットあたりの稼いだ打数を使ったほうがいい。ただし、どちらの指標も結果はほとんど同じである。1 ラウンドあたりの稼いだ打数が優れているのは、それぞれのショット種別での数字を全部足せばその選手の 1 ラウンドあたりの稼いだ合計打数になるという点だ。1 ショットあたりの稼いだ打数にはこのような加算性がない。

表 A-19 1ラウンドあたりのSGAをショットの種類別に細かく分けたもの。2004～2012年のPGAツアーのSGAの上位40選手。順位は2004～2012年に200ラウンド以上プレーした240選手が対象で、《ショットリンク》に120ラウンド分のデータしかないロリー・マキロイは例外（したがって彼の名前には * をつけた）。100～150ヤード、150～200ヤード、200～250ヤードというアプローチの各種類には、バンカーショットやリカバリーショット、カップまで250ヤード以上の場所から打ったショットは含まれない。こうした「その他」のアプローチはスペースの都合で掲載していない。

選手名	順位 SGAの合計	100～150 ヤード	150～200 ヤード	200～250 ヤード	1ラウンドあたりの稼いだ打数 SGAの合計	100～150 ヤード	150～200 ヤード	200～250 ヤード
タイガー・ウッズ	1位	10位	1位	1位	1.28	0.20	0.62	0.30
ロバート・アレンビー	2位	5位	5位	3位	0.88	0.23	0.35	0.23
ジム・フューリク	3位	7位	2位	11位	0.78	0.21	0.38	0.17
アーニー・エルス	4位	17位	8位	10位	0.77	0.15	0.34	0.17
セルヒオ・ガルシア	5位	20位	11位	9位	0.75	0.14	0.28	0.17
ロリー・マキロイ*	6位	2位	12位	12位	0.73	0.27	0.27	0.17
フィル・ミケルソン	6位	4位	19位	40位	0.72	0.24	0.23	0.10
アダム・スコット	7位	21位	13位	12位	0.71	0.14	0.25	0.16
ビジェイ・シン	8位	6位	7位	77位	0.70	0.21	0.35	0.06
ルーク・ドナルド	9位	30位	4位	28位	0.65	0.12	0.36	0.11
チャド・キャンベル	10位	27位	3位	55位	0.61	0.13	0.37	0.08
トム・レーマン	11位	1位	17位	86位	0.60	0.29	0.24	0.06
スコット・バープランク	12位	72位	6位	17位	0.58	0.07	0.35	0.13
ジョーイ・シンドラー	13位	31位	9位	16位	0.57	0.12	0.31	0.13
ケニー・ペリー	14位	106位	21位	2位	0.57	0.04	0.23	0.23
リー・ウェストウッド	15位	59位	14位	19位	0.56	0.08	0.25	0.13
クリス・ブランクス	16位	2位	29位	38位	0.56	0.26	0.18	0.10
デビッド・トムズ	17位	108位	10位	15位	0.55	0.04	0.30	0.13
ポール・ケーシー	18位	11位	30位	14位	0.53	0.19	0.18	0.15
ティム・クラーク	19位	41位	23位	20位	0.52	0.10	0.22	0.13
ジャスティン・ローズ	20位	84位	27位	4位	0.51	0.06	0.19	0.20
ジョン・センデン	21位	16位	15位	94位	0.49	0.16	0.25	0.05
アレックス・チェイカ	22位	12位	57位	26位	0.47	0.18	0.13	0.11
カミロ・ビレガス	23位	23位	43位	42位	0.47	0.14	0.16	0.10
ブレンドン・デ・ヨング	24位	121位	35位	8位	0.46	0.03	0.18	0.17
デービス・ラブ3世	25位	15位	54位	110位	0.46	0.16	0.14	0.03
スティーブ・ストリッカー	26位	28位	28位	59位	0.45	0.12	0.19	0.08
スチュワート・シンク	27位	58位	18位	95位	0.43	0.08	0.24	0.05
リッキー・バーンズ	28位	32位	20位	58位	0.42	0.12	0.23	0.08
ジョー・デュラント	29位	22位	25位	32位	0.42	0.14	0.20	0.11
ザック・ジョンソン	30位	51位	16位	45位	0.41	0.08	0.25	0.09
ヒース・スローカム	31位	49位	45位	34位	0.40	0.09	0.16	0.10
トレバー・イメルマン	32位	126位	52位	13位	0.40	0.02	0.14	0.15
レティーフ・グーセン	33位	56位	83位	6位	0.39	0.08	0.09	0.18
ブー・ウィークリー	34位	43位	38位	81位	0.38	0.10	0.17	0.06
ジェフ・スルーマン	35位	36位	32位	54位	0.38	0.11	0.18	0.08
ブライニー・ベアード	36位	46位	67位	27位	0.38	0.09	0.12	0.11
ジェイソン・ボーン	37位	67位	22位	114位	0.37	0.07	0.23	0.02
スティーブン・エイムス	38位	91位	33位	96位	0.37	0.06	0.18	0.05
K. J. チョイ	39位	52位	12位	136位	0.36	0.08	0.25	0.00
ダドリー・ハート	40位	9位	78位	62位	0.35	0.20	0.10	0.08
上位40選手の平均					0.55	0.13	0.24	0.12

表 A-20 1ラウンドあたりの SGS をショットの種類別に細かく分けたもの。2004〜2012 年の PGA ツアーの SGS の上位 40 選手。順位は 2004〜2012 年に 200 ラウンド以上プレーした 240 選手が対象。0〜20 ヤード、20〜60 ヤード、60〜100 ヤードの各種別には、パットやバンカーショットは含まれない。カップまで 50〜100 ヤードからのバンカーショットはスペースの都合で掲載していない。

選手名	順位 SGSの合計	0〜20 ヤード	20〜60 ヤード	60〜100 ヤード	0〜50ヤードのバンカー	1ラウンドあたりの稼いだ打数 SGSの合計	0〜20 ヤード	20〜60 ヤード	60〜100 ヤード	0〜50ヤードのバンカー
スティーブ・ストリッカー	1位	3位	1位	1位	69位	0.63	0.17	0.21	0.18	0.05
コリー・ペイビン	2位	1位	14位	12位	16位	0.54	0.23	0.10	0.09	0.12
クリス・ライリー	3位	6位	3位	59位	3位	0.52	0.16	0.14	0.04	0.18
ルーク・ドナルド	4位	2位	51位	26位	2位	0.51	0.19	0.06	0.06	0.20
マイク・ウェア	5位	57位	9位	21位	1位	0.50	0.08	0.12	0.07	0.24
パドレイグ・ハリントン	6位	7位	6位	7位	31位	0.50	0.16	0.13	0.12	0.09
フィル・ミケルソン	7位	11位	7位	27位	17位	0.46	0.15	0.12	0.06	0.12
ビジェイ・シン	8位	21位	12位	44位	14位	0.42	0.12	0.10	0.05	0.12
ジャスティン・レナード	9位	10位	5位	9位	92位	0.41	0.16	0.13	0.10	0.03
ブライアン・ゲイ	10位	32位	43位	5位	34位	0.39	0.11	0.07	0.13	0.09
今田竜二	11位	20位	18位	46位	13位	0.39	0.13	0.10	0.04	0.12
ジム・フューリク	12位	12位	19位	22位	38位	0.39	0.15	0.09	0.07	0.08
ニック・オハーン	13位	54位	30位	8位	20位	0.38	0.08	0.08	0.11	0.11
ケビン・ナ	14位	13位	16位	87位	25位	0.38	0.14	0.10	0.02	0.11
丸山茂樹	15位	75位	2位	35位	23位	0.37	0.06	0.14	0.05	0.11
ジャスティン・ローズ	16位	28位	60位	36位	7位	0.36	0.11	0.05	0.05	0.14
スチュアート・アップルビー	17位	23位	8位	75位	28位	0.36	0.12	0.12	0.03	0.10
トッド・フィッシャー	18位	9位	4位	13位	168位	0.35	0.16	0.13	0.09	-0.03
ロリー・サバティーニ	19位	56位	32位	37位	10位	0.34	0.08	0.07	0.05	0.13
イアン・ポールター	20位	4位	80位	98位	19位	0.33	0.17	0.03	0.01	0.11
アーニー・エルス	21位	30位	24位	20位	63位	0.32	0.11	0.09	0.07	0.06
アーロン・バデリー	22位	19位	29位	173位	24位	0.30	0.13	0.08	-0.02	0.11
K.J.チョイ	23位	14位	100位	128位	5位	0.30	0.14	0.02	0.00	0.14
タイガー・ウッズ	24位	41位	10位	30位	98位	0.30	0.09	0.11	0.06	0.03
ロッド・パンプリング	25位	33位	94位	95位	4位	0.30	0.10	0.03	0.02	0.15
カーク・トリプレット	26位	36位	142位	6位	37位	0.29	0.09	0.00	0.12	0.08
アーロン・オーバーホルザー	27位	59位	15位	78位	46位	0.28	0.08	0.10	0.02	0.08
レティーフ・グーセン	28位	16位	67位	99位	36位	0.28	0.14	0.04	0.01	0.08
ケビン・サザーランド	29位	15位	79位	157位	15位	0.28	0.14	0.03	-0.01	0.12
マット・クーチャー	30位	63位	23位	66位	35位	0.28	0.07	0.09	0.03	0.08
ボブ・ハインツ	31位	18位	138位	42位	27位	0.27	0.13	0.00	0.05	0.10
ブラント・スネデカー	32位	35位	21位	29位	121位	0.27	0.10	0.09	0.06	0.01
ブライス・モルダー	33位	24位	145位	15位	54位	0.27	0.12	0.00	0.08	0.07
ジョナサン・バード	34位	22位	35位	63位	84位	0.27	0.12	0.07	0.03	0.04
ウェブ・シンプソン	35位	105位	42位	32位	18位	0.27	0.03	0.07	0.05	0.12
ジェフ・オギルビー	36位	58位	119位	40位	11位	0.26	0.08	0.01	0.05	0.13
オマー・ユレスティ	37位	65位	92位	34位	26位	0.26	0.07	0.03	0.06	0.10
グレン・デイ	38位	70位	39位	17位	65位	0.26	0.06	0.07	0.07	0.06
トム・パーニス Jr.	39位	31位	37位	132位	50位	0.26	0.11	0.07	0.00	0.07
ティム・ペトロビック	40位	8位	57位	81位	124位	0.25	0.16	0.05	0.02	0.01
				上位40選手の平均		0.35	0.12	0.08	0.05	0.10

表 A-21 ショット別の優勝選手の稼いだ打数、上位 40 選手の稼いだ打数、PGA ツアーの平均ショット数。優勝選手の稼いだ打数は、優勝した試合中のプレーについて計算している。優勝選手のスコアは出場選手全体の平均スコアを 1 ラウンドあたり 3.7 打上回る。上位 40 選手は PGA ツアー全体の平均に対して 1 ラウンドあたり平均 1.1 打稼ぐ。この稼いだ打数のうち、アプローチが占める割合は 40%。パッティングはプロのショットの 41% を占めるが、上位 40 選手の稼いだ打数のうち 15% しか占めていない。アプローチは全ショットの 26% だが、上位 40 選手の稼いだ打数の 40% を占める。0〜6 フィートのパットは全ショットの 22% を占める。表では示していないが、0〜2 フィートのパットが 13%、3〜6 フィートのパットが 9% である。

	優勝選手		上位 40 選手		ツアー平均	
	稼いだ打数	割合	稼いだ打数	割合	ショット回数	割合
ティーショット	0.7	18%	0.3	28%	13.9	20%
アプローチ	1.3	34%	0.4	40%	18.5	26%
ショート	0.5	14%	0.2	17%	9.4	13%
パット	1.3	34%	0.2	15%	29.2	41%
合計	3.7	100%	1.1	100%	71.0	100%

		優勝選手		上位 40 選手		ツアー平均	
		稼いだ打数	割合	稼いだ打数	割合	ショット回数	割合
ティーショット		0.7	18%	0.32	28%	13.9	20%
アプローチ	100〜150 ヤード	0.3	9%	0.10	9%	5.0	7%
	150〜200 ヤード	0.5	14%	0.18	16%	7.0	10%
	200〜250 ヤード	0.3	7%	0.10	9%	3.6	5%
	その他のアプローチ	0.2	4%	0.06	5%	2.9	4%
ショート	0〜20 ヤード	0.2	7%	0.05	5%	4.0	6%
	20〜60 ヤード	0.1	3%	0.04	4%	2.1	3%
	60〜100 ヤード	0.1	2%	0.04	3%	1.4	2%
	0〜50 ヤードのバンカー	0.1	2%	0.05	5%	1.7	2%
	その他のショートゲーム	0.0	0%	0.00	0%	0.2	0%
パット	0〜6 フィート	0.3	8%	0.06	5%	16.0	22%
	7〜21 フィート	0.7	19%	0.07	6%	7.9	11%
	22 フィート以上	0.3	7%	0.05	4%	5.4	8%
合計		3.7	100%	1.13	100%	71.0	100%

表 A-21 では、ショット別に優勝選手と上位 40 選手の稼いだ打数を比較している。ショット別の PGA ツアーの平均ショット回数も併せて示した。パットは全ショットの 41% を占め、優勝選手が稼いだ打数の 34%、上位 40 選手が稼いだ打数の 15% を占めている。

アマチュアのプレーに関する追加情報

図 A-2 と図 A-3 ではプロとアマチュアのアプローチの中央残り距離を比較している。図 A-4 ではプロとアマチュアがアプローチでグリーンに乗せる確率を比較している。図 A-5、図 A-6、図 A-7 ではプロとアマチュアのショートゲームを比較している。これらの図から、プロとアマチュアの実力の差は大きいことがわかる。各自でこれらの図の基準値と比較すれば、自分の得意・不得意がわかる。

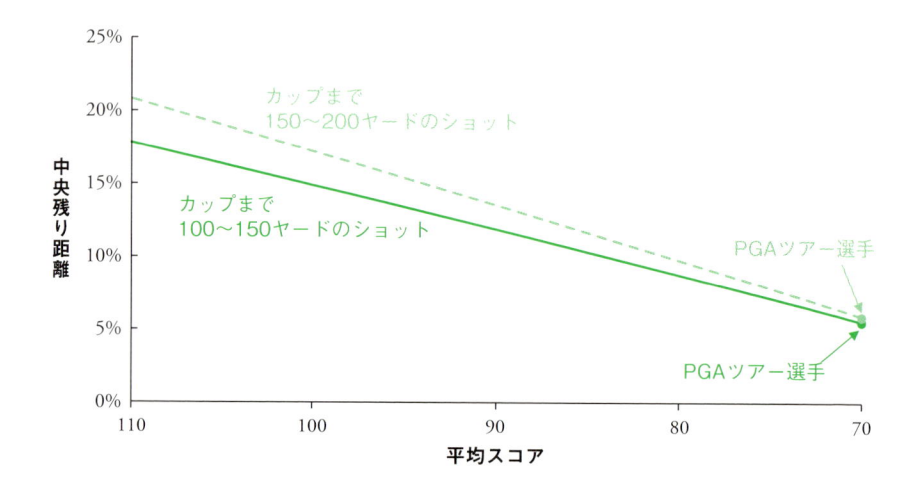

図 A-2 中央残り距離（%）と平均スコアの比較。中央残り距離とは、半分のショットがその距離以内に収まるという距離。PGA ツアー選手は 100 〜 150 ヤードから打つショットの半分を打つ前の距離の 5.5% 以内に寄せていて、平均的な 90 プレーヤーは半分のショットを 12% 以内に寄せている。150 〜 200 ヤードからは、PGA ツアー選手は半分のショットを打つ前の距離の 5.9% 以内に寄せていて、平均的な 90 プレーヤーは半分のショットを 14% 以内に寄せている。プロとアマチュアの差はショットの距離が伸びるほど大きくなる。

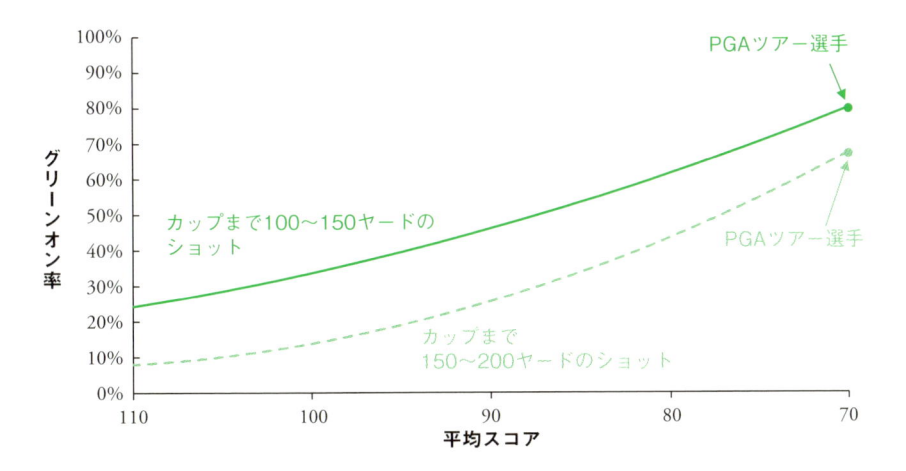

図 A-3 中央残り距離（フィート）と平均スコアの比較。中央残り距離とは、半分のショットがその距離以内に収まるという距離。PGA ツアー選手は 125 ヤードから打つショットの半分を残り 21 フィート以内に寄せていて、平均的な 90 プレーヤーは半分のショットを 45 フィート以内に寄せている。175 ヤードからは、PGA ツアー選手は半分のショットを 31 フィート以内に寄せていて、平均的な 90 プレーヤーは半分のショットを 71 フィート以内に寄せている。プロとアマチュアの差はショットの距離が伸びるほど大きくなる。

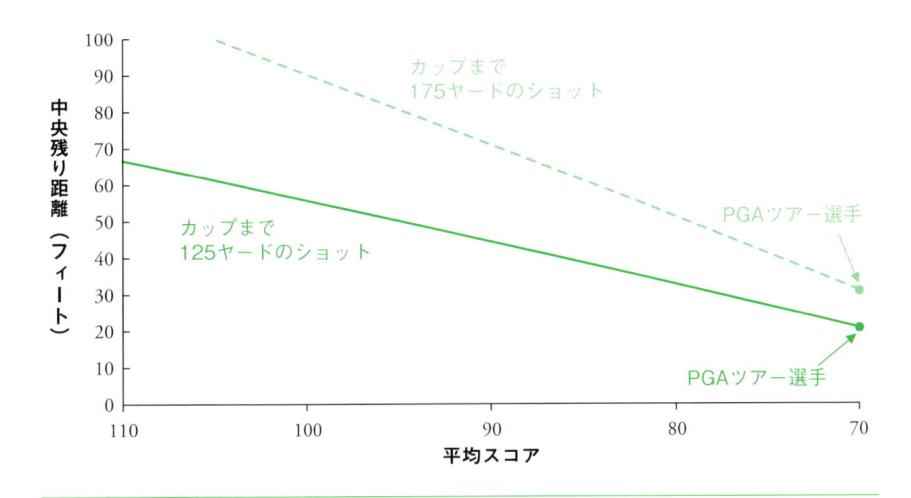

図 A-4 グリーンオン率と平均スコアの比較。「グリーンオン率」はグリーンに乗せるかグリーンエッジまで運んだショットの割合。PGA ツアー選手はカップまで 100〜150 ヤードから打つと 80% の確率でグリーンに乗せるかグリーンエッジまで運ぶ。平均的な 90 プレーヤーがグリーンに乗せるかグリーンエッジまで運ぶ確率は 46%。カップまで 150〜200 ヤードでは、PGA ツアー選手は 67% の確率でグリーンに乗せるかグリーンエッジまで運ぶ。平均的な 90 プレーヤーがグリーンに乗せるかグリーンエッジまで運ぶ確率は 26%。

図 A-5 中央残り距離（%）と平均スコアの比較。中央残り距離とは、半分のショットがその距離以内に収まるという距離。

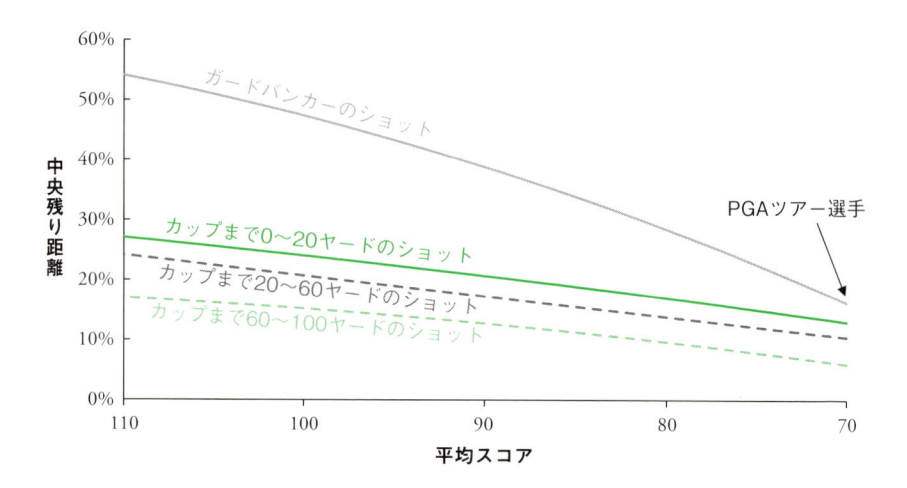

図 A-6 中央残り距離（フィート）と平均スコアの比較。中央残り距離とは、半分のショットがその距離以内に収まるという距離。

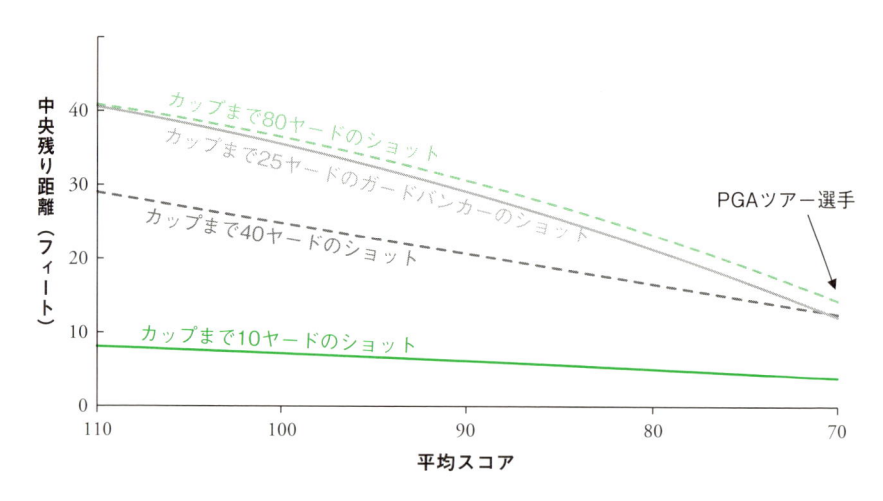

図 A-7 グリーンオン率と平均スコアの比較。「グリーンオン率」はグリーンに乗せるかグリーンエッジまで運んだショットの割合。

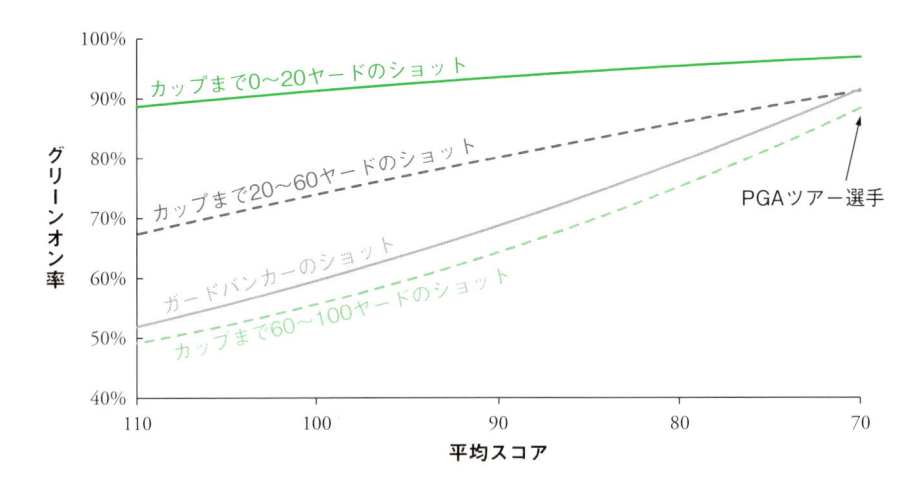

[グラフ: 縦軸 グリーンオン率 (40%〜100%)、横軸 平均スコア (110〜70)]
- カップまで0〜20ヤードのショット
- カップまで20〜60ヤードのショット
- ガードバンカーのショット
- カップまで60〜100ヤードのショット
- PGAツアー選手

第7章　パッティングのマネジメント

　図A-8と図A-9は、平均傾斜が0.7°と2.3°のグリーンにおける一定の範囲の距離・角度のパットでPGAツアー選手が設定するターゲットを示している。

　表A-22はプロとアマチュアにとってのパットの重要性の結果を詳しく示したものだ。プロにとって最も重要なパットの距離は5フィートであり、アマチュアにとっては4フィートである。図A-10は、パッティングの腕前の差で稼いだ打数を示している。図A-11で示しているのはパットの回数。

　表A-22で得られる情報は目標を決めるのに役立つ。10フィートのパットを55%の確率で決められるように練習することを想像してみよう。目標を高く設定するのは結構なことだが、世界の名手でもこの距離からのカップインの確率はわずか45%である。時間は貴重であり、達成の見込みが薄い目標のために練習時間をかけすぎてしまうと、他のショットの練習にあまり時間をかけられなくなる。

図 A-8 外れたパットの散乱パターンから推定される PGA ツアー選手のターゲット距離。カップ周りのグリーンの傾斜は 0 ～ 1°で平均傾斜は 0.7°。下りのパットのほうが上りよりターゲットがカップから遠い。ショートパットのほうがロングパットよりターゲットがカップから遠い。

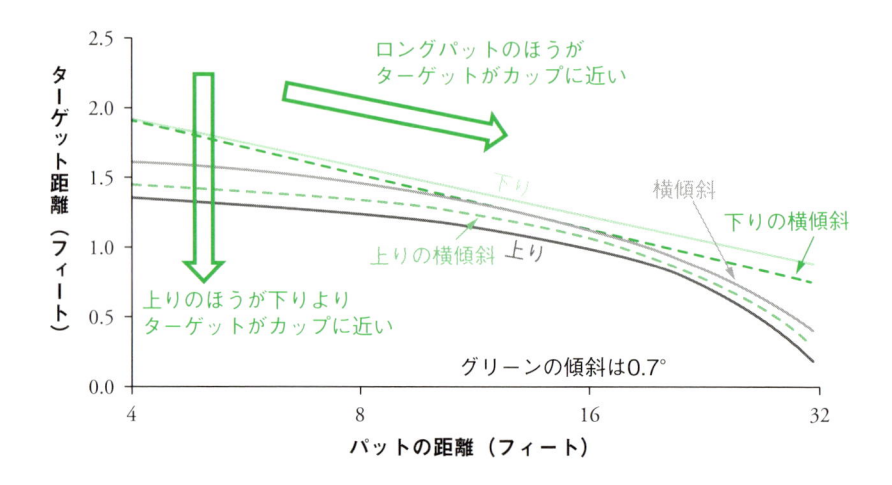

図 A-9 カップ周りの傾斜が 2°以上、平均傾斜 2.3°のグリーンでの PGA ツアー選手のターゲット距離。下りのパットのほうが上りよりターゲットがカップから遠い。ショートパットのほうがロングパットよりターゲットがカップから遠い。距離のある上り、上りの横傾斜、横傾斜では、ターゲットがカップのやや手前になり、プロはこうしたパットを 50 ～ 60％の確率でショートする。

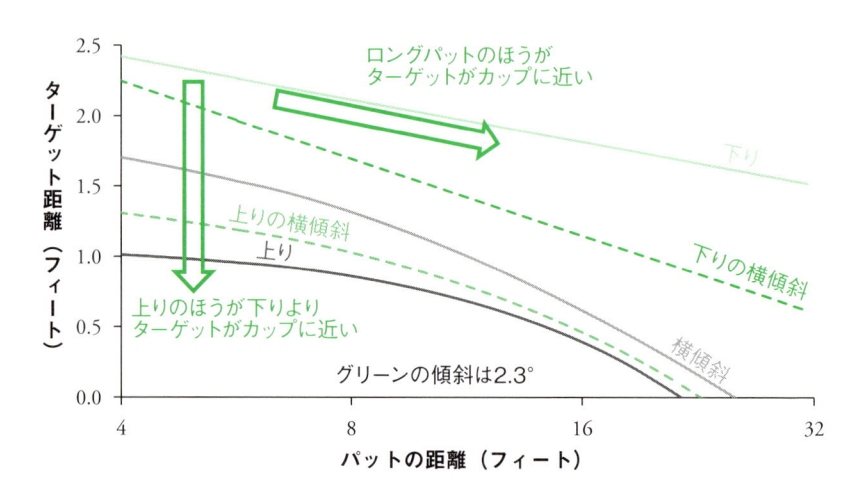

表 A-22 パットの重要性。ツアーでもパッティングが得意な選手（名手）、平均的なツアー選手（ツアー）、90 プレーヤー（90 プレーヤー）の距離別の 1 パットの確率。パットの重要性は、技量の差と 1 ラウンドあたりのパット回数の積に比例する。わかりやすくするために、技量の差は 1 パットの確率を使って測定している。技量の差を正しく測定するには稼いだ打数を使うべきだが、この 2 つの測定方法で得られる結果にほとんど違いはない。プロにとってもアマチュアにとってもショートパットが最も重要である。プロにとって最も重要なパットの距離は 5 フィート、アマチュアにとっては 4 フィートである。

パットの距離 (フィート)	ゴルファー 名手	ゴルファー ツアー	名手とツアーの差	1 ラウンドあたりの回数	パットの重要性
3	98%	96%	1%	2.8	0.037
4	91%	88%	3%	1.8	0.058
5	82%	77%	5%	1.3	0.064
6	72%	67%	6%	1.0	0.057
7	63%	58%	5%	0.9	0.046
8	55%	50%	5%	0.8	0.038
9	50%	45%	5%	0.7	0.039
10	45%	40%	5%	0.7	0.035
11	39%	35%	4%	0.6	0.025
12	36%	31%	5%	0.6	0.027
13	33%	28%	5%	0.5	0.025
14	29%	25%	4%	0.5	0.019
15	27%	23%	3%	0.5	0.016
16	24%	21%	3%	0.4	0.015

パットの距離 (フィート)	ゴルファー ツアー	ゴルファー 90 プレーヤー	ツアーと 90 プレーヤーの差	1 ラウンドあたりの回数	パットの重要性
3	96%	87%	10%	2.8	0.27
4	88%	67%	21%	1.8	0.39
5	77%	51%	26%	1.3	0.34
6	67%	41%	26%	1.0	0.27
7	58%	33%	25%	0.9	0.22
8	50%	28%	22%	0.8	0.18
9	45%	24%	20%	0.7	0.15
10	40%	21%	19%	0.7	0.13
11	35%	18%	16%	0.6	0.10
12	31%	16%	15%	0.6	0.09
13	28%	14%	14%	0.5	0.08
14	25%	13%	13%	0.5	0.06
15	23%	11%	12%	0.5	0.06
16	21%	10%	11%	0.4	0.05

図 A-10 パッティングが得意なツアー選手と平均的な PGA ツアー選手の 1 パットあたりの稼いだ打数の差を距離別に示したもの（わかりやすくするために対数スケールで表示）。稼いだ打数の差が最も大きいのは 5 〜 10 フィートのパットで、その差は約 0.05 打。これは、1 パットの確率の差が 5% であることと一致している。たとえば、パッティングが得意なツアー選手は 8 フィートのパットを約 55% の確率でカップインするのに対して、PGA ツアー選手の平均は約 50% である。

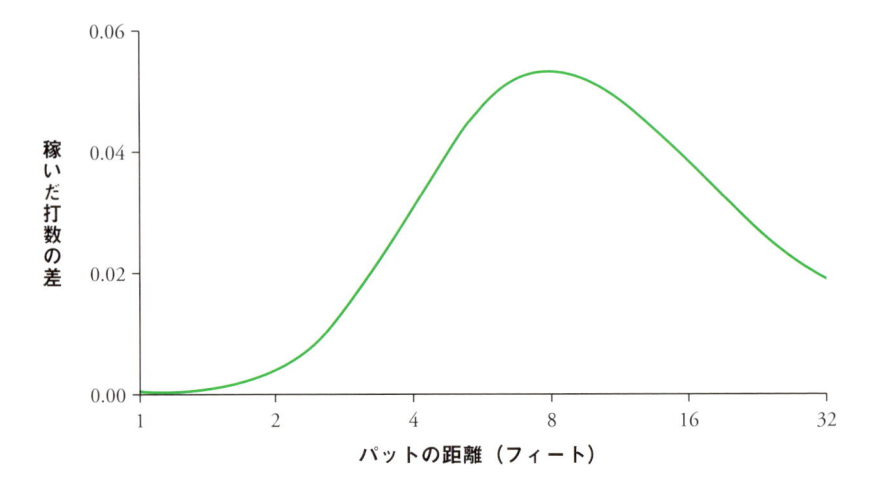

図 A-11 距離別の PGA ツアー選手の 1 ラウンドあたりのパット回数（分かりやすくするために対数スケールで表示）。1.5 フィートのパットが最も多く、そのほとんどがセカンドパットである。10 フィートを超えるセカンドパットはほとんどない。

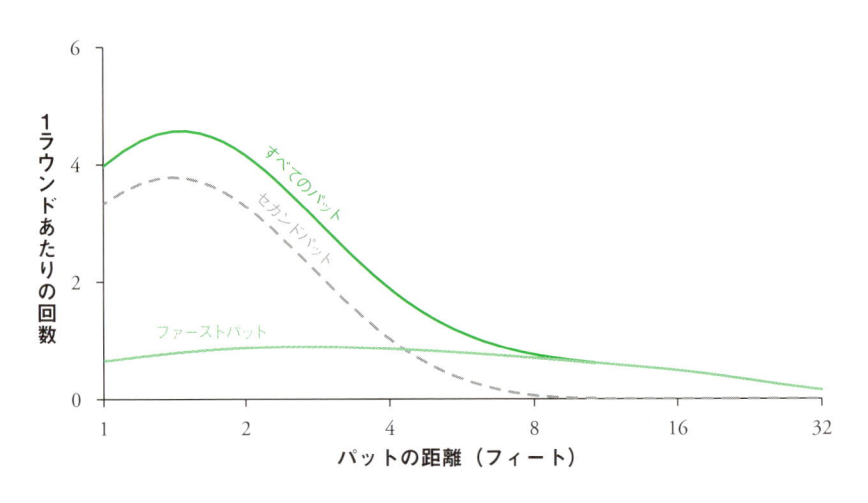

図A-12は、3～5フィートのパットを1パットで決める確率。非常に短いパットでは、角度の影響は比較的少ない。図A-13は9～11フィートのパットを1パットで決める確率。

図 A-12　カップ周りの傾斜が0～2°（ピンポジションの54%はこの範囲）で、平均傾斜が1.4°のグリーンにおけるPGAツアー選手の1パットの確率。

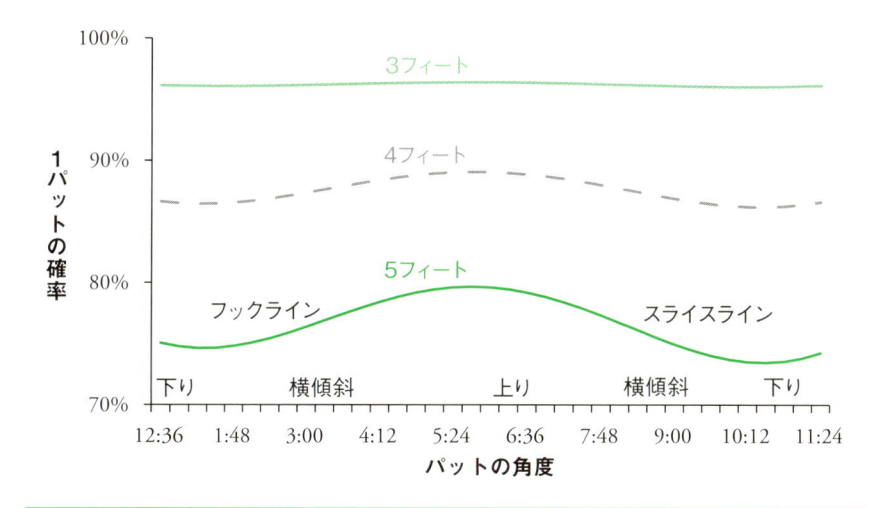

図 A-13　カップ周りの傾斜が0～2°（ピンポジションの54%はこの範囲）で、平均傾斜が1.4°のグリーンにおけるPGAツアー選手の1パットの確率。

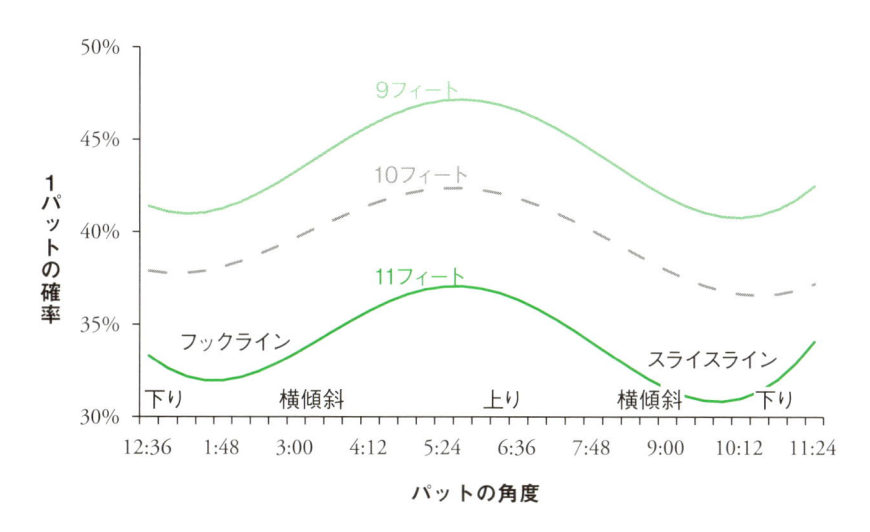

表 A-23 PGA ツアー選手の距離別の寄せワンの確率とホールアウトまでの平均打数。

カップまでの距離（ヤード）	ショットの割合	寄せワンの確率 フェアウェイ	ラフ	バンカー	ホールアウトまでの平均打数 フェアウェイ	ラフ	バンカー
10	35%	79%	66%	55%	2.17	2.34	2.47
20	27%	63%	47%	50%	2.37	2.57	2.53
30	12%	52%	37%	40%	2.50	2.69	2.65
40	5%	44%	31%	30%	2.59	2.77	2.79
50	3%	39%	26%	18%	2.65	2.86	2.99
60	2%	36%	23%	10%	2.69	2.90	3.17
70	3%	34%	21%	10%	2.71	2.93	3.19
80	3%	32%	19%		2.74	2.96	
90	4%	30%	18%		2.76	2.98	
100	6%	28%	16%		2.79	3.01	
グリーンの外からの 100 ヤード以内のショットに占める割合					69%	19%	12%

用語集

角度単位の精度　accuracy in degrees
一連のティーショットでターゲットラインから外れた角度の平均。より正確には、角度単位の精度とは角度単位で測定される方向誤差の標準偏差。PGAツアー選手の精度は 2.7 〜 4.4°でツアー平均は 3.4°である。ほとんどの 90 プレーヤーの精度は 4 〜 10°で 90 プレーヤーの平均は 6.5°である。

ターゲットライン　aim or aimline
ショットやパットを打ち出そうとした方向。

頂点　apex
パットの軌道で、最初のボールの位置とカップを結んだラインからボールが最も離れる地点。

アプローチショット　approach shot
100 ヤード以上のショットのうち、ミドルホールとロングホールのティーショットを除いたもの。100 ヤード以上手前から打つショートホールのティーショット、レイアップショット、リカバリーショットが含まれるという点で、標準的なゴルフ用語とは異なる。

ミスショット　awful shot
稼いだ打数が－0.8 〜－1.3 打のショット。1 回のスイングでほとんどカップに近づかない、あるいはカップから遠ざかるような失敗ショットのこと。

ターゲットラインから外れた角度　degrees offline
ティーショットを打つ前の位置と打った後にボールが止まった位置を結んだラインがフェアウェイセンターから外れた角度。たとえば、300 ヤードのティーショットが 4°外れたとすると、フェアウェイセンターから 21 ヤード離れた地点に止まることになる。ターゲットラインから外れた角度は方向誤差を測定するもの。

ジャストタッチで狙う　die-it strategy
パットの強さを抑えて、ボールが最後のひと転がりでカップに沈むように打つ狙い方。

最悪なショット double-awful shot
稼いだ打数が −1.3 打を下回るショット。OB ゾーンに打ち込むなど、1 回のスイングで 1 打を大きく上回る打数を失う大失敗ショットのこと。

フェアウェイキープ率　driving accuracy
ミドルホールとロングホールのティーショットでフェアウェイをキープした割合。

動的計画法　dynamic programming
多段階の決定問題に対する最適解を見つけるための数学的手法。

フェアウェイキープ　fairway hit
ミドルホールやロングホールのティーショットでフェアウェイをとらえること。「今日は 14 回中 10 回フェアウェイをキープした」「フェアウェイを 71% キープした」のように言う。

フォールライン　fall line
グリーン上で水が重力によって真っすぐ流れ落ちる方向。

果敢に狙う　go for it
グリーンに届かせようとしてショットを打つこと。

ゴルフメトリクス　golfmetrics
ゴルフデータの収集、保存、分析を目的としたコンピュータプログラム。

グリーンエッジを含むボギーオン　green or fringe in regulation plus one（GIRP）
ショートホールは 1 〜 2 打、ミドルホールは 3 打以内、ロングホールは 4 打以内でグリーンに乗せるかグリーンエッジまで運べば、そのホールはボギーオンとなる。ボギーオンは、パーオンより 1 打多い打数でグリーン（またはグリーンエッジ）まで運べばいいため、多くのアマチュアにとってはこちらのほうが指標として役に立つ。

グリーンの読み　green reading
パットをうまく打つためにグリーンの起伏、傾斜、速さを見きわめること。

グリーンの速さ　green speed
秒速およそ 1.8 メートルの速度で転がされたボールが水平なグリーンで転がる距離をフィート単位で示したもの。グリーンの速さを測定するには通常スティンプメーターを使う。市民ゴルフ場の平均的なグリーンの速さは 7 前後だが、PGA ツアーの

試合での平均はおよそ 11。

パーオン　greens in regulation（GIR）
ショートホールは 1 打、ミドルホールは 1 〜 2 打、ロングホールは 3 打以下でグリーンに乗せればそのホールはパーオンとなる。各ホールの規定打数には 2 パット分が含まれるため、規定打数から 2 打以上少ない打数でグリーンに乗せればパーオンとなる。「今日のラウンドでは 5 回パーオンした」のように言う。つまり、18 ホール中 5 ホールでパーオンしたということ。

ボールをカップにねじ込む　jam-it strategy
ボールがカップの向こう側の壁に当たるか当たらないかくらいの強さでパットを打つ攻め方。

ラテラルハザード　lateral hazard
一般に、フェアウェイに沿って走るハザード。ボールがラテラルハザード内に止まった場合、1 打のペナルティとなり、ボールをドロップできる場所についてはさまざまなルールが適用される。ラテラルハザードの境界は赤い杭や赤いラインで示される。

レイアップ　layup
グリーンまたはハザードに届かないように打つショット。

水平グリーン距離　level green distance
水平なグリーン（傾斜がなく平らなグリーン）でボールが転がるはずの距離。たとえば、20 フィートの下りのパットは水平グリーン距離だとわずか 15 フィートになる。

ロングゲーム　long game
カップの 100 ヤード以上手前から打つすべてのショット。

中央残り距離　median leave
半分のショットがその距離以内に収まり、半分のショットが外側に外れるという距離で、打つ前のカップまでの距離に対する打った後のカップまでの距離の比率として測定する。たとえば、カップの 100 ヤード手前から打ってカップ 5 ヤードの距離が残れば、その残り距離は 5% となる。仮に、5 回打って残り距離が 3%、8%、11%、14%、35% だったとすると、中央残り距離は 5 回の中央値である 11% となる。カップの 100 〜 150 ヤード手前から打つ場合、PGA ツアーの中央残り距離が平均 5.5% であるのに対して、90 プレーヤーは 12% である。

最適化　optimization
数学モデルにおいて考えられる選択肢のなかから最適解を見つけるための手段。

区域外（OB）　out of bounds
ゴルフ場の区域外に指定されたエリア。ショットが OB ゾーンに止まった場合、1 打罰を受けて元の場所から次のショットを打ち直す。これを「ストロークと距離」の罰という。OB の境界は通常、白い杭や白いラインで示される。

スコアへのパッティングの貢献度（PCS）　putting contribution to scores
実力に差があるゴルファー間のスコアの差のうちパッティングによるものの割合。たとえば実力に差がある 2 人のゴルファーで SGP の差が 1 ラウンドあたり 1 打、稼いだ合計打数の差が 1 ラウンドあたり 3 打であれば、PCS は 33% になる。同じことは 1 試合におけるひとりの選手と出場選手全体にも言える。この場合、PCS はその選手の SGP を出場選手全体に対して稼いだ合計打数で割ったもの。たとえば、その選手がパッティングで 1 ラウンドあたり 0.2 打稼ぎ、出場選手全体の平均スコアに対して 1 ラウンドあたり合計 0.5 打稼いだとすると、PCS は 40% になる。

優勝へのパッティングの貢献度（PCV）　putting contribution to victory
優勝選手の SGP を出場選手全体に対して稼いだ合計打数で割ったもの。たとえば、その試合で優勝選手のスコアが出場選手全体の平均スコアより 1 ラウンドあたり 4 打良く、パッティングで 1 ラウンドあたり 1 打稼いだとすると、PCV は 25% になる。PGA ツアーの試合での優勝における平均 PCV は 35%。

リカバリーショット　recovery shot
木などの障害物があるため、直接カップを狙うことができないショット。

散乱パターン　scatter pattern
ひとりのゴルファーがグリーン上の同じ位置から何回かパッティングしてボールが最終的に止まった位置の分布。散乱パターンを使えば、そのゴルファーの距離感、方向性、意図したターゲットが推定できる。

スクラッチプレーヤー　scratch golfer
ハンディキャップが 0（スクラッチ）のゴルファー。ハンディキャップの計算方法の関係で、スクラッチプレーヤーの平均スコアは 75 前後となるが、スコアを記録するコースの難易度によって大きく変わる。

ショートゲーム　short-game shot
カップまで 100 ヤード以内の場所から打つショットのうち、グリーン上のショット

（つまりパット）を除いたもの。

ショットリンク　ShotLink
PGAツアーがゴルフスコアや統計データの収集および普及を目的として開発したシステム。

ショットパターン　shot pattern
ひとりのゴルファーがグリーンの外の同じ場所から何回かショットしてボールが最終的に止まった位置の分布。

シミュレーション　simulation
通常はコンピュータで実行される、実際のシステムの動作を模倣するための手法。

アプローチで稼いだ打数（SGA）　strokes gained approach shots
1ラウンドの全アプローチで稼いだ合計打数。

ティーショットで稼いだ打数（SGD）　strokes gained driving
1ラウンドのミドルホールとロングホールの全ティーショットで稼いだ合計打数。通常、こうしたショットにはドライバーを使うが、他のクラブで打ったティーショットも含まれる。

ロングゲームで稼いだ打数　strokes gained long game
1ラウンドの全ロングゲームで稼いだ合計打数。SGDとSGAの合計。

1回のショットで稼いだ打数　strokes gained of a single golf shot
ホールアウトまでの平均打数の減少分からそのショットの1打を差し引いたもの。たとえば、平均スコア4のホールでティーショットを打ち、ホールアウトまでの平均打数が2.8打のフェアウェイにボールが止まったとすると、このティーショット1打でボールを1.2打分カップに近づけたことになる。この1回のティーショットで稼いだ打数は0.2打となる。

1ホールのパッティングで稼いだ打数　strokes gained putting per hole
その距離のホールアウトまでの平均打数からパット数を差し引いたもの。たとえば、平均打数が1.5打の距離から2パットでホールアウトしたとすると、稼いだ打数は−0.5打となる。基準値となる平均パット数は、通常はプロのデータを使って計算しているが、この基準値はスクラッチ（ハンディキャップが0の）プレーヤーの平均パット数と定義することもできる。

1 ラウンドのパッティングで稼いだ打数（SGP）　strokes gained putting per round
1 ホールのパッティングで稼いだ打数の 1 ラウンド全 18 ホール分を合計したもの。

ショートゲームで稼いだ打数（SGS）　strokes gained short game
1 ラウンドの全ショートゲームで稼いだ合計打数。

ターゲット　target
パッティングのターゲットとは、カップにふたがされていると仮定して、意図したラインと強さで打ち出されたボールが止まるはずの地点を指す。通常、ボールが転がっている途中にカップがあればカップインするように、ターゲットはカップの向こう側になる。グリーン以外のショットのターゲットとは、ボールを止めようとしている地点を指す。ショットやパットが曲がることを想定して、ターゲットとは違う方向を狙って打つ場合もある。

75 パーセンタイル飛距離　75th percentile distance. The distance of a group of shots such that one out
4 回のうち 1 回のショットがこの飛距離を上回り、3 回が下回るという飛距離。たとえば、5 回ドライバーショットを打った場合は 2 番目によく飛んだショットが 75 パーセンタイル飛距離。9 回ドライバーショットを打った場合は 3 番目によく飛んだショットが 75 パーセンタイル飛距離（2 回のショットがこの飛距離を上回り、6 回が下回る）。

80 プレーヤー　80-golfer. A golfer whose average score is 80 per round.
平均スコア 80 のゴルファー。

90 プレーヤー　90-golfer. A golfer whose average score is 90 per round.
平均スコア 90 のゴルファー。

100 プレーヤー　100-golfer. A golfer whose average score is 100 per round.
平均スコア 100 のゴルファー。

解説

牧田幸裕 信州大学学術研究院(社会科学系)准教授

　日も陰り少し涼しくなった18番をホールアウトし、心地よい疲労とともに風呂に入る。その後、クラブハウスで同伴者とウイスキーを傾けながら今日のホールを振り返る。または、帰りの高速道路を走る車中で、今日一番のショットが何だったのか振り返る。本当に楽しいひと時だ。「17番のロングパット、よくねじ込んだよな！」「今日イチのティーショットは8番、あれは本当に気持ちよかったなぁ！」などと、悦に入る。また「あのバンカーショット、もう少し寄っていれば、3パットすることもなかったのに……」といった、タラレバ話でも盛り上がる。

　ただ、このような同伴者とのたわいもない話は、とても楽しいのだが、次のラウンドにつながる架け橋ではない。我々ビジネスパーソンが普段ビジネスの現場で行っているPDCAの"CHECK"になっていない。だから、次のラウンドの"ACTION"にはつながらないのだ。その点、本書の著者であるマーク・ブローディは、自分のプレー、同伴者のプレー、数多くのアマチュアゴルファーのプレー、プロゴルファーのプレーを分析し、"CHECK"を行っている。彼オリジナルの「稼いだ打数」というユニークな概念を用いて、次のラウンドの"ACTION"につなげているのである。

　マーク・ブローディと私を並べるのもおこがましい話なのだが、彼同様私もビジネススクールで教鞭を執っている。彼が数量ファイナンスを専攻しているのに対し、私は経営戦略とマーケティングを専攻しているという違いはあるが、ビジネスという事象を定量的に分析するというところでは違いがない。彼が本書を執筆するほどゴルフを愛しているところまでは及ばないかもしれないが、私もゴルフ愛好家である。レッ

ン・オブ・ザ・イヤーの受賞歴もある金谷多一郎プロに師事し、日々自分のスキルを改善しゴルフを楽しんでいる。

　かつて外資系コンサルティング会社で戦略コンサルタントをしていたこともあり、日本で一緒にラウンドする同伴者は、現在も外資系コンサルティング業界で活躍していたり、外資系投資銀行で活躍している仲間が多い。だから、私の同伴者は、多くがビジネス分析のプロである。ところが、本書の話をしたところ、同伴者の誰もが口をあんぐり開け、「そこまで徹底的に理詰めで、数字で分析しているの⁉」と驚いていた。普段、クライアントである日本企業の経営陣に「徹底的に理詰めで、数字を使い分析していきましょう」と言っているにもかかわらず。

　ゴルフだけの話ではないのだが、私たちはどうしても先入観にとらわれがちである。週末の夜、ニュースのスポーツコーナーで、トーナメントツアーの優勝シーンが映し出される場合、ほとんどが18番ホールのカップインのシーンだ。当たり前だ。そこで、優勝が決まるのだから。しかし、何度も何度も同じようなシーンが脳裏に刷り込まれると、「プロのゴルフはパットを決めることが勝負なんだ。重要なのは、やはりパットだ」という先入観にとらわれてしまう。
　その結果、マークが言うように、実は稼いだ打数に最も差があったのはアプローチであったとしても、私たちはパットが勝負を決めると勘違いしてしまうのである。
　私は多くのゴルフ愛好家同様、ゴルフのコミュニティサイトで自分のスコア管理を行っている。そこで数字を入力する場合、打数以外にパット数、OBなどの情報を入力していく。パット数を入力する時に、1パットだとキーボードの「1」を華麗に押し、3パットだと怒りに震えながら「3」を押す。でも、これはおかしい。
　マークは、「パット数はパットの難易度を最も左右するカップまでの距離を考慮していないため、尺度としてはかなり問題がある。距離が重要なのだ」と指摘をするが、その通りだ。
　我々アマチュアゴルファーは、パーオンにこだわる傾向がある。アベ

レージゴルファーである私も、グリーンにパーオンでボールを乗せることができると、全身にアドレナリンが駆け巡る。しかし、私同様多くのアマチュアゴルファーは、そこで思考停止してしまう。パーオンという自分の目標を達成してしまったからだ。近年大型化するグリーンの場合、パーオンしたって残り20ヤード近いパットが残ってしまうこともある。こうなると、半分当てずっぽうでパットを試みるほかない。大体、「あー、意外に芝が速いねぇ！」とか「意外に切れないねぇ」などとつぶやきながら、2パット、3パットを行うことになる。では、たまたまグリーン周りから上手く寄せ、1パットでホールアウトした100前後のアマチュアよりも、私たちはパットがへたくそなのだろうか？　そうではない。ここにパット数の誤謬があるのである。

したがって、様々な情報を入力し、一見分析しているように見える私たちの活動は、次のラウンドにつなげる"ACTION"に貢献するかという視点で考えると、何ら"CHECK"になっていないケースが、私自身を含め散見されるのである。

本書のユニークな概念である「稼いだ打数」は、常にライバルを意識している。「ゴルフはライバルとの戦いではなく、自分との戦いである」とよく言われる。ゴルフコースが設定するパー、または、自分で設定するパーとの戦いであり、まず自分に克つことが重要であるという考え方だ。私もこの考え方には賛同しており、コースでは常に「弱い自分」「平常心を保てない自分」「目標を見失う自分」と戦っている。

しかし、トーナメントツアーでもそうだし、気の置けない仲間とのラウンドでもそうだが、複数人でプレーする以上は、やはりライバルとの戦いだ。自分を基準としてショットの良し悪しを判断するのではなく、ライバルとの「比較」により、ショットの良し悪しを判断するのである。この視点は、ゴルフだけではなくビジネスにも大きな示唆を提供する。過去の自社を上回れば、競争力のある製品やサービスを提供できるわけではない。ライバルを上回ることで、自社の製品やサービスは競争力を持ち、顧客に手に取ってもらえるのである。ライバルと「比較」して「稼ぐことができた打数」は、競争力のあるショット。いろいろな要素

が入り込み、良いのか悪いのか曖昧な判断しかできないショットに、シンプルでわかりやすい基準を用いて良し悪しを明確にするのが「稼いだ打数」なのである。

「比較」するということは「差」に注目するということである。「ゴルフで最も重要なショットとは最も回数が多いショットではなく技量の差が最も大きいショットである」「ショットの重要性を決めるのは選手ごとの技量の『差』である」と、マークは指摘するが、これは経験則でも理解できる。場数を踏んだシニアゴルファーとゴルフをすると、ティーショットで毎回「飛距離の差」をつけても、上がったスコアは同じであるということがよくある。これは、シニアゴルファーと私のアプローチの「技量の差」があるからだ。

　この視点があれば、私たちの普段の練習も、その方法が異なってくるはずだ。練習場へ行き、理由もなく７番アイアンとドライバー、ウェッジを練習することが多いが、それは「目的」を見失った練習だ。「目的」はライバルとの「技量の差」を縮めること、追い越すことである。だから、ライバルと「比較」しないと「差」が分からず、練習の「目的」を認識できない。これは、ゴルフの練習だけではない。大学受験や中学受験の勉強も同じである。模擬試験を受けると、どうしても「得点」や「偏差値」に目が向きがちであるが、どうでもよい。大切なのは、ライバルとの「技量の差」を認識し、それを埋めることである。なぜならば、受験で必要なことは高得点を取ることでなく、合格最低点を１点でも越え、ライバルに頭一つの差で勝つことだからだ。

　私たちが普段目にするゴルフの「常識」とは違う考え方を、本書は提供してくれる。それはユニークである一方で、なかなか受け入れがたいことがあるかもしれない。しかし、もし本書の中で何か気に入った部分があるのであれば、それを継続すべきである。

　ゴルフ理論同様、経営理論も百花繚乱だ。様々なレッスンプロが様々なゴルフ理論を展開するのと同様、経営コンサルティング会社にも様々な経営理論が存在する。クライアント企業が何らかの成果を求める場合、

コンサルタントが最初にお願いするのは、一定期間「継続する」ことである。企業に何らかの変革をもたらそうとする場合、すぐにその成果が出るわけではない。だから、最初は違和感があるかもしれないが、一定期間新たな取り組みを継続すべきである。ゴルフ理論も同様で、少しかじっただけで成果が出ないとあきらめて新しい理論に飛びつくのではなく、自分が納得できるまで現在取り組んでいるゴルフ理論を信じるべきだ。
　私自身も、本書から様々な学び、新たな発見を得た。今後のゴルフライフを一層充実した楽しいものにするためにも、本書を信じ、練習に取り組んでいきたい。

著者 **マーク・ブローディ** Mark Broadie	コロンビア大学ビジネススクール教授。専門の数量ファイナンスをゴルフのスコア分析に応用した新指標がゴルフ界で注目されている。全米ゴルフ協会ハンディキャップ調査チームのメンバー。伝統あるニューヨーク州ペルハムカントリークラブの元クラブチャンピオンの実績がある。
訳者 **吉田晋治** Shinji Yoshida	翻訳家。東京大学理科一類中退。翻訳学校講師を務める。ゴルフ関連の訳書に『大統領のゴルフ』『無意識のパッティング』『無意識のショートゲーム』、ビジネス関連の訳書に『マイクロトレンド』『サイバーピア』などがある。
解説者 **牧田幸裕** Yukihiro Makita	信州大学学術研究院（社会科学系）准教授。京都大学大学院経済学研究科修了。アクセンチュア戦略グループ、日本IBMなどを経て現職。著書に『フレームワークを使いこなすための50問』『得点力を鍛える』などがある。

ゴルフ データ革命

2014年6月22日　第1刷発行
2021年9月10日　第3刷発行

著者　　　マーク・ブローディ
訳者　　　吉田晋治
発行者　　長坂嘉昭
発行所　　株式会社プレジデント社
　　　　　〒102-8641 東京都千代田区平河町2-16-1
　　　　　平河町森タワー13階
　　　　　編集（03）3237-3732　販売（03）3237-3731
編集　　　中嶋 愛　高橋 徹
制作　　　関 結香
装丁　　　草薙伸行 ●PlanetPlan Design Works
印刷・製本　凸版印刷株式会社

©2014 Shinji Yoshida
ISBN978-4-8334-2085-3
Printed in Japan
落丁・乱丁本はお取り替えいたします。